Mayir Aras

Sorgenfrei durchs Studium

Mayir Aras

Sorgenfrei durchs Studium

Tipps und Tricks für das Leben, die Uni und den ganzen Rest

Tectum Ratgeber

Mayir Aras
Sorgenfrei durchs Studium.
Tipps und Tricks für das Leben, die Uni und den ganzen Rest

ISBN: 978-3-8288-3275-6

Umschlagabbildungen: © alexandre zveiger | fotolia.com,
© mexrix | shutterstock.com
Umschlaggestaltung: vogelsangdesign.de

Druck und Bindung: CPI – Ebner & Spiegel, Ulm
Printed in Germany

MIX
Papier aus verantwortungsvollen Quellen
FSC® C006701
FSC
www.fsc.org

Besuchen Sie uns im Internet
www.tectum-verlag.de

Bibliografische Informationen der Deutschen Nationalbibliothek
Die Deutsche Nationalbibliothek verzeichnet diese Publikation in der Deutschen Nationalbibliografie; detaillierte bibliografische Angaben sind im Internet über http://dnb.ddb.de abrufbar.

Liebe Leserin, lieber Leser,

rückblickend auf das Studium sagen viele: »Das hätte ich jetzt ganz anders gemacht ...« und genau da setzt dieses Buch an: Dein Studium soll von Anfang an optimal laufen, deshalb findest Du hier alle Tipps und Tricks, die Du so nirgends finden kannst. Es ist ein reines Praxisbuch, das Dich während Deines gesamten Studiums, bis in den Berufseinstieg begleiten wird.

Viele Ratgeber befassen sich mit nur einem Teilaspekt des Studiums, wie dem richtigen Lernen, der Studienfinanzierung, der Erstellung von Haus- und Abschlussarbeiten usw. »Sorgenfrei durchs Studium« behandelt **alle** Themen, die Dein Leben während des Studiums betreffen.

Das vorliegende Buch stellt nicht nur eine Sammlung vieler praktischer Hilfen für das Studentenleben dar, die ich aus eigener Erfahrung kenne, sondern soll jedem Studierenden helfen, egal ob »Ersti« oder schon Fortgeschrittener im höheren Semester, entspannt erfolgreich zu studieren. Zahlreiche Querverweise ermöglichen Dir in jedem beliebigen Kapitel mit dem Lesen zu beginnen.

Auf der Webseite zum Ratgeber **www.studentenleben.info** erhältst Du die neuesten Informationen rund ums Studentenleben. Um diesen Ratgeber stets aktuell und möglichst frei von Fehlern zu halten, kannst Du mir gerne Kritik und Verbesserungswünsche per E-Mail mitteilen: mayir@studentenleben.info. Auf Lob und positive Rezensionen, beispielsweise auf Amazon, freue ich mich. Vielen Dank für Deine Hilfe!

Ich wünsche Dir viel Spaß und Erfolg in einem neuen, höchst interessanten und einmaligen Lebensabschnitt – Willkommen in Deinem Studentenleben!

Mayir Aras

Verwendete Symbole

Um Dir die Bedeutung des Textinhaltes auf den ersten Blick zu verdeutlichen, werden am Seitenrand kleine Symbole abgebildet.

Achtung

Termin beachten

Spar- und Verdienstmöglichkeit

Tipp für Fortgeschrittene

Anmerkung

Im vorliegenden Ratgeber wird das generische Maskulinum verwendet, das auch Frauen miteinschließt.

Inhaltsverzeichnis

1 Studium

Das Studium wird ein komplett neuer Abschnitt in Deinem Leben sein, in dem Du sehr viel Neues lernen wirst, vor allem für das Leben. Neben dem Fachwissen, das Du in der Hochschule vermittelt bekommst, wirst Du noch sehr viel mehr abseits des Campus lernen, das häufig wichtiger sein wird.

Während des Studiums werden die meisten das erste Mal richtig aus dem Elternhaus sein, müssen den Haushalt selbst erledigen, den ganzen Papierkram managen und sich in einer fremden Stadt zurechtfinden. Zusätzlich kommt noch im Laufe der Zeit die erste richtige Beziehung hinzu, verschiedene Neben- und Ferienjobs und auch eine Zeit im Ausland wird bei vielen dazugehören. Diese »Nebensachen« solltest Du nicht unterschätzen, da sie oft genauso viel Zeit in Anspruch nehmen, wie das Studium selbst.

Viele stellen sich das Studium anfangs ähnlich wie die Schule vor. Die Anforderungen sind jedoch um ein Vielfaches höher und die Belastung deutlich größer als auf dem Gymnasium oder während der Ausbildung. Das Lernpensum wird anfangs als »nicht machbar« angesehen. Ständiges Lernen, Vor- und Nachbereiten der Veranstaltungen wären optimal und wird von allen empfohlen, daran halten sich jedoch nur die Allerwenigsten.

Im Laufe der Zeit entwickelt jeder auf seine Weise Bewältigungsstrategien und lernt mit den Anforderungen umzugehen. Tipps und Tricks hierzu findest Du ☞ Abschnitt 1.4 auf Seite 24.

Bei all dem Stress solltest Du nicht vergessen, dass Du niemals wieder soviel Freizeit in Deinem Leben haben wirst wie im Studium. Zwar wird es immer wieder anwesenheitspflichtige Veranstaltungen geben, aber auch viele Vorlesungen, die nicht verpflichtend sind. Das gibt Dir zeitliche Flexibilität für wichtige Angelegenheiten und auch Freizeit. Nutze Deine Freizeit zum Entspannen und für Deine Hobbys, entwickle Deine Persönlichkeit weiter und entdecke neue Interessen.

Wichtige soziale Kompetenzen (»Softskills«) und Zusatzqualifikationen, die Dich später von anderen Absolventen desselben Studiengangs unterscheiden, erwirbst Du größtenteils nach den Hochschulveranstaltungen. Die Hochschule gibt Dir theoretisches Wissen und einen Abschluss, mit dem Du Dich später auf Stellen bewerben wirst. Bist Du qualifiziert, stellt das Vorstellungsgespräch die nächste Hürde dar, die Du mit Deinem Charakter für Dich entscheidest. Deshalb ist beides wichtig: (Fach-)Wissen und Persönlichkeit.

Prinzipiell ist jedem ein Studium empfohlen, der gerne mehr wissen und mehr Verantwortung im Berufsleben tragen möchte. Abhängig von der Studienrichtung bietet Dir ein Studium im Allgemeinen folgende Vorteile:

- höhere Bildung
- bessere Aufstiegschancen
- geringere Arbeitslosigkeit
- höheres Einkommen
- Auslandsstudium
- Prestige

Eines der wichtigsten Inhalte eines Studiums ist die Informationsbeschaffung, deren Strukturierung und ihre Anwendung. Wenn Du das beherrschst, bist Du praktisch für jede Situation im Leben gerüstet. Sehe das Studium als eine Herausforderung an und beobachte Dich selbst, wie Du es angehst.

Ein Studium hat auch Nachteile: Die lange Studiendauer und das stark vom Studienfach abhängige Einkommen. Wer hofft, durch irgendein Studium später mehr zu verdienen, sollte sich unbedingt vorher über die Durchschnittseinkommen informieren!

Dieser Studiengrund ist häufig durch falsche Vorstellungen getrübt. Nicht selten verdient ein ausgebildeter Fließbandarbeiter in einem großen Automobilkonzern mehr als ein Akademiker und das bei geregelten Arbeitszeiten, unproblematisch bewilligten Urlaubsanträgen und ohne sich Gedanken über anhäufende Arbeit im Krankheitsfall zu machen. Weitere Nachteile sind z.B.:

- kein / nur geringes Einkommen während des Studiums
- lange und unvorhersehbare Studiendauer
- Selbstdisziplin und Eigeninitiative erforderlich
- sehr theoretisch
- keine Garantie auf Wunscharbeitsplatz nach dem Studium

Jeder muss für sich selbst entscheiden, ob sich ein Studium lohnt. Ich persönlich kann es wirklich jedem empfehlen, weil man so unglaublich viel (fürs Leben) lernt!

1.1 Die Zeit vor dem Studium

Bereits vor dem Studium kannst Du Vieles lernen, um es im Studium leichter zu haben. Unabhängig davon, ob Du bereits weißt, welche Fachrichtung Du studieren möchtest oder nicht, solltest Du Dir die folgenden Fertigkeiten aneignen:

- Erwerb verschiedener Lerntechniken
- Auffrischung studienrelevanter Grundlagen (= Schulkenntnisse)
- EDV-Kenntnisse
  - Internetrecherche
  - MS Office
  - 10-Finger tippen lernen
- Vertiefung der Fremdsprachenkenntnisse (besonders Englisch)

Tipp

Die beste Vorbereitung auf das Studium stellt das Erlernen verschiedener Lerntechniken und deren Optimierung dar. Bereits während der Schulzeit kannst Du neue Lerntechniken erproben und perfektionieren.

Manchmal werden von Fakultäten einiger Hochschulen vor Studienbeginn Nachweise verlangt. Beispielsweise wird bei Studienfächern wie Sport oder Kunst eine Sporteingangsprüfung bzw. Kunstmappe benötigt, die eine gewisse Vorbereitungszeit verlangt. Andere Fakultäten setzen ein Praktikum voraus. Auch verpflichtende Vorbereitungskurse vor dem Studium kommen vor, z.B. in Mathematik oder Physik.

Wer Schwierigkeiten mit Stress, Zeitdruck, Selbstorganisation oder auch psychische Probleme hat, sollte diese unbedingt vor einem Studium angehen bzw. eine gezielte Therapie machen. Gewöhnlich werden im Studium alle genannten Probleme noch stärker und nicht selten erfolgt deswegen ein Studienabbruch. Auch wenn manche argumentieren, dass das Studium selbst eine Art Therapie darstellt, geht das häufig schief.

1.1.1 Schulzeit

In der Schulzeit mag man bestimmte Fächer mehr, manche weniger. Es kommt auch vor, dass man aus Sympathie zum Lehrer oder aufgrund der Art des Lehrers gewisse Fächer sehr gut fand und erfolgreich war, während in anderen Fächern oder bei anderen Lehrern die Noten schlechter waren.

Im Studium hast Du bei großen Massenveranstaltungen praktisch keinen persönlichen Bezug zu den Dozenten, die sich mehr oder weniger Mühe geben, ihre Zuhörer zu begeistern. Deine eigene Motivation für das Studienfach hat einen entscheidenden Einfluss auf Dein gesamtes Studium! Deshalb kannst Du durchaus Fächer erfolgreich studieren, die Du in der Schulzeit nicht mochtest oder in denen Du schlechte Noten hattest.

Hinweis

Studiere ein Fach, das Dich begeistert und für das Du Dich interessierst!

Ich kenne keinen einzigen, der sich bereits während der Schulzeit auf das Studium vorbereitet hat, sofern es nicht verlangt wurde oder Vorteile bei der Bewerbung bot (Sporteingangsprüfung, Aufnahmeprüfung für künstlerische Studiengänge, Test für medizinische Studiengänge). Das Studium fängt immer bei »Null« an: Die Dozenten beginnen z.B. Mathematik mit der Addition und Subtraktion von Variablen ($x + x = 2x$) usw. Schon nach wenigen(!) Vorlesungen ist der gesamte Schulstoff besprochen und anschließend wird in etwas geringerem Tempo Neues gelehrt. Diese Vorgehensweise gewährleistet bei allen Studierenden denselben Kenntnisstand, bevor es richtig losgeht.

1.1.2 Freiwilligendienste

Nach der Schulzeit, oder auch später, gibt es Gelegenheit, die Zeit bis zum Studienbeginn mit einem der folgenden Freiwilligendienste sinnvoll zu nutzen: Bundesfreiwilligendienst (BFD), Freiwilliger Wehrdienst (FWD), Freiwilliges Soziales Jahr (FSJ) oder das Freiwillige Ökologische Jahr (FÖJ) sind sehr empfehlenswerte Möglichkeiten.

Um die Dienstzeit besonders sinnvoll zu nutzen, suche Dir eine Dienststelle und eine Tätigkeit, die Du schon immer mal kennenlernen wolltest. Es gibt sehr viele unterschiedliche Angebote: Betreuung von Waisenkindern im Ausland, Arbeiten im Forschungslabor oder beim Naturschutz. Der Freiwilligendienst ist eine **einmalige** Gelegenheit im Leben und wird Dein Leben bereichern!

Generell bietet Dir ein Freiwilligendienst folgende Vorteile:

- Wartezeit (Berücksichtigung bei der Studienplatzvergabe)
- evtl. Bonuspunkte für das Studium
- evtl. Ausbildung (z.B. Rettungssanitäter)
- Arbeitserfahrung, Vorpraktikum für Studium / Beruf
- Zeit zum Nachdenken
- monatliches Einkommen

Zwischen diesen Diensten gibt es einige Unterschiede und viele Gemeinsamkeiten: Beispielsweise kannst Du während dieser Zeit kindergeldberechtigt sein, Sozialleistungen erhalten (z.B. Wohngeld) und nach Erfüllung der Schulpflicht beginnen; Ausnahme FWD: Mindestalter 17 mit Einwilligung der Eltern, keine Kindergeldberechtigung und nur bedingt Anspruch auf Sozialleistungen.

Die wichtigsten Fakten zu den Freiwilligendiensten:

- BFD
  Die Dauer beträgt zwischen 6 und 18 Monaten in sozialen Einrichtungen oder auf dem Gebiet des Umweltschutzes. Eine Altersgrenze nach oben besteht nicht. Die Vergütung ist abhängig von der Einrichtung und beträgt ca. 300 €.
- FSJ / FÖJ
  Die Altersgrenze beträgt 27 Jahre. Die Dauer ist auf 6–18 Monate beschränkt, wobei die Mindestdauer zur Anerkennung des Dienstes 6 Monate ist. Das Taschengeld beträgt im Durchschnitt 150 €, maximal 330 €. Zusätzlich sind Sachleistungen wie kostenlose Unterkunft und Verpflegung möglich.
- FWD
  Mindestalter 17 Jahre mit Einwilligung der Eltern. Die Dauer liegt zwischen 12 und 23 Monaten. Der Sold beträgt 778–1.100 € plus Sachleistungen wie Unterkunft und Verpflegung.

Ein Freiwilligendienst kann Dir durchaus praktische Erfahrung für ein Studium bringen: Wenn Du Dich z.B. für Pädagogik interessierst oder mit dem Gedanken spielst, mit Behinderten zu arbeiten, könntest Du Deinen BFD / FSJ in einer geeigneten Einrichtung machen. Somit hast Du später eine genauere Vorstellung davon, wie der Arbeitsalltag aussieht. Vielleicht bemerkst Du auch, dass dieses Arbeitsgebiet doch nichts für Dich ist, und ersparst Dir ein abgebrochenes Studium.

Ein weiteres Beispiel wäre ein FSJ / FÖJ im Ausland, das Dich sehr gut auf ein Sprachstudium vorbereitet. Eine Ausbildung zum Rettungssanitäter verhilft Dir zu einem Nebenjob während des Studiums, gibt Dir Bonuspunkte bei der Bewerbung für ein Medizinstudium und verschafft Dir große Steuervorteile[1]. Als Reservist bei der Bundeswehr wird Dein Sold für Übungen / Einsätze von der BAföG-Behörde nicht als Einkommen betrachtet, was Dir eine zusätzliche Einnahmequelle verschafft.

Auch wer überhaupt keine Ahnung hat, was er studieren soll, verschafft sich mit einem Dienst Zeit zum Nachdenken. Während Deiner Dienstzeit kannst Du finanzielle Förderungen vom Staat und Sonderurlaub für die berufliche Weiterbildung beantragen: Ob Sprachkurs, ein auf das Studium vorbereitendes Seminar, ein Gabelstaplerschein, der Deine Qualifikation für einen Ferienjob erhöht oder EDV-Schulungen – Angebote sind vorhanden.

Bewirb Dich für zulassungsbeschränkte Studiengänge schon vor dem Dienst: Falls Du zugelassen wirst, so ist dieser Bescheid auch später gültig, selbst wenn sich der NC (*numerus clausus*) zu Deinen Ungunsten verändert haben sollte (Anspruch auf erneute Zulassung). Eine nochmalige Bewerbung für das aktuelle Studienjahr ist aber in jedem Fall nötig.

Weitere Informationen rund um den Bundesfreiwilligendienst erhältst Du auf der Homepage des Bundesfreiwilligendienstes[2].

1.1.3 Berufsleben

Wenn Du bereits mitten im Berufsleben bist und ein (Vollzeit-)Studium planst, dann wäre der optimale Zeitpunkt zum Studienbeginn nach insgesamt 5 Jahren Arbeitsleben, inklusive Ausbildung. In die-

[1] BFH, Urteil v. 27.10.2011 – VI R 52/10; veröffentlicht am 21.12.2011

[2] www.bundes-freiwilligendienst.de

sem Fall erhältst Du BAföG elternunabhängig, sofern Du noch vor Deinem 30. Lebensjahr bzw. 35. Lebensjahr (Masterstudiengang) mit dem Studium beginnst, wobei Ausnahmen möglich sind. Es lohnt sich durchaus, etwas zu warten, dafür die Finanzierung zu sichern. Beachte auch die Beträge, die Du maximal erspart haben darfst (☞ Abschnitt 2.2.1 auf Seite 83).

Neben dem klassischen Vollzeitstudium gibt es auch die Möglichkeit eines Fern- oder Teilzeitstudiums. Die Inhalte und Anforderungen sind denen eines Vollzeitstudiums ebenbürtig. Wer also glaubt, dass bei Klausuren und Prüfungen berücksichtigt wird, dass eigentlich »nebenbei« studiert wird, der irrt.

In einigen Bundesländern ist ein Studium nach einer Berufsausbildung mit Praxiserfahrung ohne Hochschulreife-Zeugnis möglich.

Wer sich mitten im Arbeitsleben für ein Studium entscheidet, handelt i.d.R. wohlüberlegt und aktiv. Zu erkennen ist das an der sehr hohen Motivation und an den überwiegend sehr guten Studienleistungen. Durch die genauen Vorstellungen von einem Studium und dem beruflichen Ziel wird ein Studium sehr schnell abgebrochen, wenn sich das berufliche Ziel nicht mit den Studieninhalten deckt. Ein erfolgreiches Studium oder ein schneller Studienabbruch mit geringem Zeitverlust ist – beides auf seine Art – positiv.

Das größte Problem daran, nach dem Arbeitsleben ein Vollzeitstudium anzufangen, ist die neue finanzielle Situation: Das eigene Auto und die eigene Wohnung weichen dem Fahrrad und der WG.

Beim Fern- und Teilzeitstudium werden die Einschnitte in die Freizeit als besonders belastend empfunden, weil das Studium viel Zeit in Anspruch nimmt. Zusätzlich kann das Lernen an sich eine Herausforderung darstellen, falls das im aktuellen Beruf eine eher untergeordnete Rolle gespielt hat.

Das Studium nach einer Ausbildung zählt als Zweitausbildung, für das sich die Kosten als (vorweggenommene) Werbungskosten von der Steuer absetzen lassen, sofern die Kosten der Ausgaben die Einnahmen des Steuerjahres überschreiten (man hat folglich Minus gemacht). Eltern können die Kosten für das Erststudium ihrer Kinder als Sonderausgaben bei der Steuer angeben. Zu den Werbungskosten zählen u.a. Ausgaben für Fachliteratur, bestimmte Versicherungen, Fahrtkosten und evtl. Miete – also alle Belege fleißig sammeln und bei der Steuererklärung als »Erklärung zur Feststellung des verbleibenden Verlustvortrags« angeben!

Notiere Dir, warum Du studieren möchtest. Was sind die Vor- und Nachteile? Gibt es Alternativen (betriebliche Fort- und Weiterbildungen)? Ist es möglich, während des Studiums im Betrieb zu arbeiten (Neben-/Ferienjob, Werkstudent)? Ist eine spätere Rückkehr möglich?

1.2 Die Wahl des »richtigen« Studiums

Die Wahl des »richtigen« Studiums erfolgt in 3 Schritten, indem Du nacheinander folgende Entscheidungen triffst:

- Studiengang
- Hochschulart
- Hochschule

Hierzu gibt es jede Menge Bücher, Seiten im Internet, Beratungsangebote in den Berufsinformationszentren der Bundesagentur für Arbeit und auch in den Hochschulen selbst (allgemeine Studienberatung, Fachschaften[3]).

Tipp

Insbesondere Fachschaften informieren sehr gut. Sie bestehen aus vielen engagierten und hilfsbereiten Studenten verschiedener Semester, die sich hervorragend mit dem jeweiligen Studienfach und seinen Inhalten auskennen.

Es hilft, möglichst viele Angebote und Meinungen einzuholen, aber selbst dann wird die größte Herausforderung sein, sich selbst richtig einzuschätzen und zu wissen, was man eigentlich möchte.

3 Eine Fachschaft ist eine ehrenamtliche Organisation von Studenten einer Fakultät. Kontakt lässt sich über ihre Homepage herstellen.

Tipp

Nimm Dir bei der Entscheidung für einen Studiengang viel Zeit. Es ist **Deine** Entscheidung, lass Dich nicht von Dritten (Lehrern, Freunden, Eltern) zu etwas drängen. Wenn Du ein Fach studieren möchtest, für das Du Dich begeisterst, andere jedoch als »brotlose Kunst« bezeichnen, studiere es trotzdem! Im Allgemeinen bereut man viel häufiger Dinge, die man nicht getan hat, als Dinge, die man getan hat.

Mit der Festlegung auf ein Studienfach werden die Weichen für die Zukunft gelegt. Früher waren viele Arbeitsplätze leichter für Quereinsteiger zugänglich, heute ist diese Heterogenität verloren gegangen und die Mehrheit an Stellen sind für spezialisierte Fachkräfte ausgelegt. Ein Quereinstieg ist heute eher die Ausnahme, auch wenn einige (wenige) Betriebe motivierte Quereinsteiger einstellen.

Hinweis

Studiere ein Fachgebiet, in dem Du später arbeiten möchtest – denke nicht an einen Quereinstieg in Deinen Traumjob!

Beim Thema »Verdienst« gibt es große Unterschiede, die vom Studiengang, der Hochschulart, Berufserfahrung und Abschlussnote abhängen. Die Top-Verdiener sind eindeutig Absolventen der Universitäten, wie Ingenieure, Physiker, Mathematiker und Humanmediziner, also Fachrichtungen, die entweder als sehr schwierig gelten, die nur wenige studieren möchten, oder die hohe Zulassungsbeschränkungen haben. Neben dem Einkommen spielt auch die Selbstverwirklichung, Entwicklung der eigenen Persönlichkeit und das Vertiefen seiner Interessen eine wichtige Rolle.

Regelmäßig gibt es boomende Branchen, die plötzlich unter einem Fachkräftemangel leiden und dann einen wahren »Hype« mit sehr hohen Studentenzahlen in den entsprechenden Studiengängen auslösen, wie es z.B. bei den Ingenieurswissenschaften gerade ist: Lass Dich davon nicht beirren!

1.2.1 Studiengang

Die Wahl des Studiengangs lässt sich gut einkreisen mit Antworten auf Fragen wie: Was gefällt Dir gut? Mit was beschäftigst Du Dich gerne in Deiner Freizeit? Was magst Du gar nicht? Diese und viele weitere Fragen helfen eine Studienrichtung zu finden. Lies Dir auch durch, was man macht, wenn man mit dem Studium fertig ist: Schau Dir aktuelle Stellenangebote an und lese heraus, welche Qualifikationen verlangt werden.

Nicht wenige bemerken erst nach Abschluss des Studiums, wenn sie sich dann das erste Mal ganz konkret mir ihrem »Traumjob« beschäftigen und entsprechende Stellenausschreibungen mit den verlangten Qualifikationen lesen, dass sie mit einem anderen Studiengang geeigneter gewesen wären. Manchmal kommt diese Erkenntnis auch erst im Beruf, wenn sich die Routine einstellt. Beide Szenarien passieren viel häufiger als man glaubt. Beuge dem vor, indem Du Stellenausschreibungen liest und auch Praktika(!) absolvierst.

1.2.2 Hochschulart

Hast Du Dich für einen Studiengang entschieden, stellt die Wahl der Hochschulart den nächsten Schritt dar. »Hochschule« ist ein Überbegriff für verschiedene Einrichtungen, an denen ein Studium möglich ist. Von solchen Einrichtungen gibt es über 20 Arten in Deutschland. Die bekanntesten sind z.B. Universitäten, Fachhochschulen (FH) und Berufsakademien (BA).

Manchmal erspart man sich bereits mit der Wahl des Studienfachs den Vergleich verschiedener Hochschularten: Zum Beispiel gibt es Humanmedizin nur an den Universitäten, während man Biologie nicht nur an Universitäten, sondern auch an Fachhochschulen studieren kann.

Obwohl Dein gewählter Studiengang in vielen Hochschularten in vielem ähnlich sein wird, hat jede Hochschulart **und** jede Hochschule eigene Schwerpunkte und eine andere Art der Lehre: Es gibt deutliche Unterschiede!

Da Hochschulen jederzeit ihr Angebot erweitern, spezialisieren oder reduzieren dürfen, kann sich viel verändern. Die Unterschiede in den über 20 verschiedenen Hochschularten in Deutschland aufzuzählen, würde den Rahmen dieses Buches sprengen.

Hier helfen Studienführer, die die Studiengänge verschiedener Hochschulen untereinander vergleichen. Aktueller sind die Internetseiten der Hochschulen, auf denen der Studiengang genau beschrieben wird: Aufbau mit allen gelehrten Fächern, Wahlmöglichkeiten, Praxissemestern, Auslandsaufenthalten, sowie verschiedenen Zusatzangeboten, die für alle Studierenden offen stehen.

Insider-Informationen erhältst Du ausschließlich direkt von Studenten – frage sie z.B. in der Fachschaft[4] oder auf Facebook, wie zufrieden sie mit ihrem Studium sind. Hintergrund ist beispielsweise die Tatsache, dass man sich in einigen Hochschulen die Wahlfächer nicht selbst aussuchen kann, sondern reingelost wird, wenn eine höhere Nachfrage als Angebot besteht. Das ist umso ärgerlicher, je wichtiger dieses Fach ist. Solche Infos erfährst Du niemals auf der Hochschulhomepage.

Ganz allgemein lassen sich folgende Aussagen über die Hochschularten treffen: Die Universität ist sehr theoretisch und wissenschaftlich ausgelegt und bildet in erster Linie Wissenschaftler aus, die Neues entdecken und erforschen. Die Studiendauer ist im Vergleich zu allen anderen Hochschularten am längsten.

Die Fachhochschulen sind näher an der Praxis ausgelegt, aber auch Tätigkeiten in der Forschung sind möglich.

Berufsakademien haben den Ruf, den meisten Praxisbezug zu bieten. Hier werden Personen ausgebildet, die parallel zur Hochschule Verantwortung im Betrieb übernehmen (und Geld verdienen).

Die Verdienstmöglichkeiten lassen sich nur sehr schwer verallgemeinern, da sie stark vom Studienfach abhängen. Aber auch hier gibt es Tendenzen, dass Universitätsabsolventen besser als Fach-

4 Eine Fachschaft ist eine ehrenamtliche Organisation von Studenten einer Fakultät. Sie plant die »Ersti-Woche«, hat Altklausuren und kann auch genau Auskunft über den Studienablauf aus Studentensicht geben.

hochschulabsolventen, diese wiederum besser als BA-Absolventen verdienen.

Vielleicht denkt der eine oder andere schon an die Möglichkeit der Promotion. Eine Doktorarbeit ist nicht nur mit einem Universitätsabschluss möglich, auch für sehr gute Absolventen aus FHs und BAs steht er offen[5], sofern man einen Doktorvater findet. Der Doktortitel sollte nicht überbewertet werden: Er sagt lediglich aus, dass man vertieft wissenschaftlich arbeiten kann – nicht mehr und nicht weniger. Einen hohen Stellenwert hat eine Promotion z.B. bei Politikern, Juristen und Wissenschaftlern und ist oft ausschlaggebend für die Karriere.

1.2.3 Hochschule

Für die Auswahl Deiner Hochschule solltest Du Dir ganz viel Zeit nehmen, denn jede Hochschule kann für seinen Studiengang eigene Schwerpunkte setzen und Gestaltung. Informiere Dich auf der Homepage und besuche einen Tag der offenen Tür oder die Fachschaft.

In jeder Fakultät gibt es mindestens einen Mitarbeiter, der für die Studienberatung zuständig ist und sich gut auskennt. Was er jedoch nicht wissen kann, ist der genaue Studienablauf an anderen Hochschulen. Somit kann er Dir keine Empfehlung geben, an welcher Hochschule Du am besten aufgehoben wärst.

Auswahlkriterien

Bei Deiner Entscheidung für eine Hochschule kannst Du Dich an folgenden Kriterien orientieren:

- Studienfach
  - wählbare Studienschwerpunkte
  - Ranking (national und international)
  - bestimmte Dozenten / Spezialisten
  - Partnerhochschulen für Auslandssemester

---

5 abhängig vom Bundesland

- Standort
  - Mietpreise für Unterkunft
  - Lebenshaltungskosten
  - Kultur- und Freizeitangebote
  - Entfernung zum Heimatort
- Hochschule
  - kostenlose Angebote zur Weiterbildung (bspw. Sprach-, EDV-, Kommunikationskurse)
  - Freizeitangebote (Hochschulsport, Reisen)
  - soziale Leistungen (Kindergarten, Wohnheim, Semesterticket)
- Studiengebühren (Ausnahmeregelungen beachten)

1.2.4 Bewerbung und Auswahlverfahren

Noch immer gibt es kein einheitliches Bewerbungsverfahren an den Hochschulen: Für die Studiengänge Humanmedizin, Tiermedizin, Zahnmedizin und Pharmazie bewirbst Du Dich bei Hochschulstart[6] und evtl. zusätzlich an der Hochschule für das Auswahlverfahren der Hochschule (AdH).

Für alle anderen Studiengänge bewirbst Du Dich am besten direkt an mehreren Hochschulen parallel oder ebenfalls über Hochschulstart. Die Bewerbungsfrist ist unbedingt einzuhalten!

Humanmedizin, Tiermedizin, Zahnmedizin und Pharmazie

Auf der Homepage von Hochschulstart bewirbst Du Dich direkt online für die zulassungsbeschränkten Studiengänge Humanmedizin, Tiermedizin, Zahnmedizin und Pharmazie. Der genaue Ablauf ist auf der Homepage erklärt und recht einfach: Du meldest Dich mit einem Benutzernamen und Kennwort für AntOn (Antrag Online) an, füllst alle Formfelder aus, druckst und unterschreibst den Antrag und sendest ihn mit allen erforderlichen Unterlagen (in AntOn aufgelistet) an Hochschulstart.

6 www.hochschulstart.de

Nachdem Dein Antrag bearbeitet ist, kannst Du den aktuellen Stand und alle weiteren Informationen bis zur Zulassung im DaISy (DatenInformationsSystem) anzeigen lassen. Einige Hochschulen verlangen eine zusätzliche, direkte Bewerbung.

Die Vergabe der Studienplätze ist geregelt: 20 % der Plätze werden nach der Abiturbestenquote, 20 % nach Wartezeit und 60 % nach Auswahlverfahren der Hochschule (AdH) vergeben.

Hochschulstart. 40 % der Studienplätze werden von Hochschulstart direkt vergeben, wobei die Auswahl nacheinander durch verschiedene Kriterien getroffen wird. Zuerst erfolgt die Vergabe nach der Abiturbestenquote, danach folgen nachrangige Kriterien, wie Wartezeit, abgeleisteter Dienst u.a.

- Abiturbestenquote
  Bewerber, die ihr Abitur im gleichen Bundesland erworben haben, stehen in direkter Konkurrenz zueinander. Von allen Bewerbern werden die 20 % besten bei den Bewerbungen berücksichtigt (Landes-NC) und konkurrieren dann mit den Bewerbern der anderen Bundesländer um einen Studienort, was den NC bildet.
- Wartezeit
  Die Zeit nach dem Abitur zählt automatisch, ohne dass Du etwas tun musst, als Wartezeit. Hierbei entspricht ein Halbjahr einem Wartesemester, solange Du in keiner Hochschule immatrikuliert warst. Das bedeutet, dass 3 Jahre Berufsausbildung 6 Wartesemester sind.
  In der Studienplatzvergabe nach Wartezeit wird eine Grenze, bestehend aus Abiturnote kombiniert mit Wartesemestern, festgelegt. Beispielsweise wurden in den letzten Jahren für Studiengang X alle Bewerber zugelassen, die eine Abiturnote von 3,0 und 10 Wartesemestern hatten. Abhängig von den Bewerbern wird jedes Jahr diese Grenze neu angepasst. Es kann also durchaus sein, dass man in den vergangen Jahren den gewünschten Studienplatz erhalten hätte und im aktuellen Jahr bei gleicher Note mehr Wartesemester benötigt.

- Dienst
  Bei Bewerbern mit gleicher Note und Wartezeit werden diejenigen bevorzugt, die einen Dienst (BFD, FWD, FSJ, FÖJ) absolviert haben. Als Dienstzeit zählt ebenfalls ein zweijähriger Entwicklungsdienst oder die Pflege eines Kindes (leiblich / adoptiert) oder sonstigen Angehörigen, wenn dies mindestens 9 Monate ausgeübt worden ist. Wer mit fremder Staatsangehörigkeit bereits einen Dienst abgeleistet hat, kann sich diesen Dienst unter Umständen anrechnen lassen.

Auswahlverfahren der Hochschulen. Um am AdH teilnehmen zu können, musst Du Dich zusätzlich an der jeweiligen Hochschule bewerben. Jede Hochschule hat ein anderes Auswahlverfahren und gewichtet dieses anders: Einige legen besonderen Wert auf fachspezifische Studierfähigkeitstests, andere auf die Abiturnote, Berufserfahrung oder auch auf das Auswahlgespräch.

An manchen Hochschulen kannst Du nur im AdH teilnehmen, wenn Du diese in erster oder zweiter Ortspräferenz in der Bewerbung auf Hochschulstart genannt hast. Aktuelle Infos zum AdH erhältst Du ausschließlich auf der jeweiligen Hochschulhomepage.

Losverfahren Einige Hochschulen verlosen Studienplätze – wie das genau abläuft, erfährst Du auf der jeweiligen Hochschulhomepage.

Alle anderen Studiengänge

Für alle Studiengänge, die nicht oben genannten sind, existiert noch immer keine zentrale Vergabe. Deshalb bleibt Dir nichts anderes übrig, als Dich auf der Hochschulhomepage zu informieren, wie das Bewerbungsverfahren abläuft: Entweder bewirbst Du Dich direkt an der Hochschule oder über Hochschulstart. Es ist sehr wichtig, sich bei mehreren Hochschulen parallel zu bewerben, um die Wahrscheinlichkeit auf einen Studienplatz zu steigern.

Bei der dezentralen (direkten) Bewerbung an der Hochschule füllst Du meistens einen Online-Antrag aus und reichst alle geforderten Unterlagen (Abiturzeugnis, Versicherungsnachweis einer Krankenversicherung, Praktika) postalisch nach.

Bei der zentralen (indirekten) Bewerbung über Hochschulstart gehst Du nach der Registrierung ähnlich zur dezentralen Bewerbung vor, hast aber den Vorteil, dass Du Dich bei mehreren Hochschulen gleichzeitig bewerben kannst.

Nachdem die Bewerbungsphase in den Hochschulen abgeschlossen ist, erhältst Du einen Ranglistenplatz, bei dem Du später aufsteigen kannst, wenn Bewerber ihren Platz freigeben. Die aktuelle Rangliste lässt sich nach dem Einloggen unter • Meine Bewerbungen / Übersicht Bewerbungen • Ranglistendetails • Freigegebene Ranglisten einsehen.

Im Laufe der Zulassung erhältst Du Zulassungsangebote, bei deren Annahme das Zulassungsverfahren beendet ist. Nun musst Du Dich um die Immatrikulation (Einschreibung) an der Hochschule kümmern. Die hierfür benötigten Unterlagen sind im Zulassungsbescheid oder auf der Homepage der Hochschule beschrieben.

Manchmal sind bestimmte Voraussetzungen für einen Studienplatz nötig, z.B. der »Allgemeine Orientierungstest für Studienbewerber in Baden-Württemberg«[7], den man in ca. 95 min online absolvieren kann oder auch Prüfungen, die eine längere Vorbereitung benötigen (Sporteingangsprüfung, Aufnahmeprüfung für künstlerische Studiengänge, Test für medizinische Studiengänge).

Kommst Du in die engere Wahl, ist ein evtl. mehrtägiges, persönliches Bewerbungsverfahren nicht selten. Wie so etwas abläuft, kann Dir die Fachschaft sagen oder findet sich als Erfahrungsbericht im Internet.

Sobald Du einen Studienplatz angenommen hast, nimm Deine Bewerbung an allen anderen Hochschulen zurück bzw. sage weiteren Zusagen umgehend ab (Telefon, E-Mail), damit Plätze für andere frei werden.

Falls Du nur Absagen erhalten solltest, kannst Du im Internet[8] nach unbesetzten Studienplätzen sehen. An manchen Hochschulen

7 www.was-studiere-ich.de
8 www.freie-studienplaetze.de

werden auch freie Studienplätze verlost und Du kannst dort Dein Glück versuchen.

1.3 Erste Schritte an der Hochschule

Nach einem erfolgreichen Bewerbungsmarathon bist Du nun endlich Student. Dieses Kapitel soll Dich auf die erste Zeit an der Hochschule vorbereiten, damit Du mitreden kannst, wenn es um Klausuren, Fachschaft, Hausarbeiten & Co. geht.

1.3.1 Einführungswoche / -tage

Hinweis

Vor Beginn der Vorlesungen wird fast immer die Hochschule und Fakultät in einer Einführungswoche bzw. einigen Einführungstagen vorgestellt.

Damit eine persönliche Betreuung möglich wird, werden meistens die »Ersties« in Kleingruppen unterteilt. Diese freiwillige Veranstaltung ist absolut zu empfehlen, macht großen Spaß und nebenbei lernst Du Deine Kommilitonen (»Mitschüler«) kennen.

Tipp

Anfangs ist die Informationsflut besonders groß und es passiert schnell, dass Du Wichtiges nicht mitbekommst: Speichere die Telefonnummern einiger sympathischer Kommilitonen in Deinem Handy ab, die Du bei Unsicherheiten anrufen kannst.

Während der Einführungswoche/-tage kannst Du gemeinsam mit Deiner Gruppe das Semesterticket kaufen, den Studentenausweis sowie die Karten für Bibliothek und Mensa abholen – sofern nicht alle Funktionen auf einer Karte vereint sind. Außerdem wirst Du gemeinsam mit anderen durch verschiedene Hochschuleinrichtungen geführt, auf die Du als Student angewiesen bist (Studiendekanat, Bibliothek, Mensa). So lernst Du Deine Hochschule kennen, weißt wo die Veranstaltungsräume sind, isst das erste Mal in der Mensa und wirst in das Ausleihsystem Deiner Bibliothek eingeführt. Wenn Dir bereits Bücher empfohlen werden, kannst Du sie schon vor dem großen Ansturm nach den ersten Veranstaltungen ausleihen.

Ein weiterer wichtiger Punkt, der während dieser Zeit besprochen wird, ist der Umgang mit der Online-Plattform, auf der Du Deine persönlichen Daten und Veranstaltungen verwaltest. Hier wird Dir gezeigt, wie Du Immatrikulationsbescheinigungen an Terminals oder zu Hause ausdruckst, die Du z.B. für Bank, Krankenversicherung, Stipendien und Behörden (BAföG, Wohngeld) brauchst.

Die Erstellung des Stundenplans wird ein ganz großes Thema sein: In vielen Bachelor-Studiengängen ist der Stundenplan mehr oder weniger vorgegeben, was Dir den Einstieg deutlich erleichtert. Es gibt aber durchaus Studiengänge, in denen Du eine große Auswahl an Veranstaltungen hast: Besonders wichtig ist, dass Du Termine nicht durcheinander bringst und Dich nicht aus Versehen für Veranstaltungen anmeldest, die zur gleichen Zeit stattfinden. Deine Fachschaft hilft Dir gerne beim Stundenplan und erklärt Dir auch, in welcher Reihenfolge bestimmte Veranstaltungen während des Studiums sinnvoll zu belegen sind.

Tipp

Vergleiche Deinen selbst erstellten Stundenplan mit dem Deiner Kommilitonen. Auch wenn nicht alles aufgrund von Wahlmöglichkeiten gleich sein kann, gibt Dir das eine Orientierung.

Fester Bestandteil einer jeden Einführungswoche ist eine Stadttour, in der Dir wichtige Behörden (Wohnsitzanmeldung, BAföG) und besonders coole Kneipen gezeigt werden. Während der Einführung kannst Du jederzeit Fragen stellen – das nimmt Dir die Angst und der Studienstart beginnt entspannter.

1.3.2 Akademische Veranstaltungen

Bereits während den Einführungstagen fallen sicherlich viele Begriffe mit denen man anfangs nichts anzufangen weiß. In diesem

Abschnitt wirst Du über die wichtigsten akademischen Veranstaltungen und Eigenarten aufgeklärt.

Anwesenheitspflicht. Der Besuch bestimmter Veranstaltungen muss mit Unterschrift bestätigt werden. Es gibt Dozenten, die nachzählen, ob die Anzahl der Unterschriften mit denen der Studenten übereinstimmt, denn manche lassen von Freunden unterschreiben, was immer für Unmut bei den Dozenten sorgt. Je nach Dozent / Fakultät darfst Du einen bestimmten Prozentsatz dieser Veranstaltungen fehlen, meist 10–30 %. Wer häufiger fehlt, egal aus welchem Grund (auch Krankheit), muss die Veranstaltung wiederholen, wobei manchmal Ausnahmen möglich sind.

ECTS. »Das European Credit Transfer and Accumulation System (ECTS) soll sicherstellen, dass die Leistungen von Studenten an Hochschulen des Europäischen Hochschulraums vergleichbar und bei einem Wechsel von einer Hochschule zur anderen, auch grenzüberschreitend, anrechenbar sind.«[9] Für jede Veranstaltung, die besucht wird, gibt es Leistungspunkte (LP) / Credit Points (CP). Ein LP entspricht 25–30 Arbeitsstunden. Pro Semester sollten 30 Punkte erworben werden, was beim Bachelor nach 6 Semestern 180 Punkten gleichkommt. Die Realität: Trotz des ECTS ist ein Hochschulwechsel immer mit Problemen verbunden, weil häufig Leistungspunkte nicht anerkannt werden.

Module. Viele Studiengänge sind mittlerweile modularisiert aufgebaut. Ein Modul besteht i.d.R. aus zwei inhaltlich aufeinander abgestimmten Lehrveranstaltungen und erstreckt sich über 1–2 Semester.

Zeit. Häufig beginnen universitäre Veranstaltungen c.t. (*cum tempore* = mit Zeit), also mit dem berühmten akademischen Viertel. Die Angabe »9:00 Uhr c.t.« bedeutet folglich 9:15 Uhr. Weil das jedoch gerade im Wandel ist, solltest Du beim ersten Besuch einer Veranstaltung nicht von c.t. ausgehen, wenn nichts dabei steht. Die Angabe s.t. (*sine tempore* = ohne Zeit) besagt, dass die Veranstaltung wie angegeben anfängt.

---

[9] Wikipedia

Vorlesung. Eine Vorlesung ist ein zumeist nicht anwesenheitspflichtiger Frontalunterricht, bei dem der Dozent vorne steht und i.d.R. seine Präsentation über Projektor und Mikrofon vorführt. Fragen von der Zuhörerschaft werden nur selten gestellt. Die Vorlesung ist oft Kernstück einer Klausur, in der der Dozent Vorlesungsinhalte prüfen **kann**. Nicht wenige Klausurfragen lassen sich nur mit Lehrbüchern oder Fachzeitschriften beantworten.

Seminar. Es gibt große Unterschiede, wie Seminare gehalten werden. Für gewöhnlich sind sie anwesenheitspflichtig, die Teilnehmerzahl klein (was auch immer das bedeuten mag) und verlaufen viel interaktiver als Vorlesungen. Selten ähneln Seminare Vorlesungen. Für gewöhnlich müssen die Seminarteilnehmer selbst einen Vortrag halten, eine Hausarbeit anfertigen und / oder eine Klausur ablegen.

Praktika / Labor. Je nach Studienfach versteht man unter Praktikum oder dem Labor etwas anderes. Allen gemein ist die Anwendung des theoretischen Wissens. Praktika sind bei Naturwissenschaftlern Versuche, die nach einem Skript im Labor durchgeführt werden. Bei Wirtschaftswissenschaftlern sind Praktika i.d.R. Mitarbeit in einem Unternehmen, was auch für Naturwissenschaftler möglich ist. Mit Labor kann ein Sprachlabor, oder auch ein Labor wie man es sich bei den Naturwissenschaftlern vorstellt, gemeint sein. Praktika / Labore werden mit Protokollen (☞ Abschnitt 1.5 auf Seite 40) wissenschaftlich dokumentiert.

Tutorien. Häufig werden von Diplomanden / Doktoranden oder Studierenden aus höheren Semestern Übungsstunden angeboten. Hier können Studierende Fragen zu Vorlesungsinhalten stellen und diskutieren. Aufgaben werden gemeinsam gelöst bzw. die zu Hause gemachten Aufgaben besprochen. Tutorien können anwesenheitspflichtig sein.

Kolloquium. Kolloquien sind ebenfalls sehr unterschiedlich: In Chemie wird z.B. vor einem Experiment ein Kolloquium (»Kolloque«) durchgeführt, währenddessen dem Studenten Fragen über das Experiment / den Tag gestellt werden, die er beantworten muss.

Falls er durchfällt, darf er das Experiment nicht durchführen bzw. wird nach Hause geschickt und muss unter Umständen bis zum nächsten Semester warten. In anderen Fakultäten entsprechen Kolloquien Seminaren.

Tischklopfen. In Deutschland ist es Brauch, nach einer Veranstaltung mit den Fingerknöcheln auf den Tisch zu klopfen, um zu zeigen, dass einem die Vorlesung gefiel.

Exkursionen. In Hochschulen ist alles akademisch: Hier heißen die Ausflüge »Exkursionen«. Ein reiner Ausflug ist eine Exkursion jedoch nicht, denn (wer hätte das gedacht) Exkursionen sind recht variabel: Bei Biologen handelt es sich oft um »Ausflüge« in die Natur, wo Pflanzen und Tiere bestimmt und protokolliert werden. Bei Archäologen geht es zu Ausgrabungen, während bei Sprachwissenschaftlern die Sprache und Kultur im Vordergrund stehen. Fast immer wird die gesamte Exkursion schriftlich dokumentiert.

Klausur. Am Ende von vielen Veranstaltungen kommt die Klausur. Bei Nichtbestehen kannst Du bestimmte Klausuren beliebig oft wiederholen, bei anderen ist nur noch eine einmalige Wiederholung (Nachklausur) möglich. Besteht man auch die Nachklausur nicht, wird man entweder exmatrikuliert oder muss einen Härtefallantrag stellen. Wird der Härtefallantrag bewilligt, darf man ein letztes Mal die Klausur schreiben (Ausnahmen möglich). Ob und wie oft ein Härtefallantrag bewilligt wird, hängt vom Einzelfall ab.

Hinweis

Fast alle werden früher oder später mindestens ein Mal durch eine Klausur fallen, also Kopf hoch und weitermachen!

Prüfungen. Neben Klausuren gibt es auch andere Formen von Prüfungen, z.B. Hausarbeiten, Präsentationen, praktische Prüfungen, mündliche Prüfungen und viele mehr. Nach deren Bestehen erhältst Du einen Schein. Früher war ein Schein aus Papier, den man in sein Studienbuch abgelegt hat. Bis man den erhielt, konnte es dauern (z.T. mehrere Semester) oder man hat ganz vergessen, den Schein in der jeweiligen Fachabteilung abzuholen (z.T. mehrere Semester). Heute gibt es in vielen Fakultäten die Scheine online, was den Vorteil hat, dass man sie nicht mehr verlieren kann und nicht wöchentlich ins Sekretariat gehen muss, um danach zu fragen.

1.3.3 Die erste(n) Woche(n)

An vielen Hochschulen sind selbst in der ersten Vorlesungswoche noch nicht alle Veranstaltungen mit Zeit und Ort bekannt – wundere Dich also nicht über das Chaos und sei in der ersten Woche besonders aufmerksam: Verpasse keine Einschreibe-Fristen!

Für einige Veranstaltungen (Seminare, Praktika) musst Du Dich anmelden, indem Du Deinen Namen mit Matrikelnummer in eine Gruppe einträgst: Sehr häufig legt der Dozent einige Listen mit Gruppen und Veranstaltungsterminen vor / nach der Veranstaltung aus; jeder im Hörsaal stürmt mehr oder weniger los, um sich schnell für seinen Wunschtermin eintragen zu können, bevor die Liste voll ist. In Seminaren läuft die Themenvergabe für Referate und Hausarbeiten ähnlich ab – aufgrund der kleineren Teilnehmerzahl ist es jedoch nicht ganz so krass. Viele Seminare sind überfüllt und notgedrungen werden Teams aus zwei und mehr Studenten gebildet, die gemeinsam ein Referat halten.

Anmeldungen können aber auch ganz unauffällig am schwarzen Brett oder auf der Homepage bekannt gegeben werden – also immer schön aufmerksam sein!

Überlege Dir am besten schon vorher, mit wem Du in eine Gruppe möchtest, dann kann eine Person gleich die Freunde miteintragen (evtl. mit Matrikelnummern). Diese Termine musst Du Dir unbedingt notieren, damit sie später nicht in Konflikt zu anderen Veranstaltungen stehen, bei denen es genauso läuft.

Tipp

Frage bereits während den Einführungstagen nach, ob vor Vorlesungsbeginn Anmeldungen für Veranstaltungen möglich sind, dann hast Du später weniger Stress.

In den ersten Wochen fällt der Unterschied zwischen Schule und Hochschule besonders auf und viele Studierende beschweren sich über das Lernpensum, das unmöglich zu bewältigen scheint.

Fakt ist: Der Prüfungsinhalt ist z.T. schon seit Jahrzehnten sehr ähnlich und wird immer von vielen bestanden – nur ein geringer Prozentsatz muss wiederholen.

Der Prüfungsstoff kann nur von den wenigsten in allen Details gelernt werden, ist aber zum reinen Bestehen auch nicht nötig.

Einige Klausuren und Prüfungen sind seit Ewigkeiten identisch: Orientiere Dich am besten an Altklausuren, die Du optimalerweise immer zu Semesterbeginn von der Fachschaft besorgst, dann weißt Du, bei welchen Vorlesungsthemen Du besonders aufmerksam sein musst.

Wenn Du zu spät kommst, dann nimm (falls möglich) den Hintereingang zum Hörsaal – eine Entschuldigung ist nicht nötig und würde nur den Ablauf stören. Kommst Du jedoch zu einer Veranstaltung zu spät, die in einem kleineren Rahmen stattfindet (Seminar), solltest Du Dich entschuldigen. Falls Du aufs Klo musst, einfach gehen. Verspäte Dich nicht allzu oft, denn einige Dozenten haben ein unglaublich gutes Gedächtnis und dann könnte eine mündliche Prüfung bei ihnen »interessant« werden ...

1.4 Effektives Lernen

Nach der Schullaufbahn haben die meisten ihre eigene effektive Lernmethode entwickelt. Dennoch lohnt es sich, hin und wieder seine eigene Methodik zu überdenken.

Um effektiv lernen zu können, benötigst Du 6 Voraussetzungen:

- hohe zielgerichtete Motivation
- realistisches Zeitmanagement

- Konzentration
- optimale Lerntechnik(en)
- geeignete Lernmaterialien
- Entspannung

1.4.1 Motivation

Das Studium bietet Dir im Gegensatz zum Schulunterricht den Vorteil, dass Du in vielen Fächern selbst bestimmen kannst, was Du lernen möchtest und auf was Du Deinen Schwerpunkt legst. Leider geht das nicht immer.

Hier kommt die Motivation ins Spiel: Die Motivation während des Studiums ist eines der ausschlaggebendsten Kriterien, wenn nicht sogar **das** Ausschlaggebendste überhaupt. Wer motiviert ist, lernt leichter, behält mehr im Gedächtnis und versteht schneller Zusammenhänge. Die Kunst liegt in der Erhaltung (manchmal auch in der Steigerung) dieser Motivation!

Viele Studenten sind zu Beginn ihres Studiums hochmotivert, doch leider lässt das bei einigen mit der Zeit nach. Sei es, dass sie sich vom Umfang des Lernstoffs einschüchtern lassen, die anonyme Lehre in der Hochschule nicht mögen, oder das Gefühl von Einsamkeit in ihnen aufsteigt, weil sie ihr bekanntes Umfeld vermissen.

Motivationsformen

Die Motivation lässt sich in die intrinsische und extrinsische Motivation unterteilen. Die stärkere intrinsische Motivation ist Deine innere Antriebskraft und lässt sich positiv beeinflussen, z.B. wenn Du Dir selbst erklärst, warum Du dieses Fach studierst. Die extrinsische Motivation kommt von außen, bspw. wenn Du für Deine Arbeit Geld erhältst.

Neben der intrinsischen und extrinsischen Motivation spielen ebenfalls die Emotionen und die Ratio (Verstand) eine Rolle. Auch hier ist einer stärker als der andere – die Emotionen sind stärker als die Ratio. Diese Erkenntnis verwundert nicht wirklich und wird uns täglich in der Werbung vorgeführt, indem nicht Produktmerkmale (Qualität) präsentiert werden, sondern emotionsstarke Bilder (nackte Haut).

Schließlich gibt es noch die negative und positive Motivation. Die negative Motivation ist die Antriebskraft, die einen zu etwas bewegt, damit nichts Negatives folgt. Nicht wenige lernen, um keine schlechte Note zu erhalten. Positive Motivation wäre, wenn jemand lernt, weil es ihn interessiert. Die negative Motivation ist stärker als die positive.

Wie lassen sich diese Erkenntnisse auf das Lernen anwenden? Ganz einfach: Visualisiere Deinen späteren Traumjob. Stelle Dir Deine Arbeit so vor, als würdest Du die Situation tatsächlich durchleben. Mit diesen Maßnahmen sicherst Du Deine langfristige Motivation. Für die Prüfungsvorbereitung gehst Du analog vor und stellst Dir in Deinen Gedanken vor, wie gut Deine Prüfung laufen wird, wie sicher Du Dich während der Prüfung fühlst und wie entspannt Du Dich danach fühlen wirst. Um Dich beim Lernen zu halten, hilft ebenfalls die Vorstellungskraft. Nehme bewusst wahr, wie Du Dich fühlst wenn Du etwas Kompliziertes verstanden hast. Erlebe die Gefühle und genieße sie! So kannst Du Dich motivieren, weiter zu machen!

Tipp

Nimm Dir jedes Mal vor dem Lernen ein bis zwei Minuten Zeit und denke darüber nach, wieso Du das lernen möchtest.

Zielsetzung

Die Motivation hängt eng mit einem Ziel zusammen. Dabei muss das Ziel realistisch in einer bestimmten Zeit erreichbar sein. Ist das Ziel und/oder die Zeitplanung nicht möglich, folgt die Enttäuschung und die Motivation sinkt.

Prinzipiell wird ein Ziel immer in mehrere kleinere Teilziele unterteilt, z.B. Tagesziel und Wochenziel. Mit jedem erreichten Teilziel fühlst Du Dich wohler und Deine Motivation steigt.

Beispiel: Du möchtest Deine Klausuren am Ende des Semesters mit der Note 2 bestehen. Aus den Altklausuren kennst Du bereits den Umfang und die Themengebiete. Du nimmst Dir vor, den täglichen Unterricht in 120 min zu wiederholen. Weil Dir das an einem Stück zu viel ist, teilst Du die Zeit in 4 Teile à 30 min ein: Mittags 30 min, abends 2 × 30 min mit Pause dazwischen und 30 min vor dem Schlafen. Nach einem Monat kommt ein tägliches Wiederholen des Gelernten von 60 min hinzu, das Du am Morgen oder vor dem Schlafen machst. Falls der Umfang der Klausuren so groß ist, dass 3 Stunden lernen nicht ausreichen, könntest Du bspw. die Lernzeiten erhöhen (45 min statt 30 min bzw. 80 min statt 60 min) oder opferst einen Tag des Wochenendes zum reinen Wiederholen.

Mit positiven Rückmeldungen erhältst Du Deine Lernmotivation. Deshalb musst Du Deinen Lernerfolg in irgendeiner Form kontrollieren und messen können. Hier bieten sich Altklausuren oder Fragen in Lehrbüchern mit Antworten an. Du kannst Dich aber auch mit Kommilitonen treffen und euch gegenseitig Fragen stellen (für mündliche Prüfungen optimal). So findest Du heraus, ob Du das Gelernte tatsächlich verstanden hast und fühlst Dich bestätigt.

1.4.2 Zeitmanagement

Der Erhalt und die Steigerung der Motivation ist langfristig nur mit einem guten Zeitmanagement möglich! Wenn also Deine intrinsische und extrinsische Motivation suboptimal sind, so kannst Du diesen Umstand mit einem guten Zeitmanagement kompensieren.

Hinweis

Die folgenden Tipps mögen sich banal anhören, werden aber seltsamerweise fast immer nur von Profis angewendet.

Überblick verschaffen

Mach Dir erst mal klar, was alles zu lernen ist. Orientiere Dich an Altklausuren, Literaturlisten, oder Lehrbüchern. Meistens ist es ein gigantischer Berg und der Gipfel scheint unendlich weit ... Stelle Dir alle Lernmaterialien bereit, die Du brauchst.

Ziele definieren

Setze Dir kleine(!), realistische(!) Ziele: Mit jedem erreichten Ziel fühlst Du Dich besser und kommst dem Gipfel / Ziel näher. Damit Du den Weg besser visualisieren kannst, fertige eine »To-Do-Liste« an, die Du nach Priorität(!) ordnest. Halte Dich strikt an die Reihenfolge. Hake jede erledigte Aufgabe auf Deiner Liste ab, um Deine Fortschritte zu verfolgen.

Am besten Du unterteilst Deine Ziele zeitlich im Hinblick auf die Klausur: Monatsziel, Wochenziel, Tagesziel. Dieser Teil ist der schwierigste, denn die (wenige) Zeit muss realistisch und sinnvoll eingeteilt werden. Nimm Dir wirklich Zeit für die Zielsetzung und lasse täglich vor dem Aufstehen Deine Ziele Revue passieren und behalte den Tagesplan im Auge. Überlege Dir vor dem Schlafengehen, was Du an diesem Tag alles geschafft hast und fühle Dich in den Erfolg ein. Falls es Probleme gab, den Tagesplan umzusetzen: Woran lag es und wie lässt es sich zukünftig vermeiden?

Plane zu den zeitlich festgelegten Zielen Pausen, Freizeit und Haushalt ein. Zusätzlich sollte ein zeitlicher Puffer von 30 % für unerwartete Ereignisse einkalkuliert sein.

1.4.3 Konzentration

Grundlage einer guten Konzentrationsfähigkeit ist eine gesunde Lebensweise: Ein gesunder Geist in einem gesunden Körper. Ausreichend Schlaf, gesundes Essen, Bewegung und ein stabiles soziales Umfeld stellen das Fundament dar.

Damit Du Dich voll und ganz Deiner Aufgabe widmen kannst, solltest Du Dir darüber Gedanken machen, was Dich ablenkt, wie Du Dich ablenken lässt und was Du schließlich dagegen machen kannst. Einigen hilft ein Ritual, bspw. wenn sie **bewusst** die Internetverbindung ihres Computers trennen, den Fernseher mit einem Tuch verdecken oder nur in der Bibliothek lernen.

1.4.4 Lerntechniken

Ein wesentlicher Bestandteil des Lernens ist das Gedächtnis. Viele reden nur vom »sturen Auswendiglernen«. Das Gemerkte ist für **alles** entscheidend, z.B. auch für Deine gesamte Persönlichkeit: Du hast Erfahrungen gemacht, die Du Dir gemerkt hast. Hast aus Deinen Fehlern gelernt, weil Du sie nicht vergessen hast und besitzt Detailwissen z.B. über Hobbys, was Dich als Profi vom Laien unterscheidet.

Im Studium brauchst Du die Fähigkeit, Dir vieles in kurzer Zeit und möglichst langfristig merken zu können. Selbst wenn Du Dir etwas herleitest, so brauchst Du dabei zumindest einen Anfang, den Du Dir gemerkt haben musst, um mit der Herleitung weitermachen zu können.

Lernen kann man lernen und ist letzten Endes Übungssache. Je intensiver Du übst, desto besser wirst Du! An jeder Hochschule werden auch regelmäßig kostenlose Seminare und Workshops rund ums Thema Lernen angeboten.

Die folgenden Techniken lassen sich beliebig kombinieren und sind für jede Person und jedes Themengebiet unterschiedlich geeignet. Die bekanntesten Lerntechniken sind:

- Karteikarten
- Akronyme
- Loci-Methode
- Schlüsselwortmethode
- Geschichtentechnik

Bei Lernschwierigkeiten kannst Du Dich an die psychologische Beratungsstelle Deiner Hochschule wenden (☞ Abschnitt 3.5.1 auf Seite 181).

Karteikarten

Als Karteikarten kannst Du ganz gewöhnliche Kärtchen z.B. im A6 Format verwenden oder virtuell am PC erstellen. Die virtuellen Karten lassen sich auf einem Smartphone / Tablet betrachten oder können im Internet auf verschiedenen Portalen mit anderen geteilt werden, die ebenfalls für diese editierbar bleiben.

Das klassische Karteikartenprinzip sieht so aus: Der Karteikasten wird in fünf unterschiedlich große Fächer geteilt: Das 1. Fach ist das kleinste, das 5. das größte. Ins 1. Fach kommen neue oder falsch beantwortete Fragen. Das 1. Fach wird täglich bearbeitet. Weiß man die Antwort, kommt die Karteikarte ein Fach weiter (2. Fach), das erst bearbeitet wird, wenn es fast voll ist (frühestens nach 3–4 Tagen). Ist die Antwort richtig, kommt die Karteikarte ins 3. Fach, ansonsten in das 1. Fach. Man kann davon ausgehen, dass das Wissen von Karten, die es bis in das 5. Fach geschafft haben, auch nach einem Jahr im Gedächtnis sind. Das liegt vor allem an der Struktur des Karteikastens: Der Stoff wird in immer längeren Zeitabständen wiederholt und immer gerade dann, wenn es dabei ist in Vergessenheit zu geraten – der optimale Zeitpunkt.

Der Aufbau einer Karteikarte könnte so aussehen: Auf der Vorderseite enthält die Karte eine oder mehrere Fragen und auf der Rückseite die Antwort. Auf der Vorderseite lässt sich links oben noch das Themengebiet notieren (Anatomie / Schulter / Rotatorenmanschette) und rechts unten evtl. eine Eselsbrücke. Auf der Rückseite wird die Antwort geschrieben, wobei Schlüsselwörter / Bilder ausreichen. Wer die Karten locht, kann sie mit einer Schnur zusammenhalten, sodass sie nicht verloren gehen.

Der Nachteil des Karteikartensystems aus Papier besteht u.a. darin, dass man für ein gezieltes Lernen auf Prüfungen mühselig Karten aus unterschiedlichen Fächern raussuchen muss. Des Weiteren werden zwangsläufig die Karten gemischt und die ursprüngliche Reihenfolge geht verloren, weil einzelne Karten in unterschiedlichen Fächern sind. Diese Nachteile lassen sich jedoch bei Online-Karten gut kompensieren.

Online-Karteikarten-Systeme sind oft nur bis zu einer bestimmten Größe (Karteikartenanzahl, Dateigröße) gratis – völlig kostenlose lassen sich aber auch finden. Für einige Fächer (z.B. Jura) gibt es schon ganz viele Karteikarten, die von allen angemeldeten Personen genutzt werden können. Sehr zu empfehlen ist Anki[10], das als Software für Computer und Smartphone / Tablet zur Verfügung steht. Neben der Möglichkeit zum Teilen synchronisiert die Software die Lernkarten und berechnet den optimalen Zeitpunkt zum Wiederholen!

Akronyme

Akronyme sind Wörter, die aus den Anfangsbuchstaben der Wörter bestehen, die man sich merken möchte. Zum Beispiel steht KURA für die vier wichtigsten Sozialversicherungen (Kranken-, Unfall-, Renten- und Arbeitslosenversicherung).

Mit erweiterten Akronymen lassen sich Wörter merken, mit deren Anfangsbuchstaben man nicht viel anfangen kann, z.B. für die Himmelsrichtungen im Uhrzeigersinn »Nie Ohne Seife Waschen« für Norden, Osten, Süden und Westen. Teste mal einfach für Dich, aus welchen Schlüsselwörtern Du Akronyme bilden kannst!

Tipp

Akronyme sind besonders effizient, da Du recht schnell und einfach gute Merkhilfen erstellen kannst.

Loci-Methode

Mit der Loci-Methode wird Bekanntes (ein Ort) mit etwas Neuem verknüpft, wobei beide möglichst zusammenhanglos sein sollten. Je seltsamer und merkwürdiger die Verknüpfung ist, desto besser lässt sie sich merken.

Beispiel: Um sich fünf Dinge in einer bestimmten Reihenfolge zu merken, benötigt man fünf Orte, die man in dieser Reihenfolge kennt. Die fünf Gegenstände sind: Briefumschlag, Wasser, Kamel, Lampe und sieben Orangen. Auf dem Weg zur Hochschule kommst Du an einem Bekleidungsgeschäft, Post, Schreibwarenladen, Spielplatz und Eisdiele vorbei. Diese verknüpfst Du dann kreativ mit den

10 http://ankisrs.net

fünf Gegenständen: Vor dem Bekleidungsgeschäft überreicht Karl Lagerfeld in einem karierten Briefumschlag der verblüfften Verkäuferin seine Liebeserklärung. Die Post brennt, während die Feuerwehr zuschaut und Wasser trinkt. Vor dem Schreibwarenladen hat sich ein Kamel vor den Eingang gelegt, dahinter hat sich eine riesige Schlange gebildet, weil niemand mehr reinkommt. Auf dem Spielplatz versteckt der Osterhase (Meister Lampe) Eier. In der Eisdiele sitzen Schneewittchen und die sieben Zwerge in orange-farbigen Wintermänteln und essen ein Eis.

Statt Orte könnte man auch ganz andere Dinge verwenden, die einen räumlichen Bezug zueinander haben. Das kann z.B. das Bett sein (Kopfkissen, Bettdecke, Bettlaken, Matratze, Lattenrost), der Körper (Kopf, Arme, Beine ...), der Blick aus dem Fenster u.v.m.

Routinierte Handlungen lassen sich ebenfalls gut nutzen, um sie mit neuen Informationen zu belegen, z.B. das Auto (Türe öffnen, anschnallen, Motor starten), Wäsche waschen (Wäsche in die Maschine geben, Waschmittel, Weichspüler, Programm wählen ...)

Schlüsselwortmethode

Gerade zum Lernen von Fremdwörtern[11] ist die Schlüsselwortmethode gut geeignet. Hierbei verknüpfst Du ein neues Wort mit einem ähnlich klingendem bekannten Wort in einem Bild zu einem Paar.

House (engl.) klingt wie Haus. Duck (engl.) ähnelt dem Dock. Im Dock schwimmt eine Ente. Die Verknüpfungen sind sehr individuell, bspw. el corazón (span.), das mit der Korona bei einer Sonnenfinsternis in Verbindung gebracht werden kann, wenn der Mond genau mittig (im Herzen) der Sonne ist. Morbus Crohn ist eine chronisch-entzündliche Darmerkrankung: Die Krönung des Prinzen findet auf dem Klo statt (für diejenigen, die Crohn mit Krone oder Krönung in Verbindung bringen).

---

[11] Vokabeln lassen sich auch sehr gut mit selbst aufgenommenen mp3s lernen (☞ Abschnitt 5.4.4 auf Seite 266).

Geschichtentechnik

Für kreative Köpfe könnte die Geschichtentechnik interessant sein: Erinnerungen an neue Informationen werden besser im Gedächtnis behalten, wenn sie erlebt oder intensiv vorgestellt wurden oder MERK-würdig waren.

Wenn Du durch die Stadt gegangen bist, hast Du hunderte verschiedener Menschen gesehen, von denen Du Dich an keinen genauer erinnern kannst – außer an einen Mann, der in einem rosa Hasenkostüm Schnäpse verkauft hat. Das war MERK-würdig.

Willst Du Dich also an Dinge erinnern, musst Du sie für MERK-würdig erachten. Vieles an sich ist nicht MERK-würdig, also liegt es an Dir sie MERK-würdig zu gestalten.

Beispiel: Wie kann man sich die Muskeln der Rotatorenmanschette (Musculus supraspinatus, M. infraspinatus, M. teres minor und M. subscapularis) merken? Superman (M. supraspinatus) rotiert (Rotatorenmanschette) wie verrückt um seine eigene Achse und versinkt dabei ein kleines bisschen in (M. infraspinatus) Erde (M. teres minor; terra = Erde, minor = klein), bis er unterhalb des Schulterblattes (subscapularis) stecken bleibt. In diesem kleinen Bild steckt also einiges an Informationen. Wenn das Wort Rotatorenmanschette fällt, denkt man sofort an den rotierenden Superman.

1.4.5 Lernmaterialien

Das klassische Lernmittel für Studenten sind die eigenen Mitschriften und Bücher. Im Zeitalter des Internets und mobilen elektronischen Geräten wie Tablets, Smartphones, E-Book-Readern u.v.m. gibt es nun mehr Möglichkeiten: Videos auf YouTube, Diskussionen in Foren, Lern-Apps für Smartphones, eBooks ...

Eigene Mitschriften

Jede Mitschrift beginnt mit dem Datum, Fach und evtl. Namen des Dozenten. Je nach Geschmack kannst Du auf einem Block, Heft oder einem mobilen Gerät (☞ Abschnitt 1.4.5 auf Seite 39) mitschreiben. Für die meisten sind lose Blockblätter am geeignetsten, die zu Hause in einem Ordner abgeheftet werden.

Eigene Notizen und Mitschriften während Veranstaltungen dienen mehreren Zwecken: Du musst aktiv zuhören, gleichzeitig zwischen wichtig und unwichtig differenzieren und zur selben Zeit »das Gesamte« nicht aus dem Auge verlieren. Es ist nicht möglich, alles mitzuschreiben. Wer sehr viel mitschreibt, schreibt meist blind mit, ohne mitzudenken und weiß am Ende gar nicht mehr, um was es geht.

Am besten teilst Du Deine DIN A4 Seite sehr großzügig ein: Nur Vorderseite beschriften, rechts viel Platz (z.B. 5 cm) für wichtige Stichpunkte lassen und die unteren 5 cm für eigene Fragen aussparen. Fällt bei der Veranstaltung ein wichtiges / unbekanntes Wort, schreibst Du es in den rechten Bereich. Die Erklärung erfolgt ganz normal im Textbereich. Wenn Dir etwas nicht klar ist, notierst Du unten die Frage / das Stichwort. Ist etwas besonders wichtig, hebst Du es mit einem Ausrufezeichen hervor. Immer leserlich schreiben(!). Stichpunktartig so mitschreiben, dass selbst nach Jahren alles »entschlüsselt« werden kann. Die Rückseite bleibt für Ergänzungen und Korrekturen frei. Wer sich übrigens auf eine Veranstaltung vorbereitet, muss weniger mitschreiben, weil viel weniger unbekannt ist.

Mit (selbst entwickelten) Abkürzungen ersparst Du Dir fortlaufend sehr viel Schreibarbeit – nutze sie rege! Das »und« wird zu »&«, folglich oder daraus folgt wird zu »→«, erhöhen / erhöht bzw. sinken / geringer werden, wird zu »↑« bzw. »↓« usw. In meinem Studienfach kommt das Wort »Entzündung« sehr häufig vor; ich schreibe es als eckiges »E«, Fieber / Tumor ist ein eckiges »T«, Bakterien ein eckiges »B«. Überlege Dir ein System, wie Du mit Farben, Unterstreichungen (Linie, Wellen), Umrahmungen (Linie, Wolke) u.v.m. vorgehen kannst.

Unser Semester ist sehr gut organisiert. Es gibt immer mindestens eine Person, die die Vorlesung oder das Seminar vollständig am Laptop mitprotokolliert und das Dokument an die Fachschaft überreicht, die es dann auf ihrer Homepage zum Download bereitstellt.

Bücher

Zu Beginn eines Semesters / Themas geben Dozenten unter Umständen sehr viele Bücher als Literaturempfehlung aus. Nicht wenige Studienanfänger sind durch diese umfangreichen Literaturempfehlungen verunsichert, aber man muss ganz sicher nicht alle 20 Bücher gelernt haben, um die Klausur zu bestehen. Es sind eben nur Empfehlungen, die nach Meinung der Dozenten den Lehrinhalt gut darstellen bzw. ergänzen.

Nach der ersten Veranstaltung solltest Du dich unverzüglich auf den Weg zur Bibliothek machen (wie alle anderen auch), um noch schnell ein Buch zu ergattern, bevor keines mehr da ist.

Weißt Du schon vorher, was an Literatur ansteht, leihst Du Dir ein paar der empfohlenen Bücher aus, um sie in Ruhe zu Hause anzusehen: Gefällt Dir der Schreibstil? Sind die Abbildungen und Tabellen hilfreich?

Alle Bücher, mit denen Du nichts anfangen kannst, bringst Du am nächsten Tag wieder zurück. Damit entgehst Du Mahngebühren, falls Du ganz vergessen haben solltest, dass Du noch ein ausgeliehenes Buch zu Hause herumliegen hast. Es ist auch fair gegenüber anderen, die sich vielleicht gar kein Buch ausleihen konnten oder sich den Kauf nicht leisten können.

Grundsätzlich leiht man sich nur die Bücher aus, die man wirklich benötigt. Man leiht sich von jedem Buch nur ein Exemplar aus. und bringt Bücher aus dem Präsenzbestand wieder an seinen Platz. Wer mitkriegt, wie jemand Bücher versteckt oder gegen andere wichtige Regeln verstößt, sollte nicht zögern, dieses Fehlverhalten den Bibliotheksmitarbeitern anzuzeigen!

Die Hochschulbibliotheken haben eine hervorragende und vielfältige Auswahl. Bücher, bei denen eine sehr hohe Nachfrage besteht, sind zu Dutzenden, auch in verschiedenen Auflagen, erhältlich. Zwar sind die aktuelleren Auflagen häufig vergriffen, aber selbst alte Auflagen sind für das Bestehen von Klausuren meistens vollkommen ausreichend.

Die Ausleihfrist beträgt je nach Bibliothek 4–8 Wochen, wobei man mittlerweile fast immer online die ausgeliehenen Artikel mindestens noch ein Mal verlängern kann. Hier wird verständlich, warum man dank den Bibliotheken auch ohne teuren Bücherkauf gut durchs Studium kommt.

Ausleihfristen musst Du unbedingt einhalten, sonst kann es richtig teuer werden! Die Bibliotheken erinnern an die Abgabe kurz vor Ende mit einer E-Mail – eine aktuelle E-Mail Adresse ist deshalb sehr wichtig.

Sind alle Bücher verliehen, gibt es noch die Möglichkeit, sich ein Buch aus der Präsenzbibliothek zu nehmen und die relevanten Seiten zu kopieren. Manche Hochschulen bieten jedes Semester ein frei verfügbares Kontingent an Kopien und Ausdrucken für Studierende an: Abhängig von der Regelung verfallen ungenutzte Kopien / Druckerguthaben nach dem Semester, oder sie addieren sich auf. Ein großer Vorteil von Kopien ist die Möglichkeit, persönliche Markierungen und Notizen zu machen.

Ganz allgemein zum Kopierer: Es lohnt sich, Zeit in seine Bedienung zu investieren und möglichst alle Funktionen kennenzulernen. Viele Kopierer haben einen Einzug, bei dem Du den Stapel nur oben aufzulegen brauchst – das Gerät zieht alle Blätter ein und scannt bei Bedarf beidseitig. Manche Geräte können zudem lochen und heften. Duplexdruck ist meistens günstiger als einseitig zu drucken und der Papierstapel wird zu Hause um die Hälfte geringer. Bücherscanner sind mittlerweile auch in einigen Bibliotheken zu finden. Durch ihre hohe Bauweise kann man sich aufrecht davor stellen und braucht lediglich von Hand zu blättern, um einen Scannvorgang auszulösen. Das Scannen einer Doppelseite dauert ca. 1,5 Sekunden und wird auf einem USB-Stick als pdf-Datei gespeichert, die man sich ausdrucken kann.

In den Bibliotheken hat man umfangreichen und kostenlosen Zugang zu Multimedia, Fachzeitschriften und Magazinen über das Hochschulnetzwerk. Studierende können sich auch extern über einen VPN Client (Infos in der Bibliothek) in das Netzwerk einloggen und auf Fachzeitschriften oder andere Dienstleistungen zugreifen. Beispielsweise können Medizinstudenten den Online Examenstrainer vom Thiemeverlag kostenlos nutzen, sofern ihre Universität entsprechende Vereinbarungen mit dem Verlag hat. Am besten Du fragst in der Fakultätsbibliothek oder im Dekanat, welche speziellen Möglichkeiten ihr habt. Manchmal hat man Möglichkeiten, auf die man gar nicht kommen würde: Tübinger Biologiestudenten zahlen z.B. keinen Eintritt für den Stuttgarter Zoo – hört sich banal an, zeigt aber, was alles möglich ist.

Kaufen. Gerade am Anfang des Studiums neigen viele dazu, sich Bücher zu kaufen, aber genau dieser Versuchung solltest Du widerstehen! Fachliteratur ist viel teurer als anfangs geglaubt wird. Für mein aktuelles Medizinstudium habe ich mir bis jetzt (8. Semester) noch kein einziges Buch gekauft und hatte auch keine Probleme damit. Die Hochschulbibliotheken sind sehr gut ausgestattet – ein Bücherkauf ist nicht unbedingt nötig.

Die Realität sieht so aus, dass die meisten Bücher nach der Klausur nie mehr aufgeschlagen werden und vor sich hin stauben: Wenn etwas kurz nachgeschlagen werden soll, greift man auf das Internet zu und im späteren Beruf werden diese Bücher gar nicht mehr gebraucht. Spätestens bei den Umzügen wird man sich bewusst, wie viele Bücher unnötig den Umzug erschweren und man doch lieber die meisten verkaufen sollte ...

Wer sich trotz guter Bibliotheken Bücher kaufen möchte, sucht zuerst auf eBay (☞ Abschnitt 2.3.5 auf Seite 130), dann auf Amazon und zuletzt auf Aushängen in der Uni. Ist der Preisunterschied zu einem neuen Buch oder einer aktuelleren Auflage gering, kauft man sich besser gleich ein neues.

Oft sind die Änderungen in aktualisierten Auflagen nur marginal und man kann sich ruhig eine ältere Auflage kaufen, die deutlich günstiger ist.

Zum Bücherkauf im Buchhandel noch einen Tipp: Es lohnt sich, direkt nach beschädigten Büchern zu fragen, oder um einen Preisnachlass bei Macken und Eselsohren zu bitten – die meisten gehen darauf ein.

Tipp

Kaufe so wenig Bücher wie möglich und nur so viele wie nötig! Verkaufe Bücher so schnell wie möglich, wenn sie nicht mehr gebraucht werden.

Verkaufen. Wer seine Bücher verkaufen möchte, erhält meist den besten Preis, wenn er genau umgekehrt zum Kauf vorgeht: Erst Aushänge machen, dann auf Amazon einstellen und notfalls auf eBay versteigern.

Wenn Du nicht unbedingt auf Markierungen angewiesen bist, solltest Du Deine Bücher im Ursprungszustand belassen, dann finden sich schneller Käufer, die gerne mehr zahlen.

Internet

Das Internet ist der größte Informationsspeicher der Menschheit und wird selbstverständlich intensiv für das Studium verwendet. Tipps zur effizienten Nutzung von Suchmaschinen findest Du im ☞ Abschnitt 5.1.3 auf Seite 210 und von einem Internetbrowser im ☞ Abschnitt 5.4.1 auf Seite 231.

Wikipedia als größte Enzyklopädie aller Zeiten hat jeder schon häufig genutzt. Selbst wenn einige Dozenten davon abraten, weil sie Wikipedia als nicht seriöse Quelle bezeichnen, gehört dieser Wissenssammlung die Zukunft. Zwar sind die Artikel durch die Möglichkeit der Veränderung einem Risiko ausgesetzt, mutwillig verfälscht zu werden und sicherlich sind zahlreiche Artikel (wie auch Lehrbücher) nicht 100 %ig richtig, dennoch beweisen regelmäßige Tests, dass Wikipedia im Durchschnitt immer besser ist als andere Nachschlagewerke. Ich persönlich kann nicht nachvollziehen, weshalb Wikipedia bei einigen Dozenten einen schlechten Ruf hat. Mein Umfeld und ich selbst nutzen nichts anderes mehr.

Neben Wikipedia sind auch Videos auf YouTube sehr lehrreich und bestens für das Studium geeignet. Dort findest Du Vorträge,

Animationen und Eselsbrücken zu fast jedem Fachgebiet (☞ Abschnitt 5.1.3 auf Seite 212).

Viele Fakultäten stellen mittlerweile Vorlesungen online und empfehlen in den Veranstaltungen auf Internetseiten, die die behandelten Themen ergänzen. Glaube aber nicht, dass Du häufig bei wichtigen Vorlesungen fehlen kannst, nur weil Du die Möglichkeit hast, Dir das Video zu Hause anzusehen – die meisten machen es dann doch nicht.

In Internetforen, insbesondere in Facebook-Gruppen oder auf der Fachschaftsseite, lassen sich optimal Diskussionen führen. Speziell nach Klausuren gibt es regen Austausch über die Ergebnisse und nicht selten werden so falsch gestellte Klausurfragen aufgedeckt, die später auf Nachfrage der Gruppe vom Dozenten herausgenommen werden.

Mobile Geräte

Inzwischen gibt es Notebooks, Netbooks, tablet-PCs, Smartphones und E-Book-Reader auf dem Markt. Immer häufiger sieht man in akademischen Veranstaltungen Studenten mit solchen Geräten.

Meiner Erfahrung nach sind in der Hochschule lediglich Notebooks / Netbooks sinnvoll: Während der Dozent seine Präsentation hält und wichtige Zusatzinformationen erwähnt, die nicht auf den Folien / Skripten zu finden sind, werden diese fleißig von den Tippern hinzugefügt. Alle anderen Geräte sind aufgrund ihrer Touchscreen-Tastatur weniger im Einsatz (Tablets).

Außerhalb von Vorlesungen sind mobile Geräte hingegen sehr nützlich: Gerade bei Smartphones ist erstaunlich, wie schnell gute Lern-Apps erscheinen. Hier gibt es Vokabeltrainer, Anatomielernkarten, Chemie-Lernspiele u.v.m. Jeden Tag wird das Angebot größer. Abgesehen von Apps kannst Du Dein Smartphone auch für Hörbücher, Podcasts (Fremdsprachen) und zum Hören von selbstaufgenommenen Vokabeln verwenden (☞ Audacity auf Seite 266). Notfalls lassen sich auf dem Display pdf-Dateien (Vorlesungen, Seminare) anzeigen.

E-Book-Reader haben den großen Vorteil, dass sie unglaublich viele Bücher speichern können und eine extrem lange Laufzeit haben. In nur einem Gerät können tausende Bücher gespeichert und überall gelesen werden – und das bei einem sehr guten Kontrast, der vergleichbar zu dem gedruckter Bücher ist. Noch ist das Angebot von Fachbüchern sehr klein und auch ein kostenloses Ausleihen ist selten möglich, womit diese Geräteklasse für viele irrelevant wird. Für bestimmte Studierendenkreise (Literatur, Geschichte), die viel mit älterer, klassischer Literatur arbeiten, die kein Urheberrecht mehr besitzt, gibt es auf dem E-Book Markt viele kostenlose Downloadmöglichkeiten. E-Book-Reader könnten ebenfalls für Studierende interessant sein, die sehr viel unterwegs sind, da sich auch pdf-Skripte anzeigen lassen.

1.4.6 Entspannung

Weil man nicht andauernd hoch motiviert und konzentriert sein kann, darf das richtige Maß an Entspannung nicht fehlen. Es ist ein weitläufiger Irrglaube, dass man unter Druck besser lernt. Bist Du entspannt, geht das Lernen leichter – also entspanne Dich. Lass Dich nicht stressen. Lass Dich nicht unter Druck setzen und vor allem: Mach Dir selbst keinen Druck!

Es gibt unzählige Methoden, wie man entspannen kann. Wie **Du** am besten zur Ruhe kommst, kannst nur Du selbst herausfinden. Mache Dir Gedanken darüber, wie Du am besten abschalten kannst oder besuche Kurse an Deiner Hochschule. Einige Beispiele: Hobby, Sport, mit Freunden treffen / telefonieren, Musik hören.

1.5 Wissenschaftliches Arbeiten

Beim wissenschaftlichen Arbeiten gibt es einige allgemeingültige Punkte, die auf alle Wissenschaften zutreffen. Beispielsweise muss der Text so verfasst werden, dass jeder Leser den Inhalt nachvollziehen kann, Theorien beweisbar sind und alle Quellen angegeben werden.

An der Hochschule sind die häufigsten Ergebnisse vom wissenschaftlichen Arbeiten längere Textdokumente und Präsentationen.

1.5.1 Grundlagen

Abgabetermin

Die Gesamtzeit für die Themenfindung, Literatursuche, Einarbeitung und schreiben / Präsentation erstellen, orientiert sich am Abgabetermin. Dieser Termin muss bei allen Überlegungen berücksichtigen – erwarte nicht, dass der Dozent bei Dir ein Auge zudrückt.

Solltest Du merken, dass Dir die Zeit nicht ausreicht, musst Du Dir das selbst eingestehen und Konsequenzen daraus ziehen. Die könnten so aussehen, dass Du bewusst bestimmte Punkte nur relativ oberflächlich erwähnst bzw. vollständig auslässt oder Dich beim Betreuer meldest und um Aufschub bittest – vielleicht geht er darauf ein.

Sicherheit

Damit Deine Arbeit nicht verloren geht oder sich technische Probleme einstellen, ist Sicherheit das oberste Gebot!

- Immer speichern
  Vor dem ersten geschriebenen Wort wird die Datei mit aktuellem Datum und einem aussagekräftigen Namen »2012-09-02SpanSprache« in einem Ordner gespeichert. Gewöhne Dir gleich von Anfang an, während dem Schreiben in jeder noch so kurzen Denkpause [Strg]+[S] (Tastaturkürzel zum Speichern ☞ Tabelle 5.1 auf Seite 209) zu drücken.
  - Dateiname
    Dateinamen sollten generell keine Leerzeichen, Umlaute oder Sonderzeichen enthalten, weil manche Programme damit noch immer Schwierigkeiten haben – sicher ist sicher.

  - ▹ Datumsformat
    Das Datumsformat wurde bewusst in dieser Schreibweise gewählt, da beim alphabetischen Sortieren die aktuellste Datei dann immer ganz oben aufgelistet wird.
- verschiedene Versionen speichern
  Gleich nach dem Öffnen Deines Dokumentes speicherst Du die Datei mit dem aktuellen Datum ab (• DATEI • SPEICHERN UNTER...) und arbeitest nur an dieser Datei weiter. Dadurch hast Du zwangsläufig mehrere Dateien in Deinem Ordner (2012-09-05SpanSprache, 2012-09-03SpanSprache, 2012-09-02SpanSprache ...). Der Sinn dieses Vorgehens liegt darin, dass in seltenen Fällen eine Datei unbrauchbar werden kann oder Du einen großen softwaretechnischen Fehler gemacht hast, der sich nicht mehr rückgängig machen lässt. In diesem Fall kannst Du auf eine ältere Version zugreifen.
  - ▹ Unterversionen anlegen
    Vor Experimenten im Dokument (Änderungen am Layout, Softwaretests) speicherst Du am besten die Datei als eine Unterversion, z.B. »2012-09-05ASpanSprache«. Gefällt Dir das Ergebnis nicht, kannst Du einfach die Unterversion löschen und mit der anderen Datei weitermachen.
- Sicherungskopien erstellen
  Wenn Dir Deine Datei besonders wichtig ist oder wenn Du an verschiedenen Computern arbeitest, solltest Du die Datei nicht nur auf Deiner eigenen Festplatte haben, sondern auch auf einem USB-Stick oder, viel eleganter, in Deiner Dropbox (☞ auf Seite 259).

Vorgaben einhalten

Nicht selten gibt es konkrete Vorgaben vom Betreuer oder der Prüfungsordnung: Seiten- oder Wortanzahl, Schriftart und -größe, Layout u.v.m. Nach diesen Angaben erstellst Du das Dokument.

Standardisierte Arbeiten haben für den Leser durchaus Vorteile: Wenn alle Dokumente gleich aufgebaut sind, geht das (Quer-)Lesen und Korrigieren um ein Vielfaches schneller.

Thema (finden und) gliedern

Als nächstes überlegst Du Dir eine wissenschaftliche Fragestellung, die Deine Arbeit beantworten soll. Hierzu muss die Fragestellung spezifisch eingegrenzt sein – sie ist der Rote Faden durch Deine Arbeit: Alles was Du schreibst, dient der Beantwortung.

Die Fragestellung ist meistens bereits in den Titel der Arbeit integriert; zumindest sollte aus dem Titel die Fragestellung ersichtlich sein. Ein Beispiel für eine spezifische Fragestellung wäre »Einfluss von Übergewicht auf den Cholesterinspiegel bei gesunden Männern im Alter von 60–70«. Diese Fragestellung scheint auf den ersten Blick recht eindeutig zu sein, jedoch sollte »Übergewicht« später im Text mit BMI 30–35 präzisiert werden. Gleiches gilt für das Wort »gesund«, um Missverständnisse auszuschließen. Mit solch einer genauen Fragestellung lässt sich ein Thema gut angehen.

Ich persönlich beginne Projekte gerne mit einer Ideensammlung in Form von Mindmaps (FreeMind ☞ Abschnitt 5.4.4 auf Seite 261). Bei Mindmaps werden erst einmal alle Gedanken völlig wertefrei und ohne groß zu überlegen aufgeschrieben. Danach erfolgt die Strukturierung unter Berücksichtigung der Machbarkeit in übergeordnete Kategorien. Während diesen Schritten wird Dein Thema eingegrenzt und eine erste Gliederung entsteht.

Literaturverwaltung

Bevor Du schreibst, solltest Du einen ganz groben Überblick über die Materie haben. Sekundärliteratur, Zusammenfassungen und Internet helfen für eine schnelle Übersicht.

Während des Schreibens gibst Du immer gleich die Quelle an: Alles, was nicht von Dir kommt, wie Ergebnisse, Gedanken, Bilder, Tabellen usw. muss als Zitat mit Quellenangabe notiert sein. Damit Du auch später die Originalquelle kennst, musst Du während dem Schreiben diese entweder auf ein Blatt notieren oder ein Programm zur Verwaltung nehmen, was die effektivere Methode darstellt. Dank sehr guter Programme wie Zotero (☞ Abschnitt 5.4.4 auf Seite 262) ist das automatische Anlegen von Literaturverzeichnissen inklusive verlangter Formatierung sehr einfach und mit wenigen Klicks erledigt.

Tipp

Suche gezielt im Internet (☞ Abschnitt 5.1.3 auf Seite 210), ob es bereits Arbeiten zu Deiner Fragestellung gibt – das kann Dich auf neue Ideen bringen.

Strukturierung

Das gesamte Dokument muss logisch strukturiert sein, d.h. der Text besteht auch für Dritte **nachvollziehbar** aus Kapiteln, Überschriften und Absätzen. Ebenfalls sollten Hervorhebungen Sinn haben.

Spätestens wenn Deine Arbeit von jemandem Korrektur gelesen wird, stellt sich heraus, ob auch andere den Aufbau nachvollziehen können.

Sprache

Ein wissenschaftlicher Text ist mit seinem *terminus technicus* sehr spezifisch. Dies hat den Vorteil, dass der Leser bei einem Fachwort ganz genau weiß, was damit gemeint ist. Bei kontroversen Literaturangaben musst Du Dich auf eine Definition festlegen und diese in Deinem Text erwähnen, damit es zu keinen Missverständnissen kommt.

Fremdwörter (keine Fachwörter) sind zu meiden, wenn es Alternativen gibt; Umgangssprache hinterlässt keinen seriösen Eindruck. Im Internet gibt es zahlreiche Vorschläge für einen guten Sprachstil – die meisten finden über die Jahre ihren eigenen Stil.

Typographie

Die Typographie beschäftigt sich unter anderem mit Schriftarten, Layouts und Zeichen. Sie sind praktisch das Salz in der Suppe und zeigen die Professionalität eines Textes.

Spätestens bei Deiner ersten Haus- oder Seminararbeit wirst Du Dir über die Typographie Gedanken machen. Vieles, was die Typographie betrifft, wird unbewusst gemacht und der Irrglaube ist verbreitet, dass es keine festen Regeln gibt, aber genau die gibt es.

In diesem Abschnitt werden die wichtigsten Punkte besprochen, damit Dir bei Deiner Arbeit keine Fauxpas unterlaufen und Du mit einer perfekten Arbeit glänzen kannst.

Hurenkinder und Schusterjungen. Beides sind Ereignisse, die in der Typographie vermieden werden sollten: Als Hurenkind wird die letzte Zeile eines Absatzes bezeichnet, der auf einer neuen Seite endet. Ein Schusterjunge ist die erste Zeile eines Absatzes, unter dem ein Seitenumbruch stattfindet. Writer und Word beachten diese Regel, wenn die Hurenkinder- und Schusterjungenregelung in der Formatvorlage aktiviert ist.

Verweise. Um einen Bezug im Text zu Abbildungen, Tabellen oder Kapiteln zu erzeugen (referenzieren), muss darauf **dynamisch** verwiesen werden. Niemals solltest Du manuelle Verweise erzeugen, indem Du Zahlen und Nummern wie in »siehe Abbildung 8.2 auf Seite 718« von Hand tippst! Denn die Nummern und Seitenzahlen werden sich garantiert ändern. Für das Wiederholen von Nummerierungen von z.B. Überschriften, Seiten, Abbildungen, Tabellennummern usw. wird von Schreibprogrammen extra die Funktion des Referenzierens bereitgestellt.

Abbildungen und Tabellen. Das konkrete Einbinden von Bildern und Tabellen ist in Writer und Word sehr einfach, aber leider auch problematisch, da sie manuell fest an einer Stelle positioniert werden – die Entscheidung sollte also mit Bedacht erfolgen.

In LaTeX (☞ Abschnitt 5.4.3 auf Seite 257) können Abbildungen und Tabellen als Gleitobjekt eingebunden werden, bei dem das Programm entscheidet, wo es am besten aussieht ohne den Lesefluss zu behindern – eine feste Position könnte auch erzwungen werden.

Für Bilder und Tabellen legst Du im Ordner, in dem sich Deine Textdatei befindet, weitere Ordner (z.B. »Bilder«, »Tabellen«) an, in denen Du alle Bilder / Tabellen speicherst. Generell sollten die Abbildungen nur so groß sein, wie sie gebraucht werden, d.h. ein Bild, das später mit den Maßen 6 × 6 cm dargestellt wird, ist mit 5 MB Dateigröße überdimensioniert. Hierfür kannst Du die Bildgröße z.B. mit Gimp (☞ Abschnitt 5.4.4 auf Seite 267) verkleinern oder die Qualität reduzieren (Bild wird pixliger) – Originalbilder im Ordner »Originale« speichern.

Bilder fügst Du am besten immer als **Verknüpfung** in Deine Textdatei ein, d.h. auch wenn das Bild im Dokument angezeigt wird, befindet sich das Bild nicht wirklich in der Datei, sondern es gibt lediglich einen Verweis auf den Ort der Bilddatei. Der große Vorteil ist: Die Größe der Textdatei bleibt klein, das Programm läuft stabil und schnell. Daraus entsteht aber auch ein Nachteil: Verschickst Du die Textdatei an eine andere Person, musst Du daran denken, die Verknüpfungen vorher zu lösen. Sonst können die Bilder beim Empfänger nicht angezeigt werden. Sicherheitshalber speicherst Du dazu das Dokument unter einem anderen Namen ab und löst dann die Verknüpfungen, wobei die Dateigröße steigt.

Zu jeder Abbildung gehört auch immer eine Beschriftung. In Writer geht es über Rechtsklick • BESCHRIFTUNG… Beschriftungen sollten aussagekräftig und hilfreich sein, sonst hat die Abbildung keinen Sinn.

Übrigens werden von vielen Profis Bilder gerne mit Schlagschatten gesetzt, um sie deutlicher vom Text abzugrenzen. Das schnelle und unkomplizierte Erzeugen von Schlagschatten mit dem Bildbearbeitungsprogramm »Gimp« ist in ☞ Abschnitt 5.4.4 auf Seite 267 beschrieben. Die Schreibprogramme bieten ebenfalls diese Möglichkeit in beschränktem Umfang an: In Writer Rechtsklick • BILD… • UMRANDUNG • SCHATTEN

Das Einbinden von Bildern mit Quellenangabe (Bildzitat) stellt für wissenschaftliche Arbeiten rechtlich kein Problem dar[12], sofern es keinen dekorativen Zwecken dient. Falls geplant ist, das Werk ins Internet zu stellen (manche Fakultäten veröffentlichen die Abschlussarbeiten ihrer Studenten), oder als Buch herauszugegeben, solltest Du Dir dennoch unbedingt vorher die schriftliche Genehmigung der Rechteinhaber einholen, sonst könnten Vergütungsansprüche fällig werden. Um hier ganz sicher zu gehen und später nicht haftbar zu sein, lässt Du Dich besser von einem Juristen der Hochschule beraten.

Tabellen sollten generell aus keinen horizontalen und vertikalen Linien (Gitterstruktur) aufgebaut sein – das sieht einfach unschön aus und ist typisch für Anfänger. Viel eleganter ist es, die Hintergrundfarbe der ersten Zeile dunkel bei heller Schriftfarbe zu wählen, während jede zweite Zeile unter dem Tabellenkopf mit einer helleren Hintergrundfarbe dargestellt wird. Anstelle von Farben könnte man die Tabelle durch eine obere und untere fette horizontale Linie vom Fließtext abgrenzen. Die erste Zeile (Tabellenkopf) lässt sich mit einer dünneren horizontalen Linie darunter von der restlichen Tabelle abheben.

Abkürzungen. Vor dem ersten Gebrauch einer Abkürzung sollte das Wort immer ausgeschrieben und die Abkürzung dahinter in Klammern gesetzt werden. Abkürzungen sollten, wenn möglich, nicht in Überschriften erscheinen. Nach Abkürzungen, die mit einem Punkt enden, kommt **kein** zusätzlicher Punkt als Satzende (»[...]das war ein Bsp. Ein anderes[...]«). Abkürzungen, die mit Kleinbuchstaben beginnen, werden am Satzanfang immer ausgeschrieben, statt z.B. wird also »Zum Beispiel« geschrieben.

Sonderzeichen. Damit Dein Text wirklich Profiniveau erreicht, gibt es noch einige besondere Zeichen, die leider nicht vielen bekannt sind, aber Sinn haben.

Symbole / Sonderzeichen können in Writer graphisch über • EINFÜGEN • SONDERZEICHEN... und in Word über • EINFÜGEN • SYM-

12 § 51 Nr. 1 UrhG

BOL genutzt werden. Sonderzeichen lassen sich ebenfalls als Tastaturkürzel (nur bei geläufigen) oder als Unicode eingeben (besonders für Sprachwissenschaftler und Mathematiker interessant). Beide Möglichkeiten sind vom verwendeten Betriebssystem und Schreibprogramm abhängig. In Writer unter Ubuntu drückt man [⇧]+[Strg]+[U] und gibt dann die unicode-Zeichenfolge ein, z.B. 00a9 und es erscheint ©. Unicodes für häufig verwendete Sonderzeichen kannst Du ausgedruckt unter die Tastatur legen.

Übrigens müssen die Sonderzeichen für die jeweilige Schriftart auch vorhanden sein, sprich: Nicht jede Schriftart enthält alle möglichen Zeichen. Falls es ein bestimmtes Zeichen nicht geben sollte, so muss man speziell für dieses Zeichen eine andere Schriftart auswählen oder man entscheidet sich von Anfang an für eine, die besonders viele Zeichen enthält, z.B. Linux Libertine. In LaTeX gibt es für Sonderzeichen Befehle.

Sonderzeichen zu setzen mag dem Einen oder Anderen kompliziert und überflüssig erscheinen, machen aber die Arbeit bei der Erstellung von Texten einfacher und sparen Zeit. Um zwei praktische Beispiele zu nennen: Weißt Du, dass Zeilen nie mit Auslassungspunkten beginnen und dass im Dokument nie Zahl und Einheit durch einen Zeilenumbruch getrennt werden, brauchst Du das auch nicht zu kontrollieren. Während dem Schreiben solltest Du die nun folgenden Sonderzeichen stets im Hinterkopf behalten und sinnvoll einsetzen.

- Geschütztes Leerzeichen
  Ein Zeilenumbruch zwischen zwei Wörtern wird mit dem geschützten Leerzeichen unterbunden. Das ist z.B. wichtig zwischen Titel und Name, vor Gedankenstrichen, Auslassungszeichen, Währungen, Zeitangaben, Symbolen (&) und Verweisen (referenzieren) auf Seiten, Kapitel, Abbildungen, Tabellen usw. In Writer und Word wird das geschütztes Leerzeichen mit [Strg]+[⇧]+[Leerz.] erzeugt, in LaTeX mit der Tilde (~).
  Wenn eine Zeile mit einem Gedankenstrich beginnt, könnte es den Eindruck einer Aufzählung hinterlassen.

- Spatium
  Das Spatium wird auch als »schmales geschütztes Leerzeichen« bezeichnet. Es befindet sich bis auf ein paar seltene Ausnahmen immer zwischen einer Zahl und ihrer zugehörigen Einheit (z.B. 2 mm) und verhindert einen Zeilenumbruch zwischen beiden. Es kann ebenfalls zur Trennung von Zahlen verwendet werden, um ihre Lesbarkeit zu erleichtern (10 000 000). Der Unicode lautet: 2009. In LaTeX wird es mit \, erzeugt.
- Divis
  Der geläufige Trenn- und Bindestrich (Divis) ist für die Silbentrennung zuständig bzw. verbindet zwei Wörter (H-Milch) und wird ohne Leerzeichen verwendet. Die Silbentrennung sollte immer aktiviert und so eingestellt werden, dass möglichst nicht mehr als drei Silbentrennungen untereinander vorkommen.
- Halbgeviertstrich
  Der Halbgeviertstrich befindet sich als Gedankenstrich (endash) zwischen zwei Leerzeichen. Das vordere sollte ein geschütztes Leerzeichen sein, sonst könnte bei einem Zeilenumbruch die neue Zeile mit einem Halbgeviertstrich beginnen und wie eine Aufzählung wirken. Ohne Leerzeichen wird dieses Satzzeichen als Bis- und Streckenstrich bei Zahlen (Seite 1–3), Ortsangaben (Tübingen–Mannheim) und Zeitangaben (15:00–16:00 Uhr, 02 / 2010–06 / 2010) verwendet. Ohne Leerzeichen dient es als Auslassungsstrich bei Währungen (5,– €). In Writer, Word und LaTeX braucht man beim Schreiben lediglich 2 »- -« hintereinander einzugeben, die durch die automatische Ergänzung zu »–« werden.
- Geviertstrich
  Im englischen Sprachraum ist der Geviertstrich (emdash) sehr geläufig und wird ohne Leerzeichen in den Text gesetzt (the morning—so much to do). Im Deutschen wird er nur sehr selten gebraucht, z.B. in Tabellen, um leere Zellen zu verdeutlichen oder wenn Geldbeträge untereinander aufge-

zählt werden, um zwei Nullen zu ersetzen, da er genauso lang ist (5,– €).

- Minuszeichen
  Ein Minuszeichen ist meistens so lang wie ein Halbgeviertstrich, aber oft dünner – nur wenige Schriftarten enthalten ihn.
- Anführungszeichen
  Im Deutschen werden als Anführungszeichen ohne Leerzeichen die „...“ oder die Guillemets »...« verwendet, wobei bei letzterem die Spitze nach innen zeigt. Falsch sind die doppelten Striche "...", die von manchen Textverarbeitungsprogrammen erzeugt werden. Einfache Anführungszeichen ‚...‘ sind ebenfalls möglich und werden z.B. innerhalb eines Zitats (Zitat zweiter Ordnung) verwendet: „Dann sagte er: ‚Tschüss.‘“. Bei den Guillemets geht das natürlich auch: »Dann sagte er: ›Tschüss.‹«.
- Auslassungspunkte
  Die bekannten Auslassungspunkte (...) heißen Ellipsis und ist **ein** eigenes Satzzeichen, keine drei Punkte, da die Abstände zwischen den Punkten anders sind. Sie werden ohne Leerzeichen davor verwendet, wenn Wortteile ausgelassen werden (»So ein M...!«), mit vorherigem (geschütztem) Leerzeichen, wenn sie ganze Wörter auslassen (»Mein Haus, mein Auto ...«).
- Schrägstrich
  Vor und nach einem Schrägstrich wird praktisch nie ein Leerzeichen gesetzt, ein Spatium ist jedoch möglich (Pkw- / Lkw-Zubehör). Manche Schriftarten haben sogar für den Bruchstrich ein eigenes Zeichen (⁄), in diesem Fall keinen Schrägstrich verwenden.
- Apostroph
  Viele wissen gar nicht, wo sich das Apostroph (’) auf der Tastatur befindet. Es wird durch [⇧] + [#] erzeugt. Die meisten Programme bilden aber durch diese Tastenkombination kein echtes Apostroph, sondern lediglich ein erlaubtes Er-

satzzeichen ('). Es kann aber auch ein Mix aus Apostroph und Ersatzzeichen entstehen, wenn z.B. bei der automatischen Rechtschreibprüfung das richtige Apostroph gesetzt wird, während bei der manuellen Eingabe des Apostrophs ein Ersatzzeichen erzeugt wird. Später erscheinen dann zwei verschiedene Zeichen für das Apostroph im Text, was man durch »Suchen und Ersetzen« korrigieren kann.

- Akzente
  Die Symbole für Akzente befinden sich meistens zwischen [?] und [←]. Akzente dürfen nicht anstelle des Apostrophs verwendet werden. Es gibt auch optische Unterschiede: Apostroph ('), erlaubtes Ersatzzeichen für Apostroph ('), Akut-Akzent (´) und Gravis-Akzent (`).
- Römische Zahlen
  Die Buchstaben der Tastatur kann man als römische Zahlen verwenden. Am besten man verwendet sie mit Serifen auch in einer serifenlosen Umgebung. Die Schriftart Linux Libertine hat sogar extra Zeichen für römische Zahlen. Hier der Vergleich: Römische Zahlen als Buchstaben XVII und als Zeichen XVII.

Rücksprachen mit dem Betreuer

Falls Dein Betreuer Rücksprachen anbietet, mache Gebrauch davon! Um ihm etwas vorweisen zu können, erstelle aus Deiner Ideensammlung eine Gliederung, zeige ihm Dein Inhaltsverzeichnis oder gib ihm eine grobe Zusammenfassung Deines Werkes.

Mit Deinem Literaturverzeichnis zeigst Du Deinem Betreuer schon, dass Du Dich mit dem Thema beschäftigt hast. Er kann Dir evtl. noch wichtige Literatur empfehlen, die nicht auf Deiner Liste ist, oder er betont einzelne Titel, die er für besonders wichtig erachtet.

Hinweis

Kritik und Änderungswünsche Deines Betreuers solltest Du für eine bessere Note berücksichtigen.

Den ganzen Schriftverkehr zwischen Dir und Deinem Betreuer speicherst Du, mündliche Absprachen protokollierst Du nach dem Gespräch und legst alles im Ordner Deiner Arbeit ab. Die Dokumentation dient für Dich als Gedächtnisstütze und kann bei nicht gerechtfertigter Note zur Argumentation verwendet werden.

Vereinbare nach jeder Notenbekanntgabe einen Termin bei Deinem Betreuer und bespreche mit ihm Deine Arbeit: Was war gut? Was könntest Du besser machen? Nur so kannst Du Dich weiterentwickeln.

Korrektur lesen (lassen) / Überarbeitung

Spätestens in dieser Phase wird sich noch einiges ändern: Punkte fallen weg, neue kommen hinzu, andere Literatur wird gebraucht ... Davon solltest Du Dich aber nicht aufhalten lassen, weil das vollkommen normal ist. Die Überarbeitung benötigt grob bis zu 50 % der gesamten Zeit!

Falls möglich, lasse Deine Arbeit von jemandem Korrektur lesen, der sich auf dem Themengebiet auskennt.

1.5.2 Haus-, Semester- und Abschlussarbeiten

In praktisch allen Studiengängen werden früher oder später Haus- oder Semesterarbeiten verlangt. Aber auch Berichte und Protokolle sind in vielen Fächern üblich. Diese Arbeiten bestehen meistens aus längeren Textdokumenten und gestalten sich für viele Studierende als schwierig.

Wenn es darum geht, Texte zu schreiben, nutzen die meisten Microsoft Office Word oder LibreOffice / OpenOffice Writer. Mit den praktischen Buttons lässt sich alles mit einigen Klicks erledigen: Buchstaben fetten, kursiv setzen, Fußnoten einfügen usw. Weitere Vorteile sind z.B. das Einfügen von Tabellen, Diagrammen und Bildern über copy & paste. Dritte können den Text ändern und diesen optisch hervorheben oder auch Kommentare einfügen.

Trotz ihrer weiten Verbreitung und augenscheinlichen Einfachheit rate ich für wissenschaftliche Texte von Word, Writer und ähnlichen Programmen ab: Diese Programme eignen sich sehr gut, um kurze Briefe zu schreiben, aber für längere Textdokumente, wie Haus-, Seminar- und Abschlussarbeiten, solltest Du diese Programme meiden, es sei denn, es wird ausdrücklich verlangt.

Problematisch bei diesen Programmen ist ihre Nutzung. Zu oft passieren »unerklärliche Phänomene«: Ist Dir schon mal passiert, dass plötzlich ein Wort mitten im Text anders aussieht? Oder auf einmal das Layout total verändert ist? Anfängern passiert so etwas häufiger als Fortgeschrittenen, aber es passiert bei allen. Manchmal ist man sogar gezwungen, ein ganz neues Dokument anzufangen, weil das schneller geht, als den Fehler zu finden. Viel zu viel läuft unbemerkt im Hintergrund, um den Schreiber nicht zu verwirren: Welche Formatvorlage einem Wort zugeordnet wurde, lässt sich nicht auf den ersten Blick erkennen, wodurch die Überprüfung erschwert ist. Die typographisch professionelle Gestaltung von Texten mit Ligaturen, wie ff, fl, ck sowie Mediävalziffern (1235 ...) ist kaum möglich. Letztendlich ist auch die Stabilität des Programms kritisch, wenn die Dateigröße viele Megabyte erreicht hat.

Unterschiedliche Dateiformate sorgen ebenfalls für Unmut. Bevor Du ein Dokument verschickst, kannst Du ruhig den Empfänger fragen, welches Format er bevorzugt. Die meisten Dozenten kennen nur Word mit seinem Dateiformat doc, und viele wissen gar nicht, dass es mindestens ebenbürtige Alternativen auf dem Markt gibt. Schickst Du also Dokumente in einem anderen Format als doc, kann als Antwort die Bitte folgen, die Datei solle erneut geschickt werden, weil sie vermutlich beschädigt ist, da Word sie nicht öffnen kann. Doch selbst innerhalb von Word-Versionen gibt es Probleme, z.B. können docx-Dateien aus Microsoft Office erst ab Version 2007 geöffnet werden – wer eine ältere Version und kein Zusatzprogramm installiert hat, kann mit der Datei nichts anfangen. Formatierungen des Dokuments könnten sogar beim Export in ein anderes Format unterschiedlich ausfallen.

Insbesondere bei der Verwendung von Schriftarten, die in keiner Standardinstallation enthalten sind, ist Vorsicht geboten: Ist auf dem fremden Computer diese Schriftart nicht installiert, wird eine

Ersatzschriftart verwendet, die das Layout ändern kann – unter Umständen werden nur »komische« Zeichen ausgegeben.

Möchte der Dozent einfach eine fertig gedruckte Arbeit oder eine pdf-Datei, lautet meine Softwareempfehlung für alle wissenschaftlichen Texte ganz eindeutig LaTeX (LaTeX, gesprochen: Latech, ☞ Abschnitt 1.5.2 auf Seite 58) – Writer und Word kommen nicht mal ansatzweise an die Qualität von LaTeX ran. Die Einarbeitung in LaTeX dauert nur am Anfang länger, weil man nicht gleich drauflos klicken kann, zahlt sich aber später auch durch eine hohe Zeitersparnis um ein Vielfaches aus – es lohnt sich wirklich!

Da Writer und Word sehr ähnlich funktionieren, werden sie gemeinsam besprochen. Der Geheimtipp LaTeX ist anders zu bedienen, weshalb die Nutzung gesondert erläutert wird.

Word/Writer

Wenn Du mit Word / Writer arbeiten musst / willst, sollte Dein Text einheitlich aussehen und einem logischen Muster folgen. Um dies zu vereinfachen wurden Formatvorlagen entwickelt. Klicke niemals von Hand auf »fett«, »kursiv« oder »unterstreichen«, um Text zu formatieren! Gleiches gilt für die Schriftgröße, Schriftart und vertikalen Abstände, die allzu gerne mit Absätzen (↵) erzeugt werden.

Weil leider viele manuell am Text basteln, muss später sehr viel Zeit in die Durchsicht des Dokuments investiert werden. Die Lösung für all diese Probleme ist die konsequente Verwendung von Formatvorlagen.

Formatvorlagen definieren die Eigenschaften von Textelementen, z.B. bei der Überschrift die Schriftart und -größe oder wie eine Hervorhebung auszusehen hat. Ein großes Problem stellen in Formatvorlagen die Folgevorlagen dar: Nach einem Absatz (↵) wird automatisch mit einer neuen Vorlage (Folgevorlage) begonnen. Nach einer Überschrift folgt die Formatvorlage Textkörper. Nach dem Textkörper kommt wieder ein Textkörper, aber mit Einzug oder einem größeren vertikalen Abstand, um einen Absatz darzustellen. Der Formatvorlagenwechsel ist auch der Grund, warum man unter keinen Umständen einen Zeilenumbruch (⇧ + ↵) mit einem Absatz (↵) verwechseln sollte.

Ein sich automatisch aktualisierendes Inhaltsverzeichnis kann problemlos vom Schreibprogramm erstellt werden, sofern immer die entsprechenden Formatvorlagen für die Überschriften verwendet wurden.

Falls es später nötig sein sollte, einige Formatierungen anzupassen, was garantiert passieren wird, so kann das gesamte Dokument sehr einfach geändert werden: Entschließt man sich z.B., dass die Überschriften 2 pt kleiner werden sollen, so ändert man das mit nur wenigen Klicks in der Formatvorlage für die jeweiligen Überschriften. Das wirkt sich dann unverzüglich auf das gesamte Dokument aus. Gleiches gilt für die vertikalen Abstände, Schriftarten usw.

Mit Formatvorlagen erscheint Dein Dokument wie aus einem Guss und lässt sich jederzeit mit wenig Aufwand ändern. Wie man mit Formatvorlagen ein schönes Dokument erzeugt, hat Werner Roth sehr gut auf seiner Homepage[13] erläutert. Hält man sich an seine Anleitung, kann eigentlich nichts schief gehen. Auch wenn sich seine Anleitung nur auf OpenOffice Writer bezieht, für Word geht es genauso.

Im Grunde benötigst Du für ein schönes Dokument nur ganz wenige Formatvorlagen, die Du für Dich einmalig einstellen musst. Gibt es von der Fakultät / dem Dozenten keine Vorgaben für das Layout, so hältst Du Dich an diese Vorschläge:

- Standardschriftart
  sollte gängig sein, falls einmal die Datei an jemanden verschickt wird, sieht diese Person dann dieselben Zeichen, ohne vorher eine Schriftart installiert haben zu müssen. Durch Serifen (kleine »Füßchen« an den Buchstaben z.B. Times New Roman) wird das Lesen komfortabler. Der Text sollte 12 pt betragen und im Blocksatz mit Silbentrennung ausgerichtet sein. Absätze werden mit Texteinzug oder mit einem vertikalen Abstand dargestellt. Häufig wird ein doppelter Zeilenabstand gewünscht. Hurenkinder und Schus-

[13] http://wernerroth.de/staroffice/dokus/diplom.html

terjungen sollten beachtet werden (☞ Abschnitt 1.5.1 auf Seite 45).

- Hervorhebungen
entsprechen der Standardschriftart, werden jedoch kursiv oder fett gesetzt. Das Unterstreichen von Wörtern kommt aus dem Zeitalter der Schreibmaschine und sollte heute nicht mehr verwendet werden.
- Kopfzeilen
sind serifenlos (ohne »Füßchen« an Buchstaben, z.B. Arial), 10 pt, einfacher Zeilenabstand, bestehen bei einseitigem Druck oft zentriert aus Überschriftnummer mit Überschriftnamen. Im Buchdruck (mit einer linken und rechten Seite) kann auf der linken Seite in dieser Reihenfolge enthalten sein: Seitennummer, Überschriftnummer und Überschriftname. Die rechte Seite enthält: Überschriftnummer, Überschriftname und Seitennummer. Die Kopfzeile lässt sich bei Bedarf mit einem horizontalen Strich vom Textkörper trennen.
- Fußzeile
serifenlos, 10 pt, einfacher Zeilenabstand, kann zentriert die Seitenzahl enthalten. Im Buchdruck ist häufig die Seitenzahl außen.
- Fußnoten
entsprechen der Standardschriftart in 10 pt mit einfachem Zeilenabstand – auch wenn die Standardschriftart einen anderen Zeilenabstand hat. Bezieht sich die Fußnote auf ein einzelnes Wort, so steht das Fußnotenzeichen direkt hinter diesem Wort. Handelt es sich bei dem Wort um das letzte Wort eines Satzes, steht es vor dem abschließenden Satzzeichen. Bezieht sich die Fußnote auf den ganzen Satz, steht es nach dem Satzzeichen.
- Zitate
  - kurze Zitate
  bis zu 3 Zeilen werden im Fließtext in Anführungszeichen gesetzt.

  - ▹ lange Zitate
    die auch ganze Absätze sein können, werden in Blocksatz mit 10 pt, mit einfachem Zeilenabstand und 1 cm horizontalem Abstand links und rechts zum Fließtext gesetzt und haben zusätzlich noch vertikalen Abstand von 12 pt nach oben und unten.

  Die Quellenangabe der Zitate wird entweder in Klammern oder als Fußnote angegeben.
- Bezeichnungen und Beschriftungen für
  - ▹ Abbildungen
  - ▹ Tabellen

  Die Bezeichnung für Abbildungen lautet meistens Abb., für Tabellen Tab., ist fett, serifenlos mit einfachem Zeilenabstand und 10 pt. Nach dem Abkürzungspunkt wird meist ein Doppelpunkt in der gleichen Formatierung gesetzt, sodass die Bezeichnung am Schluss so aussieht: Abb.: oder Tab.:
  Die Beschriftung ist serifenlos, mit einfachem Zeilenabstand, in der gleichen Größe wie die Bezeichnung und als Blocksatz ausgerichtet.
  Bei Abbildungen und Tabellen wird gemeinsam mit ihrer Beschriftung ein vertikaler Abstand zum Text gesetzt. Tabellen enthalten die Bezeichnung und Beschriftung immer darüber, Abbildungen darunter.
- Aufzählungen mit
  - ▹ Aufzählungszeichen
  - ▹ Nummerierung

  Vor und nach Aufzählungen wird ein Absatz eingefügt, um sie deutlich vom Fließtext abzugrenzen. Als Aufzählungszeichen wird i.d.R. ein bullet (•) verwendet.
- Seitennummerierung
  Die serifenlose arabische Seitennummerierung »1« beginnt auf der ersten Seite des ersten Kapitels – davor wird alles in großen römischen Zahlen nummeriert. Die Titelseite trägt bereits die Seitennummer I, die aber nicht angezeigt wird, aber dennoch für die gesamte römische Nummerierung bis

zum ersten Kapitel mitzählt. Dementsprechend sind Vorwort und Verzeichnisse römisch nummeriert. Der Schutzumschlag (z.B. aus schwerem Kartonpapier – meist identisch zur Titelseite) wird bei der Nummerierung gänzlich ausgelassen.

- Überschriften
  serifenlos, fett, linksbündig, nummeriert bis Überschrift der Ebene 3 (»Überschrift 3«)
  - Überschrift 1: 20 pt, vertikaler Abstand nach oben 24 pt, nach unten 18 pt, immer auf einer neuen Seite beginnend (deshalb Seitenumbruch davor); im Buchdruck (mit einer linken und rechten Seite) beginnen sie auf einer rechten Seite.
  - Überschrift 2: 16 pt, vertikaler Abstand nach oben 18 pt, nach unten 12 pt.
  - Überschrift 3: 14 pt, vertikaler Abstand nach oben 12 pt, nach unten 6 pt.
- Inhaltsverzeichnis
  serifenlos, linksbündig, bis Überschrift 3 (»Verzeichnis 3« genannt):
  - Verzeichnis 1: fett, 14 pt, vertikaler Abstand nach oben 12 pt, nach unten 6 pt.
  - Verzeichnis 2: 12 pt, vertikaler Abstand nach oben 3 pt, nach unten 0 pt.
  - Verzeichnis 3: 12 pt, vertikaler Abstand nach oben 0 pt, nach unten 0 pt.
  - Hierarchische Anordnung: Je tiefer die Überschriftenebene, desto weiter nach rechts ist sie eingerückt.

LATEX

LaTeX (LATEX gesprochen Latech) bzw. XeLaTeX (XƎLATEX gesprochen Chilatech) stellt ein kostenloses (Open-Source) Textsatzprogramm der Spitzenklasse dar und ist speziell für professionelle und lange Textdokumente konzipiert.

LaTeX wird hauptsächlich zum Erstellen von wissenschaftlichen Abschlussarbeiten, Publikationen, Dissertationen und Skripten genutzt. Eine sehr hohe Anzahl wissenschaftlicher (Lehr-)Bücher und Journale wurden mit dieser Software erzeugt – ebenfalls dieser Ratgeber.

Ich rate jedem Studierenden, XeLaTeX für alle wissenschaftlichen Textdokumente, wie Protokolle, Haus- und Abschlussarbeiten zu verwenden. XeLaTeX kann alles, was auch LaTeX kann, bietet Dir aber zusätzlich mindestens zwei Vorteile: Jede installierte Schriftart lässt sich einfach nutzen und das Umschalten von einer Sprache mitsamt all seiner Zeichen in eine andere läuft problemlos – sonst gibt es für die einfache Nutzung keine nennenswerten Unterschiede.

LaTeX-Kurse werden oft kostenlos in den Rechenzentren vieler Hochschulen für Studierende angeboten. Auch gibt es Angebote in Volkshochschulen, zahlreiche kostenlose Skripte und Bücher rund um LaTeX im Internet (YouTube) und in der Hochschulbibliothek. Anfängern kann ich das Buch »LaTeX das Praxisbuch«[14] empfehlen.

Tipp

Das Arbeiten mit LaTeX lohnt sich für alle Studenten. Die Dokumente sehen sehr professionell aus und die Erstellung von verschiedenen Verzeichnissen (Inhalts-, Abkürzungs-, Stichwortverzeichnis, Glossar) ist sehr einfach.

Vorteile. Die Vorteile von LaTeX gegenüber Writer und Word sind u.a. die nachvollziehbare Anwendung, die hervorragende Typographie und die sehr hohe Stabilität.

- Arbeit mit Quelltext
  LaTeX arbeitet absolut nachvollziehbar, da Textelemente mit Befehlen ähnlich wie HTML gekennzeichnet werden. Dadurch siehst Du alles auf den ersten Blick im Quelltext und weißt, warum das Wort so aussieht, wie es ist. Als Anfänger darfst Du Dich vom Arbeiten mit Quelltext nicht abschre-

[14] Elke und Michael Niedermair, Franzis Verlag

cken lassen und solltest gerade das als einen sehr großen Vorteil ansehen, der Dir unglaublich viel Zeit und Nerven spart. Selbstverständlich stellen Dir LaTeX-Editoren Buttons für Formatierungen (Überschrift, fett, kursiv ...) bereit, sodass Du Dir keine Befehle merken musst (☞ Abbildung 5.5 auf Seite 259).

- professionelle Typographie
  Ligaturen (Verschmelzungen von Zeichen, wie in Qu, ff, fi, ck) und gleichmäßige Abstände zwischen Buchstaben, Wörtern und Zeilen auf der Seite sorgen für ein professionelles und harmonisches Schriftbild, das sehr angenehm zu lesen ist.
- unkompliziert Hilfe von Dritten
  Auch bei Schwierigkeiten mit dem Programm kann Dir sehr leicht geholfen werden, da der universelle LaTeX-Code die Hilfe von Dritten vereinfacht: Deinen Quelltext kannst Du im Forum veröffentlichen, den dann jeder testen und Dir eine Lösung vorschlagen kann.
- Warnungen und Fehlermeldungen für einen professionellen Text
  Falls Dein Text zu unschönen Zeilen oder Seiten führt, so gibt Dir LaTeX eine Warnung (Bad Box) aus. Das kommt z.B. vor, wenn eine Seite zu wenig Text enthält und zu leer aussieht oder eine Silbentrennung nicht erkannt wird. Nun kannst Du den Text entweder umformulieren, sodass diese Warnung nicht mehr ausgegeben wird oder Du ignorierst die peniblen Warnungen.
  Werden Fehler ausgegeben, so hast Du Dich meist in einem Befehl vertippt oder einen anderen Fehler gemacht, den Du beseitigen musst.
  Die Warnungen und Fehlermeldungen von LaTeX gewährleisten einen sehr hohen typographischen Standard.

Anwendung Dadurch, dass in LaTeX mit Quellcode und Befehlen gearbeitet wird, sind Formatierungen immer sichtbar.

- Befehle
  Die Anzahl von Befehlen scheint auf den ersten Blick sehr groß zu sein, doch im Alltag benötigst Du nur wenige (☞ Tabelle 1.1 auf der nächsten Seite). Meistens kennt man die Befehle nach kurzer Zeit auswendig und tippt sie. Kapitel (entsprechen Überschrift 1 von Word) kennzeichnest Du mit `\chapter{Kapitelname}` und Überschriften mit dem Befehl `\section{Überschriftname}`. Das Inhaltsverzeichnis wird mit `\tableofcontents` erstellt. Die Editoren stellen Buttons für die häufigsten Befehle bereit, die bei Klick Text formatieren, Verzeichnisse anlegen, Rechtschreibung prüfen, Bilder einbinden usw.
- Kompilieren
  Kompilieren wird der Vorgang bezeichnet, bei dem LaTeX die Quelltextdatei vom Anfang bis zum Ende nach Befehlen durchsucht und daraus eine pdf-Datei erzeugt.
- Quickbuild
  Editoren enthalten oft einen Button »Quickbuild«, der eine Reihe von benutzerspezifischen Befehlen nacheinander ausführt. Beispielsweise muss dreimal kompiliert werden, um ein korrektes Inhaltsverzeichnis zu erhalten. Um nicht dreimal auf den Button »Kompilieren« klicken zu müssen, kannst Du deshalb unter Quickbuild einstellen, dass bei einem Klick gleich dreimal kompiliert wird. Um Zeit zu sparen, kannst Du auch spezielle Befehle für Abkürzungsverzeichnis, Glossar und Stichwortverzeichnis in Quickbuild integrieren.
- Option »draft«
  Durch diese Option in der Dokumentenklasse (mehr Infos im Internet), geht das Kompilieren deutlich schneller und Probleme bei der Silbentrennung von unbekannten Wörtern werden optisch durch einen schwarzen Balken am Rand dargestellt.
- Pakete
  Für spezielle Formatierungen und Zeichen, die in einigen

Wissenschaften gebraucht werden, gibt es Pakete. Welche Pakete Du benötigst, findest Du meist heraus, wenn Du im Internet nach einer Lösung suchst oder Deine Frage im Forum[15] zur Diskussion stellst. Alle Pakete haben eine Dokumentation, die die Anwendungsmöglichkeiten und ihre Befehle erklären und auf der ctan Homepage[16] zu finden sind. Wer bspw. möchte, dass sich Internetseiten durch Klick auf einen link in der pdf-Datei öffnen lassen, integriert das Paket »hyperref« in sein Dokument.

- Fehlersuche

  In LaTeX bleibt alles nach einem »%« bis zum Zeilenende vom Programm unberücksichtigt und erscheint folglich nicht in der pdf-Datei, was als »Auskommentieren« bezeichnet wird. Das ermöglicht Dir eine flexible Dokumentgestaltung und hilft Dir bei der Fehlersuche: Statt Text zu löschen, kommentiere ihn einfach aus und entferne später das %-Zeichen, falls Du den Text doch noch brauchst.

  Wenn ein Fehler auftritt, kommentiere so viele Zeilen aus, bis der Fehler beim Kompilieren ausbleibt. Anschließend entferne die Kommentare Stück für Stück, bis der Fehler auftaucht – schon hast Du die problematische Stelle gefunden.

  Mit Kommentaren kannst Du in Deinem Dokument Erklärungen zu Befehlen notieren – so hast Du alle Infos im Dokument.

Tabelle 1.1: Die häufigsten Befehle.

Befehl	**Ergebnis**
\tableofcontents	erstellt ein Inhaltsverzeichnis
\chapter{Kapitel}	Kapitel, wird automatisch nummeriert
\section{Überschrift}	Überschrift, wird automatisch nummeriert
\subsection{Überschrift}	Unterüberschrift, wird automatisch nummeriert

15 www.mrunix.de ist eines der besten Foren

16 www.ctan.org

Tabelle 1.1: Fortsetzung der Tabelle

Befehl	**Ergebnis**
\paragraph{Absatz}	Absatzüberschrift
mind. eine Leerzeile	neuer Absatz
\newline	Zeilenumbruch
\footnote{Fußnote}	Fußnote (automatische Durchnummerierung)
\emph{Hervorhebung}	hebt ein Wort durch kursiv hervor
\textbf{Wort}	macht ein Wort fett
\underline{Wort}	unterstreicht ein Wort
$_2$ bzw. $_{123}$	Zeichen tiefstellen (H_2O)
^{6} bzw. ^{123}	Zeichen hochstellen (10^6)
\label{Marke}	setzt eine (unsichtbare) Marke als Referenzpunkt
\pageref{Marke}	Seitenzahl der Marke (siehe Seite x)
\ref{Marke}	Nummer der Marke (siehe Kapitel / Tabelle...x)
\begin{itemze}	Beginn der Aufzählung
\item Aufzählungspunkt	ergibt einen Aufzählungspunkt
\end{itemze}	Ende der Aufzählung
\begin{enumerate}	Beginn der nummerierten Aufzählung
\item Aufzählungspunkt	(automatisch) nummerierter Aufzählungspunkt
\end{enumerate}	Ende der nummerierten Aufzählung
\begin{figure}	Beginn der Gleitumgebung für Bilder
\includegraphics{x.png}	Pfad zum Bild
\caption{Text}	Bildbeschriftung, wird automatisch nummeriert
\end{figure}	Ende der Gleitumgebung für Bilder
\begin{table}	Beginn der Gleitumgebung für Tabellen
\caption{Text}	Tabellenbeschriftung, automatisch nummeriert
\begin{tabular}	Anfang der Tabellen
\end{tabular}	Ende der Tabellen
\end{table}	Ende der Gleitumgebung für Tabellen
\dots	...

Tabelle 1.1: Fortsetzung der Tabelle

Befehl	**Ergebnis**
~ (Dr.~Müller)	kein Zeilenumbruch zwischen zwei Worten
\, (2\,mm)	Spatium zwischen Zahl und Einheit (2 mm)
\mbox{α-GFP-A2}	keine Worttrennung
\- (Stau\-becken)	nur an dieser Stelle wird das Wort getrennt
"- (down"-ge"-loa"-det)	zusätzliche Trennmöglichkeit
\cite{Literaturangabe}	Zitat (2008, Mustermann)
\index{Indexeintrag}	Stichwort im Index (Gen\index{Gen})

Die Resultate von LaTeX sind bereits in der Grundeinstellung sehr professionell. Möchtest Du das Layout nach persönlichen Vorlieben gestalten, benötigst Du einen angepassten Dokumentenkopf (Header). Der Header benötigt erfahrungsgemäß die meiste Zeit und enthält alle Informationen über das gesamte Layout – hast Du ihn aber einmal fertig, kann er durchgängig bis zur Abschlussarbeit verwendet werden. Gewöhnlich wird der Header mit jeder Arbeit stärker an die Vorlieben angepasst.

Abgabe

Alle Arten von Arbeiten kannst Du problemlos zu Hause auch mit einem günstigen Tintenstrahldrucker ausdrucken. Nur bei Abschlussarbeiten ist das ganze aufgrund der hohen Relevanz anders – hier brauchst Du auf jeden Fall einen Laserdrucker.

> **Hinweis**
>
> Farbseiten sind teuer: Pro Seite zahlt man in der Druckerei meistens zwischen 0,50 € und 1,00 €! Deshalb Farbe möglichst meiden.

Wenn Du einen Laserdrucker (☞ Abschnitt 5.2.2 auf Seite 217) hast, kannst Du Dir die Kosten für den Ausdruck von gewöhnlichen Textseiten in einer Druckerei sparen: Bei modernen Laserdruckern sieht man normalerweise mit bloßem Auge keinen Unterschied in der Qualität der gedruckten Seiten.

Bei Abschlussarbeiten wird für das erste und letzte Blatt Kartonpapier (meistens 300 g/m²) verwendet, das der Laserdrucker zu Hause nicht bedrucken kann. Hierfür, und für die Leimbindung der Abschlussarbeit, bist Du auf eine Druckerei angewiesen. Es lohnt sich, 1–2 Wochen vor der Abgabe Druckereien zu vergleichen und auch zu erfragen, wie lange der Druck mit Bindung benötigt (gewöhnlich einen Tag). Für alle anderen Seiten reicht das ganz normale Druckpapier mit 80 g/m² vollkommen aus; schwereres Papier, das deutlich teurer ist, ist unnötig. Hausarbeiten benötigen keine aufwendige Leimbindung – den Ausdruck gibst Du am besten in einer schönen Mappe ab.

Druckst Du Dein Word- oder Writer-Dokument über einen anderen PC, Drucker oder in einer Druckerei, kann das gesamte Layout anders aussehen als vorher. Das könnte daran liegen, dass auf dem fremden Rechner ein anderer Standarddrucker mit unterschiedlichen Druckbereichen installiert ist. Es kann aber auch sein, dass die verwendete Schriftart gar nicht auf dem anderen PC installiert ist. Speziell für diese Problematik gibt es von den jeweiligen Textprogrammen Lösungen, aber es lässt sich einfach umgehen, indem man auf seinem PC die Word- / Writer-Datei in eine pdf-Datei umwandelt. Pdfs behalten ihr Layout immer bei und können auf jedem Computer gelesen werden.

1.5.3 Referate und Präsentationen

Referate und Präsentationen werden häufig synonym verwendet und bestehen meist aus einer Microsoft Office PowerPoint- / LibreOffice Impress-Präsentation. Der Vortrag wird frei gehalten – selten sieht man jemanden mit Karteikärtchen als Gedankenstütze.

Mit einem Handout von 1–2 Seiten hinterlässt Du bereits vor der Präsentation einen positiven Eindruck. Das Handout enthält die wichtigsten Punkte des Vortrags oder alle Folien mit viel Raum für persönliche Notizen.

Als Referent stehst Du vor der Zuhörerschaft, die auch sehr groß sein kann (über 100). Kritische Fragen von Zuhörern während oder nach dem Vortrag sind ausdrücklich erwünscht. Je nach Veranstaltung können Professoren unter den Zuhörern sein, die ebenfalls Fragen stellen dürfen.

An den Hochschulen werden für Präsentationen und Referate Kurse / Seminare angeboten, die Du nutzen solltest. Neben neuem Wissen für Dich gibt es eine weitere Qualifikation für Deine Bewerbungsmappe (☞ Abschnitt 1.6.2 auf Seite 73).

Gestaltung und Inhalt

Die Vorbereitungen auf eine Präsentation laufen im Grunde analog wie bei Hausarbeiten ab (☞ Abschnitt 1.5.2 auf Seite 52). Hauptsächlich die Gestaltung und der Inhalt sind anders.

Eine typische Präsentation ist aus mehreren Folien / Dias / Slides aufgebaut und mittlerweile recht standardisiert. Als Orientierungshilfe kannst Du Dich gerne an folgendes halten:

- Allgemeines
  - Hintergrund
    dunkle Schrift (schwarz) auf hellem Hintergrund (weiß) ist immer richtig. Ein dunkler Hintergrund in einem dunklen Raum macht die Zuhörer schläfrig, auch wenn Du helle Schrift verwendest. Begehe niemals den klassischen Fehler: Dunkle Schrift auf dunklem Hintergrund! Das kommt immer wieder vor, weil viele davon ausgehen, dass der Beamer im Vortragsraum die Farben ganz genauso darstellt, wie der Monitor zu Hause – ein Trugschluss!
  - Text
    In der Präsentation stellen ganze Sätze eine Ausnahme dar (Definitionen, Merksätze). Hauptsächlich werden nur Stichpunkte verwendet, die auch Unterpunkte enthalten können – je weiter unten in der Hierarchie, desto kleiner die Schriftgröße und desto weiter nach rechts gerückt. Die Stichpunkte sollten so gewählt werden, dass jedem zu Hause eine Klausurvorbereitung möglich ist

  - Quellenangaben
    Bilder, Tabellen, Zitate benötigen eine Quellenangabe – am besten über der Fußzeile in 12 pt auf derselben Folie
- Titelfolie
  - ganz oben in 18 pt: Titel der Veranstaltungsreihe mit weiteren Infos, z.B. Seminar: Menschenrechte Leiterin: Frau Müller FH-Musterstadt WS: 12 / 13 (02.11.2012)
  - relativ vertikal mittig der Titel: serifenlos, fett, 80 pt
  - bei Bedarf Untertitel: serifenlos, fett, 40 pt
  - Kontaktmöglichkeit des Referenten unter den Titel/Untertitel, bspw. in 18 pt Referent: Max Muster max.muster@uni-brd.de
    Je nach Veranstaltung werden manchmal mehr Informationen benötigt, wie Studiengang, Fachsemester usw.
- Inhaltsübersichtsfolie
  gibt dem Zuhörer eine Orientierung, was alles kommen wird. Je nach Umfang der Präsentation reicht eine Auflistung der Überschriften bis maximal der Ebene 3
- Standardfolie
  - Kopfzeile
    enthält die Überschrift der Ebene 1, niedrigere Ebenen werden meist in den Text eingebunden
  - Überschriften
    serifenlos, fett, linksbündig, nummeriert bis Überschrift der Ebene 3 (»Überschrift 3«)
    - Überschrift 1: 44 pt
    - Überschrift 2: 40 pt
    - Überschrift 3: 36 pt
  - Standardschrift
    Serifenschrift, 32–20 pt
  - Fußzeile
    serifenlos, 14 pt, links: Name des Referenten; mittig: (evtl. verkürzter) Titel; außen rechts: Seitennummer mit Seitenanzahl (z.B. 7 / 31)

- Zusammenfassungsfolie
  auf dieser Folie erfolgt eine Zusammenfassung, wobei die wichtigsten Punkte einzeln eingeblendet werden können
- Literaturangabefolie
  hier wird kurz die verwendete Literatur angegeben
- Fragen
  die letzte Folie enthält lediglich den Text »Fragen« oder ähnliches, womit Du die Aussage »Das wars.« oder »Ich bin fertig.« elegant umgehst

Präsentationssoftware

Die gängigsten Programme zur Erstellung einer Präsentation sind Microsoft Office PowerPoint und LibreOffice / OpenOffice Impress. LaTeX (☞ Abschnitt 1.5.2 auf Seite 58) ist mit dem Paket »beamer« für Präsentationen ebenfalls geeignet, jedoch nur eingeschränkt zu empfehlen, da die Bedienung von PowerPoint und Impress wirklich sehr einfach ist.

Wenn Du bereits weißt, dass im Raum, in dem Du die Präsentation halten wirst, ein Computer für Präsentationen bereitsteht, dann nutze ihn auch. Manchmal kann das Anschließen von Deinem eigenen Gerät zu unerwarteten Problemen führen. Perfekt wäre es, wenn Du in Erfahrung bringen kannst, welche Programme in welcher Version installiert sind (Adobe Reader, Microsoft Office, LibreOffice / OpenOffice).

Deine Präsentation sollte sachlich, schlicht und ohne spektakuläre Effekte sein. Falls Du auf spezielle Folienübergänge, Videos und Ton verzichten kannst, bist Du mit einer Präsentation von pdf-Dateien im Vollbild-Modus technisch auf der sicheren Seite. Alle Office-Programme können die Präsentation als pdf speichern. Pdfs haben den Vorteil, dass sie sich auf jedem PC öffnen lassen und ihr Layout immer beibehalten. Somit brauchst Dir also überhaupt keine Gedanken zu machen, ob und in welcher Version Microsoft Office oder LibreOffice / OpenOffice auf dem fremden Computer installiert sind. Die pdf-Datei kannst Du Anwesenden mit USB-Stick auch gleich mitgeben oder später per E-Mail schicken. Wenn

Du noch einen portablen pdf-Betrachter (z.B. Foxit Reader[17]) auf Deinem USB-Stick installiert hast, kannst Du damit sogar Deine pdf-Datei öffnen, selbst wenn auf dem Computer gar kein pdf-Betrachter (Adobe Reader) installiert ist.

Benötigst Du hingegen Spezialeffekte, bist Du auf ein installiertes PowerPoint / Impress auf dem fremden Computer angewiesen. Falls Du nicht wissen solltest, ob diese Programme installiert sind, gibt es für solche Fälle portable Lösungen für den USB-Stick. PowerPoint bietet hierfür die Möglichkeit von »pack & go« (MS Office 2000 und älter) bzw. »Verpacken für CD« (seit MS Office 2003). Für LibreOffice / OpenOffice kannst Du Dir einfach das komplette portable Programm auf USB-Stick installieren. Mit diesen Möglichkeiten lässt sich Deine Präsentation dann von jedem Windows-PC öffnen.

Folienmaster. Mit Folienmastern kannst Du schnell und einfach praktisch alles an Deiner Präsentation ändern, z.B. das Layout, Schriftart und -größe der Standardschriftart, Überschriften usw. Auch Kopf- und Fußzeilen, sowie Seitenzahlen und Logos lassen sich hier einfügen. Alles, was Du in den Master aufnimmst, erscheint dann auf allen Folien, denen dieser Master zugeordnet ist. Besonders bietet sich dies für die Fußzeile mit Deinem Namen und Thema an. Für die automatische Seitennummer verwendest Du • EINFÜGEN • FOLIENNUMMER. Für die Gesamtzahl schreibst Du dahinter einfach die Zahl manuell – Vorsicht bei Änderung der Gesamtfolienanzahl.

Tipp

Erstelle Deine Präsentation mit Folienmastern, die vergleichbar zu den Formatvorlagen der Textbearbeitungsprogramme sind.

[17] http://portableapps.com/apps/office/foxit_reader_portable

Vortragen

Ein Vortrag ist gar nicht so schwer wie alle glauben. Er beginnt mit einer freundlichen Begrüßung aller Zuhörer, während das erste Dia mit dem Titel und Deinem Namen im Hintergrund leuchtet. Das Handout kann in dieser Zeit herumgereicht werden.

Während des gesamten Vortrags stehst Du seitlich des Bildes frei im Raum (nicht irgendwo anlehnen und nicht das Bild verdecken). Blickkontakt mit den Teilnehmern zu halten, ist höflich und wirkt positiv. Schaue am besten niemanden zu lange an, das könnte die Person in Verlegenheit bringen (kennst Du bestimmt selbst). Deine Gestik sollte zu Deinem Vortrag passen, also nicht rumzappeln, das macht andere und vor allem Dich selbst nervös.

Mit einem Presenter (wird i.d.R. zur Verfügung gestellt) klickst Du elegant die Folien vor und zurück, während Du mit dem eingebauten Laserpointer auf Details in den Dias zeigst. Falls Dir kein Presenter zur Verfügung gestellt wird, kannst Du einen günstig ab 10,- € im Internet erwerben.

Es kann durchaus vorkommen, dass man kurz einen »blackout« hat – alles nicht so schlimm, weil das jedem mal passieren kann. Der Profi weiß jedoch, wie er diese Situation geschickt entschärfen kann, z.B. mit »Tut mir leid, ich habe gerade den Faden verloren. Ich würde gerne erst Mal diesen Teil überspringen und später wieder darauf zurückkommen.«

Den Vortrag musst Du auf jeden Fall unter Berücksichtigung der Präsentationsdauer üben – die verfügbare Zeit darf nicht überschritten werden, weil u.a. Teilnehmer zu anderen Veranstaltungen gehen müssen.

Am Ende des Vortrags sollte Zeit für Fragen und Diskussion eingeplant werden, die von der Präsentationsdauer abhängt: Für einen Kurzvortrag von 10 min reichen 2–3 min, für einen Vortrag von 35 min sind 10 min für Fragen angebracht.

Ein Vortrag verlangt auch immer etwas Strategie: Du verrätst am besten nicht alles, was Du weißt. Ein Zuviel an Informationen ist für den Zuhörer belastend – er soll lediglich das Wichtigste hören.

Mit dieser Herangehensweise behältst Du auch genügend Wissen zurück, um Fragen beantworten zu können.

Fragen, die Dir gestellt werden, wiederholst Du, damit alle die Fragen hören können und Du Dir sicher sein kannst, sie verstanden zu haben. Wenn Du Fragen nicht beantworten kannst, kannst Du sie an die Anwesenden zurückgeben – vielleicht weiß es jemand. Sind Fragen ausdrücklich erwünscht und niemand traut sich etwas zu fragen, kannst Du auch gerne selbst Fragen stellen (z.B. die Du selbst hattest) und sie beantworten.

1.6 Zusatzqualifikationen

Zusatzqualifikationen unterscheiden Dich später von anderen Absolventen desselben Studiengangs und akzentuieren Deine Person. Perfekt wäre es, wenn Du Deine Zusatzqualifikationen mit Dokumenten belegen kannst. In Bewerbungen könnten sie später für eine Einstellung ausschlaggebend sein.

Alle Hochschulen bieten verschiedene Kuse / Seminare, die rein der Fort- und Weiterbildung ihrer Studenten dienen: Zum Beispiel Sprach- und EDV-Kurse, Bewerbungstrainings, Buchhaltungs- und Existenzgründungsseminare.

Es gibt zunehmend mehr »karriereorientierte« Studenten, die ihr Leben nach einem perfekten Lebenslauf gestalten. Alles ist geplant, um möglichst jede erwähnte Anforderung in der Stellenausschreibung erfüllen zu können. Die Anforderungen von etlichen Unternehmen kann ich nur als realitätsfern bezeichnen, denn alle wollen »überdurchschnittliche Absolventen«, »die Besten des Jahrgangs«, »mit kurzer Studienzeit und mit viel Berufserfahrung« usw. Wie alle diese Stellen besetzt werden und welche Qualitäten solche Arbeitnehmer haben, bleibt mir ein Geheimnis ... Lass Dir von solchen überzogenen Wünschen nicht die Zuversicht verderben: Studiere, genieße Deine Freizeit und lerne stetig hinzu.

Hinweis

Gerade bei den Zusatzqualifikationen kannst Du Deine Stärken weiter ausbauen, während Du Deine Schwächen vernachlässigen kannst. Gehe dem nach, was Dich wirklich interessiert!

1.6.1 Basiswissen

Akademiker zählen zur Bildungsoberschicht und sollten folglich auch über ein breites Allgemeinwissen verfügen. Unabhängig vom Studienfach sollte ein guter Akademiker als Minimum diese Grundlagen erwerben und ständig weiter ausbauen:

- sehr gute Kommunikationsformen
- (welt-)politisches Wissen
- mindestens zwei Fremdsprachen beherrschen (eine Englisch)
- fortgeschrittene EDV-Kenntnisse, insbesondere Office-Programme

Offenheit. Mit der Grundhaltung, »offen für Neues« zu sein, spiegelst Du das Ideal vom »lebenslangen Lernen« wider. Es erleichtert Dir das Verstehen »komischer« Ansichten / Handlungen anderer. Beispielsweise lauten zwei Axiome des NLP[18]: »Jede Handlung hat mindestens ein Mal einen Sinn gehabt.« und »Jeder Mensch versucht mit allen seinen Ressourcen, die ihm aktuell zur Verfügung stehen, das beste Ergebnis zu erzielen.« Mit diesem Wissen bist Du wirklich »offen«, denn nun suchst Du nach dem Grund für die Handlungsweise eines Menschen, sowie die Art der Durchführung, bevor Du ihn beurteilst.

Psychologie. Es ist nicht schwer, eine sehr gute Kommunikation in kurzer Zeit zu erlernen. Ich persönlich kann jedem NLP (Neurolinguistisches Programmieren) empfehlen, das einen hohen Praxisbezug hat. Mit nur wenig Aufwand lernst Du viel über zwischen-

18 Neurolinguistisches Programmieren

menschliche Beziehungen, das für den Alltag und das berufliche Leben von hohem Nutzen ist.

Politik. Dank Internet geht die Informationsbeschaffung schnell, einfach und kostenlos (☞ RSS-Feeds auf Seite 233). Sehr zu empfehlen und durch einen Spitzenjournalismus geprägt, sind Sendungen der staatlichen Sender, die ebenfalls im Internet zu finden sind. Gerade Videos eignen sich zum Entspannen zwischen Lernpausen und beim Essen. Folgende Sendungen kann ich sehr empfehlen: WISO[19] (ZDF), Weltspiegel[20] (ARD), Frontal 21 (ZDF), Monitor[21] (WDR), Plusminus (ARD) und Markt[22] (NDR).

Fremdsprachen. Häufig werden kostenlose Sprachkurse von den Hochschulen angeboten. Als Akademiker solltest Du mindestens gut Englisch sprechen und mindestens gute Grundlagen in einer zweiten Fremdsprache haben, die Du schnell ausbauen können solltest. Mit einem längeren Auslandsaufenthalt (Studium / Praktikum) beweist Du, dass Du eine Fremdsprache auch in ihrem sozio-kulturellen Umfeld beherrschst.

EDV. EDV-Grundlagen (☞ Abschnitt 5.1 auf Seite 208) sollten selbstverständlich sein. Auch der sichere Umgang mit Officeprogrammen (☞ Abschnitt 5.4.3 auf Seite 250), insbesondere Microsoft Office, ist praktisch tägliches Handwerkszeug eines jeden Akademikers. Aus diesem Grund gibt es verschiedenste EDV-Kurse an allen Hochschulen.

1.6.2 Weiter- und Fortbildungen

Neben den typischen Kursen, wie Sprach-, EDV- und Kommunikationskursen, gibt es viele andere: Business-Knigge, Selbstmanagement, Vorbereitungen auf Assessmentcenter u.v.m. Natürlich wird der Besuch dieser Veranstaltungen mit einer Teilnahmebescheinigung bzw. Benotung (z.T. mit Credit Points) bestätigt. Diese Kurse

19 www.zdf.de
20 www.daserste.de/weltspiegel
21 www.wdr.de
22 www.ndr.de

sind entweder kostenlos oder wenigstens günstiger als auf dem freien Markt.

Zertifikate belegen in Deinen Bewerbungen, dass Du Dich zumindest zu diesem Zeitpunkt mit der Thematik beschäftigt hast. Wenn ein Kurs schon lange zurückliegt, geht immerhin das Einarbeiten später schneller, was den Arbeitgebern bewusst ist.

1.6.3 Praktika

In vielen Studiengängen sind Praktika Pflicht. Zum Teil werden ganze Semester als Praxissemester für Praktika eingeplant. Abhängig vom Studiengang und von den Noten finden sich bezahlte und unbezahlte Praktika.

Bevor Du überhaupt an ein Praktikum rankommst, heißt es Bewerbungen schreiben (☞ Abschnitt 6.2 auf Seite 271). Strategisch ist es am klügsten, sich bei Firmen zu bewerben, bei denen Du Dich später für einen festen Arbeitsplatz oder eine Abschlussarbeit bewirbst.

Mit der Arbeitserfahrung aus Praktika und Neben- / Ferienjobs kannst Du bei Bewerbungen richtig punkten: Selten haben Bewerber mehr als die vom Studiengang vorgeschriebenen Pflichtpraktika. Vorzugsweise sollte die Arbeitserfahrung etwas mit Deinem Studiengang zu tun haben, aber auch falls nicht, ist das halb so schlimm, denn immerhin kannst Du belegen, dass Du arbeiten kannst.

Gegen Ende Deines Praktikums bittest Du um ein Praktikumszeugnis, das Du später Deinen Bewerbungen beilegen kannst. Sei aber nicht überrascht, wenn Du gebeten wirst, Dir selbst ein Praktikums- / Arbeitszeugnis zu schreiben (nicht ungewöhnlich in kleineren Betrieben). Wie ein optimales Arbeitszeugnis auszusehen hat, findest Du im Internet.

1.7 Auslandsstudium

Ein Auslandssemester wird Dein Leben bereichern: Jeder sollte im Laufe seines Studiums im Ausland gewesen sein! Am besten Du gehst in ein Land, in dem nicht Deutsch gesprochen wird, denn es macht einen Unterschied, ob Du in der Schweiz / Österreich ein Semester verbracht hast oder in China.

Für die meisten wird es die einzige Gelegenheit im Leben bleiben, längere Zeit im Ausland zu verbringen. Du wirst sehr viel über Dich selbst lernen und eine neue Kultur erleben.

Auch für den Lebenslauf ist ein Auslandsstudium positiv: Es zeigt mindestens, dass Du offen für Neues bist und dazu flexibel, sowie über gute Sprachkenntnisse verfügst.

Für ein Auslandssemester kann man sich beurlauben lassen, was gewisse Vorteile bringt, wie z.B. die Freistellung von Studiengebühren und Verkürzung der offiziellen Studiendauer.

1.7.1 Vorbereitungen

Mindestens ein Jahr vor Abreise fangen die Vorbereitungen für das Auslandsstudium an. Sie beginnen nach der Entscheidung, an welcher Hochschule Du studieren möchtest. Häufig halten Fachschaften und das Akademische Auslandsamt Deiner Hochschule Erfahrungsberichte von ehemaligen Austauschteilnehmern bereit, die Dir Tipps und Tricks zeigen, die von den Bewerbungsanforderungen inklusive aller benötigten Unterlagen (Gutachten, Sprachzertifikate usw.) bis hin zur Wohnungssuche reichen – einfacher gehts wirklich nicht.

Bei der Anrechnung von Scheinen gibt es oft Probleme: Möchtest Du wirklich jeden Kurs nach Deiner Rückkehr angerechnet bekommen, musst Du vor der Abreise mit Deinem Studiendekanat über die Anerkennung sprechen. Nicht selten wirst Du dann wiederum an den jeweiligen Dozenten des (ähnlichen) Kurses in Deiner Fakultät verwiesen, dessen Entscheidung Klarheit geben wird. Falls der Dozent sein okay gibt, bitte ihn um eine schriftliche Bestätigung, damit er nicht später sagen kann, er könne sich an nichts erinnern.

Normalerweise werden nur wenige bis gar keine Scheine angerechnet.

- Hochschule wählen
  Jede Hochschule hat Austauschprogramme, bei denen Du keine Studiengebühren zahlst und der Auslandsaufenthalt problemlos funktioniert. Die Kriterien bei der Auswahl der Hochschule sind dieselben wie im Inland (☞ Abschnitt 1.2.3 auf Seite 13).
- Gutachten
  Fast immer benötigst Du 1–2 Gutachten von Professoren. Hier gibt es gewaltige Unterschiede: Manche haben ein Standardschreiben, das sie lediglich leicht verändert ausdrucken. Manche nehmen sich Zeit und setzten ein individuelles Schreiben auf, in dem Du gelobt wirst – selbst wenn der Professor Dich kaum kennt (damit einer seiner Studenten einen begehrten Studienplatz im Ausland erhält). Andere wiederum schauen auf Deine Noten und prüfen Dich in einem mündlichen Test. Einige lassen Dich Dein Gutachten selbst schreiben.
- Sprachnachweis
  In der Regel verlangt die ausländische Hochschule einen Nachweis über ausreichende Sprachkenntnisse. Für englischsprachige Länder haben sich der TOEFL und der IELTS etabliert. Die Prüfungen werden z.T. nur zu bestimmten Terminen angeboten, (kostenlose) Vorbereitungskurse Deiner Hochschule solltest Du nutzen.
- Finanzierung
  Wer BAföG erhält, ist praktisch auch immer berechtigt für Auslands-BAföG (☞ Abschnitt 2.2.5 auf Seite 95). Wer kein Auslands-BAfög erhält, könnte beim Erasmus-Programm (☞ Abschnitt 2.2.6 auf Seite 97) erfolgreich sein, was (theoretisch) den Vorteil bringt, dass Credit Points (ECTS) voll angerechnet werden (sollten). Weitere Möglichkeiten wären Stipendien (☞ Abschnitt 2.2.7 auf Seite 98) oder auch das Kfw-Förderprogramm.

1.7.2 Studium

Meine Empfehlung für das Auslandsstudium: Konzentriere Dich im Ausland auf die Kultur, die Menschen und die Unterschiede zu Deutschland – nutze auf jeden Fall jede Chance zu reisen!

Das Vorlesungsverzeichnis findet sich im Internet und nicht selten musst Du Dich bereits von Deutschland aus für Kurse anmelden. Bei Problemen hilft Dir die Hochschule sehr gerne – hier wird der Unterschied zu hiesigen Hochschulen besonders deutlich: Da in vielen Ländern hohe Studiengebühren üblich sind, wird großer Wert auf Service und Dienstleistung gelegt.

Wer die ganze Zeit für die Hochschule büffelt, macht etwas falsch, denn studieren kannst Du auch in Deutschland. Im Ausland legst Du Deinen Schwerpunkt auf die Selbsterfahrung: Wie kommst Du mit dem neuen Umfeld zurecht? Machst Du Fortschritte in der Sprache?

1.7.3 Reisen

Das Reisen ist ausführlich in ☞ Abschnitt 2.3.4 auf Seite 120 beschrieben. Wenn Du neue Freunde im Ausland gefunden hast und Du von ihnen nach Hause eingeladen wirst, so hast Du die einmalige Gelegenheit, das Familienleben im dortigen Land hautnah kennenzulernen.

1.8 Studienabbruch

Falls Du während des Studiums bemerkst, dass der Studiengang oder ganz allgemein das Studium doch nicht so das Wahre für Dich ist, beende es einfach. Es ist absolut keine Schande, das Studium abzubrechen. Nicht für jeden ist ein Studium das richtige. Nicht für jeden ist der gewählte Studiengang der richtige. Nicht für jeden war die gewählte Hochschule bzw. Hochschulart die richtige. Je früher Du abbrichst, desto besser.

1.8.1 Vorüberlegungen

Der Studienabbruch darf unter keinen Umständen spontan erfolgen, denn ein Zurück kann durchaus kompliziert sein. Halte schriftlich Antworten auf Fragen fest: Was kann ich gut? Was macht mir Spaß? Was möchte ich am liebsten arbeiten? Liegt das Problem wirklich am Studium? Was wäre eine Alternative?

Nutze auch die psychologische Beratung bzw. Studienberatung vor einem Abbruch, die Mitarbeiter kennen sich wirklich aus (Termine längere Zeit vorher vereinbaren) und haben gute Ratschläge parat.

1.8.2 Exmatrikulation

Kommst Du noch immer zu dem Schluss, dass ein Studienabbruch das Sinnvollste für Dich ist, heißt es Exmatrikulation. Viele nutzen davor noch ihren Studentenstatus, um an Vergünstigungen zu kommen (Zeitschriften-Abos, BahnCard) und lassen sich einen internationalen Studentenausweis geben, der vom aktuellen September bis zum Dezember des Folgejahres gültig ist.

Die Exmatrikulation geht sehr schnell und einfach: Meistens ist die Sache online mit nur wenigen Klicks erledigt, ansonsten geht das im Studentensekretariat. Mit diesem Schritt erhältst Du eine Exmatrikulationsbescheinigung, mit der Du Deinen Studienabbruch den Behörden vorweisen kannst. Noch am selben Tag meldest Du Dich beim JobCenter »arbeitssuchend« (neudeutsch für arbeitslos) und erhältst evtl. ALG II (☞ Abschnitt 2.2.9 auf Seite 102), sofern Du berechtigt bist. Falls Du Gelder für Dein Studium beziehst (BAföG, Stipendium u.a.), müssen diese Stellen ebenso benachrichtigt werden, wie z.B. Deine Krankenkasse.

1.8.3 Alternativen

Nun solltest Du Dir erst Mal Zeit für Dich selbst nehmen. Mache Dir dabei keine Sorgen über Deine Zukunft! Das ist natürlich leichter gesagt, als getan, denn viele plagen Schuldgefühle und sind in ihrem Selbstvertrauen angekratzt. Doch als Versager solltest Du Dich nicht fühlen, schließlich hast Du eine sehr wichtige Entscheidung getroffen. Bei einer durchschnittlichen Abbrecherquote von 21 % eines jeden Jahrgangs bist Du definitiv kein Einzelfall.

Nun hast Du wieder alle Möglichkeiten: Du kannst denselben Studiengang an einer anderen Hochschule studieren, die Hochschulart wechseln, eine Ausbildung oder Freiwilligendienst beginnen u.v.m.

Falls Du Dich für ein anderes Studium entscheidest, stellt BAföG kein Problem dar, wenn der Studiengang vor dem 3. Fachsemester gewechselt wurde – nun steht Dir BAföG für die Dauer der Regelstudienzeit des neuen Studiengangs zu.

2 Finanzen

Die finanzielle Situation ist ein Dauerbrenner unter all den Themen bei Studenten. Dieses Kapitel gibt Dir eine Übersicht darüber, wie Du an Geld kommst, Deine Ausgaben reduzierst und Deine Finanzen im Blick behältst.

2.1 Banken

Falls es in Deinem Studienort keine Filiale Deiner Hausbank gibt, legst Du Dir am besten ein neues Konto bei einer deutschlandweiten Bank zu. Alternativ kannst Du auch zu einer Direktbank wechseln, die praktisch immer bessere Konditionen als Banken mit Filialen hat.

2.1.1 Filialbanken

Banken mit einem großen nationalen Filialnetz sind z.B. Citibank, Commerzbank, Deutsche Bank und Postbank. Gerade die Deutsche Bank[23] hat in jeder größeren Stadt mehrere Filialen oder Partnerbanken[24], bei denen gebührenfreies Abheben an Geldautomaten

23 www.deutsche-bank.de

24 www.cash-group.de; zur Cashgroup gehören u.a. Postbank, Commerzbank, HypoVereinsbank

möglich ist. Auch hat sie im Ausland viele Partner, u.a. Bank of America in den USA, Scotiabank in Kanada und einigen südamerikanischen Ländern, Westpac in Australien und Neuseeland und Deutsche Bank in Spanien – hier ist das Geldabheben ebenfalls kostenlos. Wenn Du ein Auslandssemester (☞ Abschnitt 1.7 auf Seite 75) machen möchtest, solltest Du die Deutsche Bank im Hinterkopf behalten.

Bei vielen Banken werden für Studenten keine Kontoführungsgebühren erhoben. Um von den Gebühren befreit zu werden, musst Du jedes Semester eine Immatrikulationsbescheinigung an Deine Bank schicken.

Auch wenn Du ein Konto bei einer deutschlandweiten Filialbank hast, halte ich es für sehr sinnvoll, Dein Konto für Online-Banking freizuschalten: Es ermöglicht Dir Bankgeschäfte zu jeder Zeit, von jedem Ort aus und zeigt Dir Deinen Kontostand in Echtzeit an. Mit Online-Banking ist es viel leichter, Deine Buchhaltung zu führen, da viele Buchhaltungsprogramme (☞ Abschnitt 2.4.2 auf Seite 135) auf die Umsätze des Kontoauszugs zugreifen können. Es ist auch sehr praktisch, gleich nach einem Online-Kauf umgehend die Ware online zu bezahlen.

2.1.2 Direktbanken

Neben den klassischen Filialbanken gibt es auch die Direktbanken, die es ausschließlich im Internet gibt. Direktbanken geben i.d.R. höhere Guthabenzinsen als Filialbanken, Sollzinsen sind niedriger, ein Dispo ist meistens gleich von Anfang an dabei und Kontoführungsgebühren werden normalerweise gar nicht erst erhoben.

Je nach Direktbank ist die telefonische Erreichbarkeit rund um die Uhr, sieben Tage die Woche möglich. Bankgeschäfte lassen sich auch über E-Mail, Chat und normalen Briefwechsel regeln. Eine kostenlose Kreditkarte und eine Maestro-Karte (früher EC-Karte) gehören meist zur Standardausstattung. Beim Geldabheben mit der Maestro-Karte an Bankautomaten der vielen Partnerbanken zahlst Du keine Gebühren – mit der Kreditkarte sogar weltweit. Einzahlungen gehen kostenlos in Filialen des Mutterkonzerns, bspw. ist dies die Commerzbank bei der comdirect.

Tipp

Direktbanken haben i.d.R. viel bessere Konditionen als Filialbanken und geben eine kostenlose Kreditkarte, mit der das Geldabheben weltweit gebührenfrei ist.

Grundsätzliches zur Zahlung von Rechnungen: Immer so spät wie möglich zahlen, aber nicht am letzten Tag! Solange das Geld auf Deinem Konto ist, erhältst Du Zinsen; zahlst Du sofort, profitiert der Empfänger. Bei Online-Überweisungen gibt es die Möglichkeit, ein Datum für die Transaktion festzulegen, mache davon Gebrauch! Elektronische Überweisungen werden innerhalb eines Werktages durchgeführt; auf Papier kann es zwei Tage dauern.

2.2 Einkommen

Zur Finanzierung des Studiums lässt sich ganz allgemein Folgendes sagen: Entweder Du hast viel Geld oder gar keins – alles dazwischen ist problematisch. Bei ausreichend finanziellen Mitteln brauchst Du Dir über Geld keinen Kopf zu machen. Fehlt es, so stehen Dir verschiedene staatliche Förderungen zu.

Hast Du Erspartes, so stehen Dir staatliche Mittel erst nach deren Verbrauch bis zu einer bestimmten Höhe zu. Das Geld kurzfristig auf jemand anderen zu übertragen, ist nicht legal und kann strafrechtliche Folgen haben. Behörden haben das Recht auf Einsicht in die Bankdaten von Antragstellern, wovon auch immer stärker Gebrauch gemacht wird. Es ist somit unklug, höhere Beträge bar abzuheben, die einige Tage später auf Konten von Familienmitgliedern landen ...

2.2.1 BAföG

Das Bundesausbildungsförderungsgesetz (BAföG) ist eine staatliche, finanzielle Ausbildungsförderung, die zur Hälfte aus einer Förderung (Geschenk) und zur anderen Hälfte aus einem zinslosen Darlehen (zählt als Einkommen) besteht.

Die BAföG-Höhe ist von Deiner persönlichen finanziellen Situation abhängig. Eine grobe Berechnung der BAföG-Höhe kann Dir der BAföG-Rechner[25] geben. Den Antrag stellst Du auch im Zweifelsfall im Amt für Ausbildungsförderung Deiner Stadt.

BAföG ist ein sehr komplexes Thema und mittlerweile gibt es ganze Bücher und Internetseiten[26], die beschreiben, wie Du einen Antrag ausfüllst, was zu beachten ist und welche Rechte Du hast.

BAföG-Empfänger erhalten i.d.R. auch Auslands-BAföG (☞ Abschnitt 2.2.5 auf Seite 95), sofern es einen Grund gibt ins Ausland zu gehen (z.B. Studium). Das Tolle daran: Die Bezugsdauer zählt nicht zur Dauer des »Inlands-BAföGs«. Deshalb empfehle ich allen BAföG-Empfängern, unbedingt ins Ausland zu gehen!

Mit dem BAföG-Bescheid kannst Du Dich vom Rundfunkbeitrag befreien lassen (☞ Abschnitt 2.3.1 auf Seite 110). Ebenfalls wäre ein Wechsel zum günstigeren Sozialtarif der Deutschen Telekom möglich, was sich aber fast nie lohnt, da meistens andere Telefon- und Internetanbieter trotzdem günstiger sind. Mit jedem neuen Bescheid (wenn der alte abgelaufen ist) musst Du Dich vom Rundfunkbeitrag befreien lassen, eine rückwirkende Befreiung gibt es nicht, d.h. wird der Termin versäumt, werden Beiträge fällig.

Antrag

Die gute Nachricht: Wenn der Antrag bewilligt ist, hast Du gewöhnlich zwei Semester Ruhe. Vergiss nicht, dass Du die Hälfte des BAföGs geschenkt bekommst! Nun die schlechte Nachricht: Der Antrag ist sehr kompliziert und benötigt viele Nachweise. Auch sind längere Wartezeiten (z.T. 2–3 Monate) auf eine Antwort vom zuständigen Amt und Forderungen von weiteren Nachweisen nichts Ungewöhnliches und eher die Regel. Das ist auch der

---

25 www.bafoeg-rechner.de/Rechner

26 www.sozialleistungen.info

Grund, warum Du mindestens(!) zwei Monate vorher den Antrag so vollständig wie möglich abgeben solltest.

Die gesetzte Frist, zu der alle geforderten Unterlagen bei der Behörde vorliegen müssen, darfst Du nicht überschreiten! Wenn Du weißt, dass Dir die Zeit nicht reicht, gleich schriftlich mitteilen! Fehlende Unterlagen sollten für Dich kein Grund sein, den Antrag später abzugeben, denn die Sachbearbeiter listen Dir alle fehlenden Unterlagen auf, die Du Punkt für Punkt abarbeiten kannst.

Mitunter kommt es vor, dass Anträge verloren gehen und nie beim zuständigen Bearbeiter ankommen: Lege Deinem Antrag eine an Dich selbst adressierte, frankierte Postkarte bei und bitte um einen Eingangsstempel darauf – so weißt Du zumindest, dass Dein Antrag angekommen ist.

Normalerweise musst Du dem Antrag die Einkommensverhältnisse Deiner Familie (Eltern und in Ausbildung befindliche Geschwister) von vor zwei Jahren beilegen. Du sparst Dir für die kommenden Anträge viel Zeit, wenn Du gleich auch das Einkommen bis zur Gegenwart für die nächsten Anträge vorbereitest. Meistens genügt der Einkommensteuerbescheid aus den verlangten Jahren.

Wenn sich die Einkommensverhältnisse verändert haben, musst Du dies mit einem Aktualisierungsantrag belegen, den Du den anderen Unterlagen anhängst.

Wenn Deine Familie nicht kooperiert und Dir keine Unterlagen zur Verfügung stellt, kannst Du Vorausleistungen beanspruchen. Hierbei bleiben die Einkommens- und Vermögensverhältnisse vorerst unberücksichtigt, bis es zu einer gerichtlichen Klärung gekommen ist. Solche Fälle verkomplizieren in der Praxis die ganze BAföG Bewilligung nochmals deutlich.

Hinzuverdienst

BAföG-Empfänger dürfen monatlich 400,– € brutto bzw. 4.800,– € für 12 Monate hinzuverdienen[27]. Wer ein höheres Einkommen als

[27] wird wahrscheinlich auf die Mini-Job Grenze von 450-Euro angehoben

erlaubt hat, dem wird das BAföG entsprechend gekürzt. Es muss also sehr gut überlegt sein, ob sich eine Kürzung lohnt oder nicht.

Hinweis

Als Einkommen wird »steuerpflichtiges Einkommen« bezeichnet, d.h. nach Abzug der Werbungskosten, Sonderausgaben und außergewöhnlichen Belastungen.

Mit der Pendlerpauschale (Teil der Werbungskosten) lässt sich etwas mehr Verdienst realisieren, sofern sie die Werbungskostenpauschale von 1.000,– € übersteigt, ansonsten zählt die Pauschale. Dank der Pendlerpauschale lassen sich 0,30 € pro Kilometer vom Bruttoverdienst abziehen.

Viele, die während eines Ferienjobs in ihrem Elternhaus wohnen, geben illegalerweise ihren Studienort an, von dem sie täglich zur Arbeit pendeln, um eine weitere Strecke geltend zu machen. Sofern die Strecke nicht zu groß ist, ist dies für das Finanzamt glaubhaft (Fahrt zum Vorstellungsgespräch nicht vergessen).

Als nicht einkommensteuerpflichtiges Einkommen zählen u.a.: Stipendien bis zu 300,– €, Übungsleiterpauschale bis 2.400,– €, Sozialhilfe, Kindergeld, Erziehungsgeld, Sold von Reservisten, Unterhaltsleistungen der Eltern / vom nicht dauernd getrennt lebenden Ehegatten und Wohngeld.

Freibeträge. Jeder BAföG-Empfänger, der Studiengebühren zahlt, erhält zusätzlich einen Freibetrag von bis zu 205,– € pro Jahr. Verheiratete erhalten gemeinsam einen Freibetrag von 1.070,– € monatlich[28], der sich auf 1.605,– € erhöht, wenn man ein Kind hat. Für jedes weitere Kind gibt es einen zusätzlichen Freibetrag von 485,– € monatlich. Durch Freibeträge kannst Du also mehr verdienen, ohne dass Dein BAföG reduziert wird.

[28] d.h. jede Person kann monatlich 535,– € verdienen, ohne Änderung des BAföG-Betrags

Rückzahlung

Etwa vier Jahre nach der letzten BAföG-Zahlung wirst Du von der Behörde angeschrieben. Deshalb ist es wichtig, das zuständige Amt darüber zu informieren[29], wo man gerade wohnt[30]. Die Rückzahlung beginnt spätestens fünf Jahre nach dem Ende der Förderungshöchstdauer bzw. nach Studienabschluss mit vierteljährlichen Raten in Höhe von mindestens 315,– €. Die Rückzahlungssumme ist auf maximal 10.000,– € beschränkt, wer mehr Darlehen bekommen hat, muss auch nicht mehr zurückzahlen!

Die Rückzahlungssumme wird weniger, wenn Du schneller das Darlehen zurückzahlst als vorgesehen. Beachte: Für den Nachlass wird die reale Darlehenssumme, die auch über 10.000,– € liegen kann, herangezogen. Es kann sein, dass die Darlehenssumme nach dem Nachlass noch immer über 10.000,– € liegt, was dann wiederum zu der maximalen Beschränkung von 10.000,– € führt. In diesem Fall sollte gut überlegt werden, ob es sich lohnt, schnell schuldenfrei zu werden oder doch lieber 315,– € vierteljährlich zu zahlen und das Geld gewinnbringend anzulegen.

Elternunabhängiges BAföG

Der BAföG-Antrag wird im Hinblick auf Nachweise deutlich leichter, wenn es unabhängig vom Vermögen der Eltern ist. Hierzu muss mindestens eine der folgenden Bedingungen erfüllt werden:

- nach dreijähriger Ausbildung mindestens dreijährige Tätigkeit im Arbeitsleben (bei kürzerer Ausbildungsdauer längere Arbeitstätigkeit)
- nach dem 18. Lebensjahr fünf Jahre Tätigkeit im Arbeitsleben (muss nicht an einem Stück gewesen sein; Vollzeit, Teilzeit oder Selbstständigkeit)
- Alter über 30 Jahre und gleich im Anschluss nach der Hochschulzugangsberechtigung (z.B. Abitur) Studium beginnen
- Vollwaise

29 auch online möglich: www.bva.bund.de

30 bei Missachtung der Mitteilungspflicht kostet die Adressermittlung z.Zt. 10,– €

2.2.2 Kindergeld

Studierende erhalten bis zum 25. Lebensjahr Kindergeld. Die Höhe ist abhängig von der Anzahl der kindergeldberechtigten Personen in der Familie: Bei bis zu zwei Kindern gibt es jeweils 184,– €, bei drei 190,– € und ab vier 215,– €. Das Kindergeld zählt nicht zum Einkommen bei BAföG-Empfängern.

Da während des Freiwilligen Wehrdienstes kein Kindergeld gezahlt wird, verlängert sich der Kindergeldanspruch um diese Zeit: 12 Monate Dienst bedeutet 12 Monate länger Anspruch auf Kindergeld – auch nach Vollendung des 25. Lebensjahres.

Seit dem 01.01.2012 gibt es keine Einkommensgrenze beim Kindergeld, d.h. Du darfst soviel verdienen, wie Du willst, ohne dass Du mit Kindergeldrückforderungen konfrontiert wirst.

Ein großes Problem stellt die Übergangszeit zwischen zwei Ausbildungsabschnitten dar, die die Familienkassen gerne zu ihren Gunsten berechnen. Dies ist zum Beispiel der Fall, wenn Du gerade Deine Schule beendet hast, mit einem Dienst fertig bist oder Deine Ausbildung abgebrochen hast und auf den Studienbeginn wartest. Nach der Bundesagentur für Arbeit gilt folgendes: »Kindergeld kann bis zur Vollendung des 25. Lebensjahres des Kindes auch für eine Übergangszeit von vier Monaten zwischen zwei Ausbildungsabschnitten bezogen werden.«

Um kindergeldberechtigt zu bleiben, musst Du jedes Semester einen aktuellen Studiennachweis an die Familienkasse schicken.

2.2.3 Neben- und Ferienjobs

Wenn Du Dir einen Job suchst, egal ob es sich dabei um einen Nebenjob oder Ferienjob handelt, wirkt es sich immer positiver auf Deine Berufserfahrung und Deinen Lebenslauf aus, wenn diese Tätigkeit etwas mit Deinem Studium zu tun hat. Folglich lohnt es sich, einen weniger gut bezahlten Job anzunehmen und gleichzeitig Berufserfahrung zu sammeln. Wie Du Dich perfekt auf einen Job bewirbst, findest Du in ☞ Abschnitt 6.2 auf Seite 271.

Eine geringfügige Beschäftigung ist eine geringfügig entlohnte Beschäftigung (Mini-Job, 450-Euro-Job) oder eine kurzfristige Beschäftigung (Ferienjob). Arbeitest Du als Midi-Jobber (450,01–850 Euro), wird Dir lediglich ein reduzierter Beitrag zur Sozialversicherung abgezogen.

Die einbehaltene Lohnsteuer und den Solidaritätszuschlag erhältst Du im folgenden Jahr mit der Einkommensteuererklärung zurück, falls das zu versteuernde Einkommen (nicht das tatsächliche Einkommen) die Grenze von 8.354,– €[31] nicht überschritten hat. Wie sich das zu versteuernde Einkommen zusammensetzt, beschreibt ☞ Abschnitt 2.2.1 auf Seite 85.

Vor Aufnahme eines Neben- oder Ferienjobs solltest Du die Einkommensgrenze vom BAföG (☞ Abschnitt 2.2.1 auf Seite 85) kennen und beachten, um später nicht mit Rückzahlungen konfrontiert zu werden.

Nebenjob

Wenn es Dein Stundenplan und Deine Leistungen erlauben, kannst Du neben dem Studium jobben, was von den meisten Studierenden auch gemacht wird. Es gibt die Möglichkeit, bis zu 450,– € zu verdienen (Mini-Job), oder zwischen 450,01 € und 850,– € (Midi-Job).

Mini-Job. Auch bei mehreren Mini-Jobs wird vom Bruttogehalt, außer 3,9 % Rentenversicherung, keine weitere Sozialversicherung abgezogen, sofern der Gesamtverdienst die 450-Euro-Grenze nicht überschreitet.

Beim Mini-Job darf der monatliche Verdienst bis zu zwei Mal innerhalb eines Jahres die 450-Euro-Grenze überschreiten, wenn unvorhergesehen mehr gearbeitet werden musste.

Als Mini-Jobber kannst Du Deinem Arbeitgeber mitteilen, dass Du auf Deine Rentenversicherungspflicht verzichtest, und erhältst folglich 3,9 % mehr Lohn. Der Verzicht ist bindend mit dem Arbeitsvertrag (evtl. neuer Vertrag) und gilt auch für weitere parallele Beschäftigungen (Arbeitgeber muss informiert werden). Verzich-

[31] Grundfreibetrag für Ledige 2014

test Du nicht, führt der Arbeitgeber zusätzlich zu seiner Pauschale von 15 % 3,9 % von Deinem monatlichen Lohn (wird von Deinem Lohn abgezogen) in die gesetzliche Rentenversicherung ab, was insgesamt 18,9 % entspricht. Damit stehen Dir die jährliche Riester-Förderung in Höhe von 154,– € (☞ Abschnitt 4.7.1 auf Seite 200) und noch einige weitere Vorteile zu.

Im Krankheitsfall hast Du bis zu 42 Tage Anspruch auf Entgeltfortzahlung. Dieser Anspruch entsteht ab einer durchgängigen Beschäftigungsdauer von vier Wochen.

Midi-Job. Einkommen zwischen 450,01 und 850 Euro monatlich liegt in der so genannten Gleitzone der Rentenversicherung (Gleitzonenfall, Midi-Job). Hier wird Dir ein reduzierter Anteil von der Sozialversicherung abgezogen. Die genaue Höhe Deiner Sozialversicherungsbeiträge kannst Du mit Hilfe eines Online-Rechners[32] kalkulieren.

Als Midi-Jobber wird überprüft, ob das Studium im Vordergrund steht, also ob Du überhaupt noch Student bist und berechtigt, geringere Sozialabgaben zu zahlen. Das ist kein Problem, wenn Du höchstens 20 Stunden pro Woche arbeitest.

Als Midi-Jobber bist Du nicht über die Familie krankenversichert, sondern benötigst eine eigene (studentische) kostenpflichtige Krankenversicherung (☞ Abschnitt 4.2 auf Seite 191). Wenn Du Dich ohnehin selbst versichern musst, sparst Du Dir mit dem Midi-Job Krankenversicherungsbeiträge, da der Arbeitgeber einen Teil übernimmt.

Nebenjobmöglichkeiten. In der Jobbörse der Bundesagentur für Arbeit[33] und auch in der Tagespresse werden viele Angebote veröffentlicht.

Typische Nebenjobs für Studenten sind: Hiwi-Stellen[34], Nachhilfe geben, Arbeiten in der Gastronomie oder Tätigkeiten in der Pflege (Altersheim, Pflegeheim).

32 z.B. www.gleitzonenrechner.de

33 www.jobboerse.arbeitsagentur.de

34 Hiwi: Studentische/wissenschaftliche Hilfskraft

- Nachhilfe
  Die Idee, Nachhilfe zu geben, liegt vielen Studierenden am nächsten. Da sehr viele diesen Gedanken haben, liegt das Angebot in den meisten Universitätsstädten über der Nachfrage – es sei denn Du kannst etwas, das andere nicht können.
  Einen Versuch ist es auf jeden Fall wert. Die beste Werbung bei der Nachhilfe ist noch immer die Mund-zu-Mund Propaganda der Nachhilfeschüler. Die Vorteile des Nachhilfegebens liegen in der freien Zeiteinteilung, und wenn die Nachhilfeschüler zu Dir nach Hause kommen, sparst Du Dir auch die Anfahrt.
- Hiwi-Stelle
  Hiwi-Stellen sind meistens auf Aushängen im Fakultätsgebäude zu finden oder im Internet auf der Fakultätsseite. Die angebotenen Tätigkeiten sind äußerst vielfältig und haben für fast jeden Geschmack etwas Passendes.
  Einige meiner Studienkollegen sind über ihre Hiwi-Stelle zur Abschlussarbeit gekommen und haben sogar später weiter auf dem Gebiet promoviert. Das war natürlich sehr praktisch, da sie schon mit der Thematik vertraut waren, sparten sie sich bei der Abschlussarbeit die Einarbeitungszeit.
  Der Hiwi-Lohn ist abhängig vom Bundesland und von der Hochschule und beträgt meistens zwischen 7,– € und 8,50 €.
- Plasma spenden
  Eine tolle Sache: Man tut etwas Gutes und erhält auch noch Geld dafür. Manche Einrichtungen, wie Krankenhäuser oder spezielle Plasmazentren zahlen pro Plasmaspende ca. 20,– €. Viele können problemlos zweimal die Woche Plasma spenden. Das Geld zählt übrigens als Aufwandsentschädigung und wird nicht zum Einkommen[35] gerechnet.
  Die Plasmapherese an sich dauert ca. 40–75 min. Dabei wird mit einer Kanüle eine Armvene punktiert und Vollblut über einen Schlauch in ein Plasmapheresegerät geleitet. Dort

35 § 11 Abs. 3 Nr. 1 a SGB II

werden die Blutbestandteile getrennt: Die zellulären Anteile, wie rote und weiße Blutkörperchen, sowie Blutplättchen werden dem Spender wieder zugeführt, das Plasma wird in einem Behälter gesammelt.
Neben dem Plasma können auch Vollblut oder Blutplättchen gespendet werden, was aber meistens mit längeren vorgeschriebenen Wartezeiten (Wochen, Monate) zwischen den Spenden einhergeht. Spenden von Plasma, Vollblut und Blutplättchen können nicht oder nur nach ärztlicher Absprache parallel durchgeführt werden.

- Proband
  Es gibt unterschiedliche Möglichkeiten als Proband etwas zu verdienen. Zum einen gibt es einfache Versuche, wie Konzentrationstests oder Interviews, die gerne in der Psychologie gemacht werden (ca. 10,– € pro Stunde). Die lohnen sich besonders, wenn die Anfahrt kurz ist und man sich einen Termin aussuchen kann. Leider dauern viele Versuche weniger als eine Stunde und die 10,– € sind lediglich eine Hochrechnung, um genug Interessenten zu locken.
  Zum anderen gibt es auch klinische Medikamentenstudien, bei denen mehr oder weniger neue Medikamente am Menschen getestet werden. Hierbei gibt es Versuche, die ambulant oder stationär in der Klinik durchgeführt werden. Selbstverständlich steht man während der gesamten Studiendauer unter ärztlicher Aufsicht. Die Studiendauer und Art, ob stationär oder ambulant, sind ebenso wie die Bezahlung abhängig vom Medikament.

Ferienjob

Eine kurzfristige Beschäftigung (Ferienjob) ist sozialversicherungsfrei, da sie auf maximal 50 Arbeitstage bzw. 2 Monate (Ferienjob) pro Kalenderjahr beschränkt ist. Bei weniger als 5 Tagen Arbeit pro Woche gilt der Zeitraum von 50 Arbeitstagen. Falls mehrere Beschäftigungszeiträume zusammengerechnet werden müssen, können die 2 Monate (nicht die 50 Tage) durch 60 Tage ersetzt werden, sofern vorher kein Beschäftigungsverhältnis über einen vollen Kalendermonat ausgeübt worden ist. Das trifft z.B. zu, wenn ein Ferienjob drei Wochen dauert und im Anschluss ein weiterer Job angenommen wird.

Die besten Verdienstmöglichkeiten bei einem Ferienjob bieten große Konzerne, wie z.B. Daimler-Benz, BASF oder Bosch im 3-Schichtbetrieb in der Produktion an, wobei die Stundenlöhne an Wochenenden und Feiertagen nochmals deutlich ansteigen.

Wer Familienmitglieder oder Freunde hat, die dort arbeiten, hat gute Jobchancen, wenn sie in der Personalabteilung auf die Bewerbung aufmerksam machen. Aber auch wer niemanden kennt, der dort arbeitet, sollte nichts unversucht lassen und sich trotzdem bewerben.

2.2.4 Wohngeld

Wohngeld steht jedem Studierenden zu, der über ein zu geringes Einkommen verfügt. Er muss aber monatlich mindestens den Grundbedarf von 366,– € für Studierende an Hochschulen als Einkommen plus mindestens 80 % seines Bedarfs an Krankenversicherung und Warmmiete selbst decken können (Ausnahmen möglich). Selbst Studierende, die bei ihren Eltern wohnen, können Wohngeld erhalten. Hierbei hilft ein Untermietvertrag, der sich im Internet finden lässt. Wie hoch das Wohngeld ausfällt, kann grob mit einem Wohngeldrechner[36] ermittelt werden.

Bei Einkommen unter dem Grundbedarf wird von der Wohngeldstelle ein verstecktes Einkommen oder Vermögen vermutet. Dies hat zur Folge, dass die Bewilligungszeiträume im Falle einer Bewilligung sehr kurz ausfallen. Unter Umständen musst Du monatlich einen Weiterleistungsantrag stellen, der jedoch nicht mehr den vollen Umfang eines Erstantrags hat.

Zur Vereinfachung dieser Prozedur kannst Du Dir einen Wohngeldantrag als pdf[37] herunterladen, ihn am PC ausfüllen und in

36 www.geldsparen.de/inhalt/rechner/Soziales/Wohngeldrechner.php
37 www.wohngeldantrag.de/antrag/index.html

einem virtuellen pdf-Drucker drucken (☞ Abschnitt 5.4.4 auf Seite 264). Bei diesem virtuellen Druckvorgang wird der »Ausdruck« als pdf-Datei gespeichert. Dies ist nötig, weil der Inhalt von pdf-Formularen beim Schließen des Dokumentes oft vollständig gelöscht wird, d.h. beim erneuten Öffnen ist die pdf-Datei wieder leer. Als fertig ausgefüllte pdf brauchst Du das Dokument bei Wiederholungsanträgen nur noch auszudrucken.

Wer überhaupt kein Einkommen hat, BAföG[38] oder ALG II erhält oder dessen Eltern zu Unterhalt verpflichtet sind, erhält kein Wohngeld.

Antrag

Bevor Du Dir Gedanken machst, ob Du überhaupt wohngeldberechtigt bist oder nicht, solltest Du einen Antrag in der zuständigen Wohngeldstelle abgeben, den Du auch später vervollständigen kannst. Wohngeld wird ab dem Antragsmonat gezahlt.

Genauso wie beim BAföG dauert die Bearbeitung: 2–3 Monate sind nicht selten.

Unvollständige Anträge müssen innerhalb einer von der Behörde gesetzten Frist vervollständigt werden. Folgende Unterlagen werden mindestens benötigt:

- Wohngeldantrag
- Mietvertrag / Vermieterbescheinigung
- Einkommensnachweise (z.B. Kontoauszug, Gehaltsabrechnung oder Arbeitsvertrag)
- Studienbescheinigung
- Krankenversicherungsnachweis (Kontoauszug)
- Renten- oder Lebensversicherung, private Altersvorsorge (Riester)
- evtl. BAföG-Negativbescheid (Bescheid der BAföG-Behörde, dass kein Anspruch auf BAföG besteht)

38 Ausnahme: Du lebst mit Kind und / oder Familienmitgliedern / Partner zusammen und das gemeinsame Einkommen ist zu niedrig.

Was viele Studierende vom Wohngeld abschreckt bzw. sie in ihrer Berechtigung verunsichert: Wohngeld bekommst Du auch, wenn Du in einer WG wohnst!

In den Anträgen wird nach den Einkommen der Mitbewohner gefragt, aber das brauchst Du nicht anzugeben. Beispiel: Du wohnst mit zwei berufstätigen Personen in der gemeinsamen WG, jeder verdient 1.800,– € netto. Müssen Dich Deine Mitbewohner finanzieren? Nein. Deshalb kann es der Behörde auch egal sein, was Deine Mitbewohner verdienen. Beim Verhältnis zu diesen Personen trägst Du einfach »WG-Mitbewohner« ein.

Anders sieht es aus, wenn Du mit FreundIn zusammen wohnst: Das zählt als eine ehe-ähnliche Gemeinschaft. Beim Wohngeld, Arbeitslosengeld II und bei vielen anderen Sozialleistungen wird das Einkommen und Vermögen beider zusammengezählt und durch zwei geteilt. Dass in fast allen studentischen Beziehungen eine Gütertrennung durchgeführt wird und alle Kosten durch zwei geteilt werden, interessiert den Staat nicht. Sobald ein gemeinsames Schlafzimmer vorhanden ist, muss jeder auch für den anderen finanziell sorgen. Was viele Studierende dann machen: Sie tragen (illegalerweise) beim Verhältnis zu den anderen Personen im Haushalt einfach nur »WG-MitbewohnerIn« ein, wohl wissend, dass Kontrollbesuche von der Behörde praktisch nie durchgeführt werden.

Hinweis

Wohngeld wird sehr häufig falsch berechnet: Überprüfe Deinen Anspruch und lege gegebenenfalls Widerspruch ein!

2.2.5 Auslands-BAföG

Wer BAföG erhält, bekommt i.d.R. auch Auslands-BAföG. Die Bezugsdauer[39] vom Auslands-BAföG wird nicht zur Bezugsdauer vom

39 max. 1 Jahr

BAföG hinzu gerechnet, deshalb sollten sich BAföG-Empfänger die Chance ins Ausland zu reisen nicht entgehen lassen!

Wer kein BAföG erhält, hat immer noch Chancen auf Auslands-BAföG, weil hier ganz andere Sätze für das Einkommen der Eltern gelten!

Die Höhe des Auslands-BAföGs hängt von verschiedenen Faktoren ab, wie z.B. vom Land, Höhe der Krankenversicherung und Hochschulart. Wer genaueres wissen möchte, kann es sich mit dem Auslands-BAföG-Rechner[40] unverbindlich ausrechnen.

Voraussetzungen

Damit es überhaupt zu einer Förderung kommen kann, müssen vier Bedingungen erfüllt werden:

1. ständiger Wohnsitz in der BRD
2. Auslandsaufenthalt ist beruflich förderlich
3. Mindestdauer sechs Monate bzw. drei Monate bei integrierten Studiengängen
4. ausreichende Sprachkenntnisse müssen vorhanden sein

Antrag

Aus eigener Erfahrung kann ich sagen, dass es von der Antragsabgabe bis zur Überweisung vom ersten Geld extrem lange dauern kann – bei mir neun Monate! Nach dieser Erfahrung würde ich empfehlen, beim zuständigen Bearbeiter regelmäßig nach dem aktuellen Stand der Dinge zu fragen, bis der Fall komplett bearbeitet ist. Die Empfehlung von der Behörde, Anträge mindestens sechs Monate vorher zu stellen, halte ich für zu kurz. Das bedeutet wiederum, dass Du mit dem Antrag für das Auslands-BAföG nicht warten kannst, bis Du die endgültige Zusage der ausländischen Hochschule hast. Den Antrag stellst Du viel früher, nämlich gleichzeitig mit bzw. ein bis zwei Monate nach Deiner Bewerbung.

40 www.bafoeg-rechner.de/Rechner

Die Antragsformulare sind auf der BAföG-Homepage[41] erhältlich. Dort findest Du auch die für Dein Land zuständige Behörde, bei der Du Deinen Antrag einreichen musst.

2.2.6 Erasmus

Eine weitere Möglichkeit, sich seinen Auslandsaufenthalt zu finanzieren, stellt das »European Action Scheme for the Mobility of University Students« (Erasmus-)Programm[42] (Teil des EU-Bildungsprogramms »Lebenslanges Lernen«, früher Sokrates) dar. Das Mobilitätsstipendium beträgt maximal 200,– € pro Monat – Stipendien bis 300,– € werden beim Auslands-BAföG nicht als Einkommen angerechnet, d.h. Du erhältst das Mobilitätsstipendium zusätzlich.

Das Auslandsstudium findet an einer Partnerhochschule statt und dauert drei bis neun Monate. Die erbrachten Leistungen (Credit Points) werden (theoretisch) an Deiner Heimathochschule anerkannt. Erfahrungsberichte sind auf der Homepage Deiner Heimathochschule verfügbar, ansonsten finden sich auch welche im Internet[43].

Voraussetzungen

Die Voraussetzungen zur Teilnahme sind:

- Staatsbürgerschaft / Wohnsitz / Asylberechtigung in der EU oder Norwegen, Island, Liechtenstein, Türkei oder Staatenlosigkeit
- mindestens das erste Studienjahr in der Fachrichtung abgeschlossen, in der das Erasmus-Teilstudium absolviert werden soll
- noch keine vorherige Teilnahme an Erasmus
- ausreichende Kenntnisse der Landessprache bzw. der Sprache, in der die zu besuchenden Lehrveranstaltungen gehalten werden

---

41 www.das-neue-bafoeg.de

42 http://eu.daad.de/eu/sokrates/05353.html

43 www.erasmus-guide.de

Antrag

An jeder Hochschule gibt es im Akademischen Auslandsamt einen Koordinator für Erasmus, der für Fragen zur Verfügung steht. Im dortigen Amt werden auch Bewerbungstermine und Einzelheiten des Bewerbungsverfahrens bekanntgegeben. Du hast also sehr gute Informationsquellen direkt vor Ort!

Genauso wie für das Auslands-BAföG gilt: So früh wie möglich bewerben!

2.2.7 Stipendium

Stipendien sind Förderungen staatlicher, allgemeinnütziger oder privater Unternehmen, und müssen, anders als das BAföG, nicht zurückgezahlt werden. Es gibt über 1.700 verschiedene Organisationen, die Studenten fördern. Zurzeit erhalten ca. 2 % aller Studenten ein Stipendium (mit steigender Tendenz).

Die Höhe der Stipendien ist sehr unterschiedlich und reicht von wenigen Euro pro Semester (Büchergeld), bis hin zu über tausend Euro pro Monat (Promotionsstipendium). Häufig wird, wie auch beim BAföG, das Einkommen der Eltern, die Anzahl von Geschwistern und eigenes Vermögen bei der Höhe des Stipendiums mitberücksichtigt.

Auch BAföG-Empfänger können Stipendien erhalten, wobei Stipendien bis zu 300,– € pro Monat nicht als Einkommen zählen. Erst wenn dieser Betrag überschritten wird, wird der darüberliegende Betrag dem BAföG angerechnet, sofern es nicht zweckgebunden ist.

Zweckgebundene Stipendien bleiben beim BAföG unberücksichtigt, weil sie einen Bedarf abdecken, der darin nicht enthalten ist. Hierfür gibt es in vielen Stipendienverträgen Formulierungen wie z.B.: »Das Stipendium wird ausdrücklich zweckgebunden für besondere Kosten im Zusammenhang mit dem Studium, die über den typischen Bedarf hinausgehen, gewährt. […]« Ob das aber auch tatsächlich vom zuständigen BAföG-Amt so gesehen bleibt, bleibt offen. Übrigens zählen zweckgebundene Stipendien beim Wohngeld zu 50 % als Einkommen.

Außer materiellen Stipendien gibt es ideelle Stipendien, wie bspw. die kostenlose Teilnahme an besonderen Veranstaltungen, Kongressen usw.

Voraussetzungen

Der perfekte Stipendiat hat ein Abitur mit 1,0, arbeitet ehrenamtlich viele Stunden pro Woche und hat in Jugend forscht den 1. Platz erhalten. Dieses Ideal trifft auf so ziemlich niemanden zu. Je weiter Du von diesem Optimum entfernt bist, desto schwieriger wird es, ein Stipendium zu erhalten.

Viele Stiftungen betonen, dass man auch mit »nicht perfekten Noten« (was auch immer das heißen mag) gute Chancen auf ein Stipendium hat, wenn dafür andere Kriterien erfüllt werden. Diese Kriterien sind sehr verschieden und hängen nicht zuletzt von der Stiftung ab: Für parteinahe Förderungen ist politisches Engagement gefragt, vorzugsweise in derselben Partei. Wer sich für ein kirchliches Stipendium bewirbt, sollte kein Atheist sein. Einige Stipendien sind für spezielle Bevölkerungsgruppen vorgesehen: Behinderte, Alleinerziehende, Migranten usw.

Internetseiten, wie Stipendienlotse[44], bieten eine große Übersicht von Förderern. Zu jedem Stipendium gibt es kompakte Informationen über die Art des Stipendiums, die Voraussetzungen und die Bewerbung. Dank solcher übersichtlichen Seiten sparst Du Dir viel Zeit bei der Suche.

Antrag

Bei der Bewerbung um ein Stipendium gibt es gewaltige Unterschiede: Manche Bewerbungen gehen recht schnell und einfach, während anderen sehr viele Unterlagen beigelegt werden müssen. Im einfachsten Fall reicht ein Anschreiben, das ausgefüllte Formular

[44] www.stipendienlotse.de

des Förderers, ein tabellarischer Lebenslauf und einige Zeugnisse, wie Abitur oder Arbeitszeugnisse.

Aufwendige Bewerbungen verlangen einen handgeschriebenen, ausführlichen Lebenslauf, ein mehrseitiges Motivationsschreiben und evtl., je nach Studienausrichtung, eine ausgearbeitete Projektarbeit (BWL) usw. Hast Du mit Deiner Bewerbung Erfolg und kommst in die engere Auswahl, folgen (z.T. mehrere) Auswahlgespräche, die häufig mehrtägig sein können.

Falls Du sehr gute Noten hast, ehrenamtlich sehr aktiv bist, eine besondere Begabung besitzt oder einer besonderen Bevölkerungsgruppe angehörst, lohnt sich eine Bewerbung für ein Stipendium auf jeden Fall!

Tipp

Auch wenn Du nicht unbedingt das große Geld erhältst, hinterlässt ein Hinweis auf ein Stipendium im Lebenslauf einen bleibenden Eindruck, da nur sehr wenige überhaupt in diesen Genuss kommen.

2.2.8 Bildungskredit

Die erste Wahl für Studenten ist der Studienkredit der staatlichen KfW-Bank[45]. Mit sehr niedrigen Zinsen, der Möglichkeit der Stundung und vorzeitiger Tilgung (ohne Zusatzkosten) sind die Bedingungen sehr sozial. Diesen Kredit mit variablem Zinssatz[46] gibt es auch für ein Zweit-, Zusatz-, Aufbau- oder Ergänzungsstudium und die Promotion. Der Kreditnehmer darf bei Antragstellung nicht älter als 44 sein. Für maximal 14 Semester (Alter 18–34), 10 Semester (Alter 35–39) oder 6 Semester (Alter 40–44) kann man sich monatlich 100–650 € auszahlen lassen – auch zusätzlich zu BAföG. Die Rückzahlung beginnt 6–23 Monate nach dem Abschluss, beträgt

45 www.kfw.de/Studienkredit

46 aktuell 3,11 % effektiv, maximal 8,62 %

monatlich mindestens 20 Euro und muss nach spätestens 25 Jahren zurückgezahlt sein.

Studentenkredite bei privaten Anbietern haben häufig einige sehr große Haken und sollten nur als **letzte Option** gesehen werden, wenn es wirklich keine andere Möglichkeit mehr gibt, sich das Studium zu finanzieren. Problematisch ist z.B. der Zinssatz, der meistens variabel ist und dadurch unkalkulierbar bleibt. Auch die Rückzahlung beginnt innerhalb einer sehr kurzen Zeitspanne (sofort oder wenige Monate nach Abschluss) und ist unabhängig davon, ob Du eine Anstellung gefunden hast oder nicht – eine Stundung wird meistens nicht gewährt.

Seitdem es den KfW-Studienkredit und Bildungskredite privater Anbieter gibt, ist es praktisch nicht mehr möglich, BAföG über die maximale Förderungsdauer zu erhalten. Die Sachbearbeiter verweisen stoisch auf diese Möglichkeit. Ein Vergleich[47] lohnt sich auf jeden Fall, da es deutliche Unterschiede gibt!

Wenn Du auf einen Bildungskredit angewiesen bist (Wohngeld nicht vergessen ☞ Abschnitt 2.2.4 auf Seite 93), dann solltest Du am besten nur so wenig wie möglich beantragen – den monatlichen Kredit zu erhöhen geht oft problemloser als ihn senken zu wollen.

Gerade für die letzte Studienphase (einige Monate) gibt es bspw. spezielle zinslose Kredite von der Darlehenskasse Bayern, Berlin oder einigen Studentenwerken – nachfragen lohnt sich!

Bei den Verbraucherzentralen häufen sich Meldungen von überschuldeten Studierenden, die Privatinsolvenz beantragen müssen, da sie die Rückzahlungsraten nicht leisten können. Den Schritt zur Schuldnerberatung und evtl. zur Privatinsolvenz solltest Du dann nicht scheuen und möglichst schnell beschreiten: Mahngebühren, Anwalts- und Gerichtskosten lassen die Schulden innerhalb kürzester Zeit in die Höhe schießen.

47 www.studienkredit.de

2.2.9 Arbeitslosengeld II

Arbeitslosengeld II (ALG II / Hartz IV) kann beurlaubten (Urlaubssemester: Krankheit, Schwangerschaft, Kindererziehung) oder exmatrikulierten Studierenden zustehen. Bei einigen Fakultäten musst Du für Deine Abschlussarbeit nicht mehr immatrikuliert sein: Du kannst Dich exmatrikulieren und entgehst damit auch der Zahlung von Semestergebühren.

Was viele nicht wissen: Ab jetzt könntest Du ALG II berechtigt sein. Mir persönlich sind Fälle bekannt, bei denen das Job-Center ALG II gezahlt hat, damit ein Abschluss möglich ist. In anderen Fällen teilte das Job-Center mit, dass die Ausbildung nicht abgeschlossen sei, wodurch man immer noch Student wäre und die Behörde deshalb nicht zur Zahlung verpflichtet sei: Man sei »dem Grunde nach förderungsfähig« (obwohl man exmatrikuliert ist). Bis hier ein Gerichtsurteil gefällt worden ist, kann man es probieren.

Übrigens exmatrikulieren sich viele erst nach der Überweisung der Studiengebühren mitsamt des Sozialbeitrags und erhalten so noch ein Semesterticket und einen 6 Monate gültigen Studentenausweis. Nach der Exmatrikulation werden von der Hochschule die Studiengebühren (ohne Sozialbeitrag) zurücküberwiesen.

Voraussetzungen

Voraussetzung zum Bezug von ALG II ist die Exmatrikulation und Verfügbarkeit auf dem Arbeitsmarkt. Es gibt nur wenige Ausnahmen: ALG II bzw. Sozialgeld kann man zusätzlich zum BAföG oder Wohngeld z.B. während und nach der Schwangerschaft erhalten oder aufgrund einer Einzelfallentscheidung (»besondere Härte«).

Wenn Du direkt nach Abschluss des Studiums keine Arbeitsstelle hast, lohnt sich der Antrag auf ALG II: Neben dem Geld bekommst Du in Seminaren und Workshops aktuelle Bewerbungsstrategien vermittelt und auf Akademiker spezialisierte Berater können Dir viele hilfreiche Tipps geben. Ein weiterer Vorteil wäre auch die eventuelle Übernahme von Umzugskosten, nachdem Du einen Job gefunden hast und wegziehen musst.

Mit dem ALG II-Bescheid kannst Du Dich vom Rundfunkbeitrag befreien lassen (☞ Abschnitt 2.3.1 auf Seite 110) und ebenfalls zum günstigeren Sozialtarif der Telekom wechseln (andere Anbieter sind meistens dennoch günstiger).

Als ALG II-Empfänger bist Du verpflichtet, Dich mindestens zwei Mal (vom Job-Center abhängig) im Monat für Jobs zu bewerben. Absagen sollten als Nachweis für das Job-Center aufbewahrt werden. Auch musst Du Dich auf Stellen bewerben, die Dir das Amt vorschlägt.

Wenn Du ALG II erhältst, während Du mit Deiner Abschlussarbeit beschäftigt bist, kannst Du natürlich nicht arbeiten: Ein kluger Sachbearbeiter wird langfristig denken und alles Mögliche tun, damit Du Deinen Abschluss machen kannst, um nicht als zukünftiger Arbeitsloser ohne Ausbildung dem Staat zur Last zu fallen. Er wird die Termine, bei denen Du Dich regelmäßig beim Amt vorstellen musst, soweit wie möglich nach hinten verschieben, um Dir Zeit für die Anfertigung Deiner Abschlussarbeit zu verschaffen.

Handelt der Sachbearbeiter nicht vorausschauend, so gibt es im Internet viele Ratschläge, wie man Bewerbungen schreiben, oder sich im Vorstellungsgespräch geben kann, damit die Chancen einer Arbeitsaufnahme gegen Null gehen. Abgesehen davon führt eine Arbeitsverweigerung von vorgeschlagenen Jobs erst zu Kürzungen vom ALG II.

Einen Antrag zu stellen, lohnt sich auf jeden Fall! Lass Dich durch den Verwaltungsaufwand auf keinen Fall abschrecken!

Antrag

Die Anträge[48] sind ähnlich kompliziert wie die für BAföG. Manche Job-Center verlangen vor der Zahlung von ALG II eine Teilnahme an mehrtägigen bis mehrwöchigen Seminaren.

Der Antrag ist ab dem Antragsmonat gültig: Auch wenn die Unterlagen nicht vollständig sind, besser nachreichen, als auf das Geld von einem ganzen Monat verzichten zu müssen.

48 unter den Formularen auf www.arbeitsagentur.de

2.3 Ausgaben

Es gibt viele Tipps und Tricks, Deine Ausgaben zu senken. Die wichtigste Voraussetzung hierfür ist Offenheit für Neues!

Viele merken mit dem Auszug aus dem Elternhaus, dass sie eine Menge Gewohnheiten einfach von der Familie übernommen haben: Viele kaufen aus reiner Gewohnheit spezielle (Marken-)Produkte, an die sie bereits von klein auf gewöhnt sind und nehmen andere Produkte gar nicht mehr bewusst wahr. Durch bewusstes Einkaufen wirst Du wieder offen für Neues oder findest zumindest eine rationale Begründung für Deine Produktentscheidung.

Gerade im Einkauf steckt gewaltiges Sparpotential – häufig sogar ohne große Einschränkungen. Bedenke, dass Du für 500,– € auf Deinem Sparbuch nach einem ganzen Jahr bei 2 % Zinsen 10,– € erhältst. Dieses Geld kannst Du locker bei einem einzigen Einkauf einsparen, wenn Du statt Markenprodukten die Hausmarken der Discounter nimmst.

Tipp

Je teurer das Produkt, desto mehr Zeit solltest Du in den Preisvergleich investieren!

Die größten Ausgabeposten für Studierende sind in ☞ Tabelle 2.1 auf der nächsten Seite gelistet. In nahezu allen Hochschulen liegen zu Beginn eines jeden Semesters Hefte für Erstsemester mit Tipps, Tricks und auch Statistiken für Deinen Standort aus.

2.3.1 Unterkunft

Die Unterkunft, egal ob WG-Zimmer oder eigene Wohnung, ist **der** Kostenfresser schlechthin. Bereits mit der Wahl Deines neuen Zuhauses (☞ Abschnitt 3.2.1 auf Seite 150) kannst Du einiges an monatlichen Fixkosten sparen!

Tabelle 2.1: Die größten Ausgabeposten[1] bei Studierenden.

Monatliche Ausgaben	Kosten
Unterkunft	WG-Zimmer: 210–348,– €
Ernährung	140–163,– €
Transport	35,– € bzw. 116 € (Autobesitz)
Freizeit, Sport, Kultur	63,– €
Krankenversicherung	0–120,– €
Kleidung	43–54,– €
Kommunikation (Internet, Telefon, Handy)	35,– €
Lernmittel	28–68,– €

[1] www.studis-online.de

Tipp

Investiere viel Zeit in die Wohnungssuche – langfristig lässt sich einiges an Geld sparen! Mietkosten sind Fixkosten, d.h. mit einmaligem Aufwand der Wohnungssuche lässt sich dauerhaft sparen.

Strom / Gas

Es ist ganz einfach, mit einem Wechsel zu einem anderen Stromversorger jährlich bis zu mehreren hundert Euro einsparen zu können: Auf Vergleichsportalen, wie bspw. Verivox[49] kannst Du sehr leicht den günstigsten Anbieter für Strom und Gas finden. Dabei solltest Du Dich beim Blick auf das Sparpotential nicht täuschen lassen, denn die Ergebnisse werden nach den günstigsten Anbietern im ersten Jahr sortiert: Fallen bei einem Zweijahresvertrag der Neukundenbonus und andere Vorteile im zweiten Jahr weg, kann das Ganze schon anders aussehen.

49 www.verivox.de

Ein Anbieterwechsel ist in der Theorie so unkompliziert, wie ein Wechsel des Telefonanbieters: Der neue Anbieter kündigt den Vertrag beim aktuellen Anbieter und kümmert sich um alles Weitere. Anders als beim Telefonanschluss muss gesetzlich eine Grundversorgung gewährleistet sein, deshalb kann es niemals passieren, dass Du wegen einen Anbieterwechsels ohne Strom / Gas dastehst.

Wenn noch kein Wechsel erfolgt ist, bzw. Du frisch eingezogen bist, bist Du automatisch beim Grundversorger gemeldet und hast eine Kündigungsfrist von vier Wochen.

Ganz wichtig bei einem Wechsel ist das Finden eines seriösen Anbieters. Zum Teil gibt es Firmen, bei denen man jährlich mehrere hundert Euro sparen kann, aber die Internetforen sind voller Beschwerden von Betrogenen. Finger weg von solchen Versorgern! Hast Du einen potentiellen Anbieter gefunden, solltest Du eine »Negativ-Suche« starten und bei Google den Anbieter mit folgenden Begriffen suchen: »schlecht«, »Probleme«, »Betrug« usw. Manchmal ist es doch sehr überraschend, was so alles zum Vorschein kommen kann. Beachtest Du diese Minimalanforderungen an einen neuen Anbieter, kann nichts schieflaufen:

- **keine** Vorauszahlung und Kaution erstatten (meldet der Anbieter Insolvenz, ist das Geld weg)
- Preisgarantie bzw. Sonderkündigungsrecht bei Preiserhöhung
- Vertragslaufzeit mindestens zwölf Monate (je länger desto besser; Strom /Gas wird nicht billiger)

Energieverbrauch reduzieren. Mit ein paar Handgriffen lässt sich viel Strom und Gas einsparen. Die am einfachsten anwendbaren Empfehlungen sind:

- Energiesparlampen
  In der Wohnung sollten Energiesparlampen das Leuchtmittel der Wahl sein. Bei elektrischen Neuanschaffungen auf den Energieverbrauch achten.
- Kühlschrank
  Der Kühlschrank ist neben der Unterhaltungselektronik der zweitgrößte Energieverbraucher, deshalb sollte die Tempe-

ratur nicht zu kalt eingestellt sein; 6–8 °C sind vollkommen ausreichend.

- Kochen
  Prinzipiell immer bei geschlossenem Deckel kochen. Topfgröße und Herd sollten passen. Wer Wasser im Wasserkocher kocht (auch für Kochgerichte), spart Zeit und Geld. Der Wasserkocher sollte regelmäßig entkalkt werden: Je dicker die Kalkschicht, desto mehr Energie wird benötigt, um das Wasser zu erhitzen. Geräte mit einem verdeckten Heizelement sind leichter zu reinigen.
- Waschmaschine
  Waschmaschine immer gut füllen und Kleidung bei möglichst niedrigen Temperaturen waschen (☞ Abschnitt 3.3.3 auf Seite 166).
- Standby
  Alle (Unterhaltungs-)Geräte an eine Mehrfachsteckdose mit Kippschalter anschließen.

Zählerstände notieren. Anfangs mag es sich umständlich anhören die Zählerstände für Strom und Gas regelmäßig zu notieren, aber nur durch diese Maßnahme lässt sich feststellen, wie hoch der reale Verbrauch ist. Die berechneten Kosten teilt man seinem Anbietern mit, woraufhin die monatlichen Strom- und Gaszahlungen angepasst werden. Damit entgeht man unvorhersehbaren Nach- und Rückzahlungen am Jahresende und kann bei der Auswahl eines neuen Versorgers mit realen Zahlen den tatsächlich günstigsten Anbieter finden.

Wie geht man vor? Für zwei Wochen notiert man die Zählerstände für Gas und Strom täglich, danach für zwei Wochen wöchentlich und schließlich nur noch monatlich. In den Wintermonaten werden beide Zählerstände wieder täglich notiert, da der Verbrauch steigt.

Die Zählerstände kann man in eine Tabelle eintragen, auf das alle Mitbewohner über einen WG-Ordner Zugang haben (☞ auf Seite 259). Dort kann man mit einer einfachen Formel den tatsächlichen Verbrauch ermitteln und hat schon bald eine sehr gute Übersicht, was z.B. ein Mal Wäsche waschen kostet, wie viel Gas man verbraucht, wenn man eine ganze Nacht durchheizt usw.

Telekommunikation

Festnetz und Internet. Die einfachste Möglichkeit, den günstigsten Anbieter für Festnetztelefon- und Internet zu finden, ist ein Blick in die Computer Bild. Die Zeitschrift kostet sehr wenig und mit den aufgeführten Tabellen findest Du schnell das passendste Angebot.

Über alle Provider lassen sich zahlreiche Beschwerden im Internet finden, deshalb solltest Du einen wählen, der möglichst wenig aktuelle Beschwerden hat.

Durch Neuerungen des Telekommunikationsgesetzes sind DSL-Verträge ab 2012 vorzeitig kündbar, wenn der Internetanbieter am neuen Wohnort die vertraglich vereinbarten Leistungen nicht erbringen kann. Das nutzen einige, um aus ihrem Vertrag herauszukommen: Ist der Heimatort (Elternhaus) nicht DSL erschlossen, kann man somit den Vertrag kündigen, wenn man sich dort anmeldet und eine Anmeldebestätigung mit der Kündigung an den Provider schickt.

Handy. Die Handykosten sind zur Zeit der größte unkalkulierbarste Kostenfaktor bei jungen Leuten – hier lässt sich viel sparen!

Einige Prepaid-Tarife von Discountern sind günstiger als so manche Verträge bei den großen Anbietern und das ohne Vertragsbindung.

Ob sich ein Handyvertrag lohnt, lässt sich am einfachsten im Internet auf mehreren Vergleichsseiten feststellen, auf denen Du Dein Nutzerverhalten anhand alter Einzelverbindungsnachweise angibst. Verträge bedeuten regelmäßige Fixkosten für 24 Monate! Wer sich jedoch ein neues Handy finanzieren möchte, für den ist meist ein Vertrag die bessere Wahl. Günstiger ist oft der direkte Kauf des Geräts im Internet und anschließend die Kombination mit einem günstigen Tarif. Ein Vergleich lohnt sich auf jeden Fall und spart Dir schnell mehrere hundert Euro!

Fast alle großen Handyprovider (z.B. E-Plus, Vodafone) haben Tochtergesellschaften, die dieselben Vertragskonditionen für weniger Geld im Internet anbieten, ganz zu schweigen von Firmen, die als Vermittler fungieren (Anbieter auf Service und Seriosität im Internet prüfen).

Gerade bei Verträgen über Vermittler kannst Du viel Geld sparen: Die Tarife sind häufig identisch mit denen großer Anbieter, jedoch gibt es oft einmalige Bargeldsummen (Gutschriften) bei Vertragsabschluss geschenkt und / oder weitere Vorteile. Das Geld solltest Du Dir möglichst bald überweisen lassen, um Dir Deinen finanziellen Vorteil fest zu sichern: Falls das Unternehmen pleite geht, so hast Du bereits das Geld, das den Vertrag in seiner Gesamtheit so günstig macht. Kalkuliere bei Vermittlern genau: Monatliche Kosten und einmalige Gebühren (Abschlussgebühr, Kündigungsgebühr) verrechnest Du mit der Bonuszahlung (Gutschrift bei Vertragsabschluss, Rufnummernmitnahme). Gewöhnlich werden beim alten Anbieter auch Gebühren für die Rufnummernmitnahme fällig.

Nach Vertragsabschluss solltest Du den Vertrag und die ersten Rechnungen sehr genau überprüfen: Nicht selten wird versucht, einem »Zusatzleistungen« unterzujubeln.

Möchtest Du Deinen Vertrag in einem Laden abschließen, lässt Du Dir in Filialen verschiedener Unternehmen **und** auch in Filialen des gleichen Unternehmens Angebote unterbreiten, wobei Du gut sichtbar die Unterlagen der Konkurrenz in der Hand hältst. Ziel sind Vertragsverhandlungen, denn die sind möglich: Durchschnittlich 30 % Rabatt sind drin, wobei der Preisvorteil auch in Form von Gratisminuten, -SMS und -flatrates sein kann.

Kündige den Vertrag gleich nach Abschluss schriftlich und lass Dir eine Kündigungsbestätigung zuschicken – so kannst Du das schon mal nicht vergessen. Viele Provider rufen zurück und bitten Dich um die Rücknahme der Kündigung und bieten als Gegenleistung Gratisminuten, -SMS oder Geld. In diesem Fall kannst Du Deine frühe Kündigung zurückziehen und später erneut kündigen.

Hast Du einen Vertrag mit Gratisminuten und -SMS, solltest Du diese nicht überschreiten, da danach die Minute / SMS mehr als bei

Prepaid-Angeboten kostet. Um den Überblick zu behalten, setzt Du den Zähler für die Gesprächsdauer der abgegangenen Telefonate und für die gesendeten Mitteilungen immer zum 1. des Monats auf 0 zurück. Beachte die Taktung: Schon für 1 Sekunde Telefonieren kann 1 Minute berechnet werden (60 / 60 Taktung). Meistens läuft der Zähler auch schon beim Hören des Freizeichens – verlass Dich deshalb nicht 1:1 auf die angezeigte Gesprächsdauer, wenn es um Deine Freiminuten geht. Exakte Werte erhältst Du, wenn Du Dich auf der Homepage einloggst oder Apps (z.B. »DroidStats«) verwendest. Falls es beim Anbieter möglich ist, gib einen Betrag ein, ab dem die SIM-Karte für weitere Verwendung gesperrt wird (Diebstahl, Handy wird aus Versehen benutzt).

Rundfunkbeitrag

Seit dem 01.01.2013 gibt es den Rundfunkbeitrag in Höhe von 17,98 € pro Monat. Der Beitragsservice[50] zieht für die öffentlich-rechtlichen Rundfunkanstalten vom Hauptmieter der Wohnung den Beitrag ein – ist dieser befreit, entfällt er. WGs können folglich Geld sparen, wenn der Hauptmieter befreit ist.

Von den Gebühren kannst Du Dich als Studierender nur befreien lassen, wenn Du eine der folgenden Bedingungen erfüllst:

- BAföG-Empfänger
- Behinderte mit dem RF-Merkzeichen im Ausweis (abhängig vom Grad der Behinderung ist auch eine Ermäßigung des Rundfunkbeitrags möglich)
- ALG II-Empfänger

Alle anderen Möglichkeiten auf Befreiung treffen auf Studierende leider nicht zu, d.h. auch ein sehr geringes Einkommen reicht für eine Befreiung nicht aus. Es gibt zwar einige Urteile für Sozialhilfeempfänger und Geringverdiener, dass Geld für ein Existenzminimum zur Verfügung stehen muss[51], das sind jedoch seltene Ausnahmen.

---

50 www.rundfunkbeitrag.de

51 Aktenzeichen: 1 BvR 3269/08, 1 BvR 665/10 und 1 BvR 656/10

Bist Du vom Beitrag befreit, notiere Dir den Termin für den nächsten Befreiungsantrag im Kalender. Eine rückwirkende Befreiung gibt es nicht: Auch wenn Du theoretisch befreit werden würdest, musst Du bei zu spätem Antrag zahlen.

Mit der Befreiung von den Rundfunkgebühren kannst Du bei der Deutschen Telekom den Sozialtarif für den Telefonanschluss bekommen, was aber für die meisten nicht relevant ist, da viele Konkurrenten immer noch günstiger sind.

2.3.2 Lebensmittel

Als Student solltest Du günstige Discounter (Aldi, Lidl, Penny Markt) bevorzugen. In diesen Lebensmittelmärkten kaufst Du vorrangig günstige Hausmarken statt teure Markenprodukte.

Was unter jedem Preis steht, aber selten berücksichtigt wird, ist die Preisangabe bspw. pro Gewichts- oder Volumeneinheit. Damit kannst Du auf den ersten Blick sehen, ob die Kekse mit 400 g für 1,29 € (3,23 €/1 kg) oder mit 500 g für 1,49 € (2,98 €/1 kg) günstiger sind. Obwohl sich das Preis-Leistungs-Verhältnis unter jedem Preis befindet, schauen nur die wenigsten danach. Das wissen die Hersteller und verpacken ihre Produkte genauso groß, wie die mit mehr Inhalt.

Günstige lokale Unternehmen unterstützen

Nicht immer sind die großen Discounter günstiger als der Gemüseladen um die Ecke. Hast Du die Wahl bei einem ähnlichen Preis-Leistungs-Verhältnis, kannst Du Deiner sozialen Verantwortung nachkommen und kleinere, lokale Händler unterstützen. Auch bieten Wochenmärkte Gelegenheit, sich mit (Bio-)Bauern über ihre Arbeit zu unterhalten, Fragen über die Tierhaltung und -schlachtung zu stellen, oder sich einfach von selbstgemachten Produkten überzeugen zu lassen.

2.3.3 Transport

Transportkosten machen mit durchschnittlich 65,– € einen nicht unerheblichen Anteil der monatlichen Gesamtkosten für Studenten aus. Wer dennoch viel reist, erfährt in diesem Kapitel mehr, um die Kosten möglichst gering zu halten.

Die meisten Studierenden nutzen im täglichen Leben fast ausschließlich den Nahverkehr, der dank Semesterticket günstig ist. Daneben ist aber auch das Fahrrad ein grundlegendes Transportmittel für viele.

Neben der Bahn gibt es auch die Mitfahrgelegenheit, die ebenfalls sehr stark von Studenten genutzt wird. Fernbuslinien sind gerade im Aufbau und werden sicherlich in den kommenden Jahren zunehmen. Inlandsflüge wären noch eine weitere (theoretische) Möglichkeit, finden aber aufgrund des hohen Preises keine Verwendung.

Semesterticket

Mit dem Semesterticket kannst Du in dessen Gültigkeitsbereich sehr kostengünstig die öffentlichen Verkehrsmittel des hiesigen Verkehrsverbundes und gewöhnlich auch die Züge des Nahverkehrs (Regional Express) der Deutschen Bahn nutzen. Der Preis und die Reichweite des Semestertickets variieren sehr stark von Hochschule zu Hochschule. In manchen Hochschulen zählt sogar der Studentenausweis selbst als Semesterticket, ohne dass man überhaupt etwas zahlen muss.

Tipp

Das Semesterticket gibt es häufig einmalig von der Stadt geschenkt, wenn Du Dich dort mit Erstwohnsitz anmeldest.

Ob sich der Kauf eines Semestertickets lohnt, muss jeder für sich ausrechnen, wobei Du die Kombinierbarkeit von Semesterticket und BahnCard (siehe Deutsche Bahn) berücksichtigen solltest.

Fahrrad

Das Fahrrad ist das klassische Fortbewegungsmittel des Studenten. Mit dem Rad bist Du von öffentlichen Transportmitteln unabhängig, kannst fast immer bis zur Tür vorfahren und tust Dir und der Umwelt etwas Gutes. Auch bei größeren Einkäufen lohnt sich das Rad: Die vielen Taschen kannst Du am Lenker einhängen, während Du das Fahrrad bequem schiebst – PET-Wasserflaschen passen als Six-Pack auf den Gepäckträger.

Da in vielen Universitätsstädten oft Fahrräder geklaut oder mutwillig beschädigt werden, investierst Du am besten nur soviel Geld wie nötig. Gebrauchte Fahrräder gibt es auf öffentlichen Versteigerungen der Fundbüros, in Zeitungsanzeigen und auf Flohmärkten.

Ein gutes Rad sollte mehrere Gänge haben, Schutzblech und auch ein Gepäckträger ist von Vorteil. Es empfiehlt sich immer, eine Plastiktüte unter dem Sitz eingeklemmt zu haben, die Du bei Regen einfach über den Sattel stülpen kannst, während Du weg bist. Ein breiter Sattel sorgt für mehr Komfort beim Fahren. Die Sattelhöhe sollte so eingestellt sein, dass Dein Bein am untersten Punkt der Pedale durchgestreckt ist. Ein Damenrad ohne (Kastrations-)Mittelstange vereinfacht das Auf- und Absteigen. Eine Lichtanlage sollte keinesfalls fehlen, weil es wirklich lebensgefährlich sein kann, ohne Licht zu fahren, außerdem wird eine Strafe von 20–35 € fällig, wenn Du erwischt wirst. Bei einem Unfall kann es sein, dass dann der Versicherungsschutz nicht (voll) greift. Eine Helmpflicht gibt es zwar nicht in Deutschland, ist aber sehr zu empfehlen und könnte auch bei der Frage einer möglichen Mitschuld relevant werden[52]. Eine Privathaftpflichtversicherung (☞ Abschnitt 4.3 auf Seite 194) kann Dich vor hohen Zahlungen bei Unfällen bewahren.

Wartungen am Fahrrad sind eigentlich nur wenige nötig: Der Reifenluftdruck sollte möglichst immer maximal sein, wobei der Wert meistens in der Einheit bar oder PSI auf dem Reifenmantel angegeben ist. Reifen mit Autoventil lassen sich besonders leicht an der Tankstelle aufpumpen. Falls sie ein anderes Ventil haben, könntest

---

[52] Aktenzeichen: 7 U 11/12

Du beim Kauf eines neuen Schlauches einen mit Autoventil nehmen, sofern das Ventil durch die Felge passt und auch eine Tankstelle in der Nähe ist. Lässt der Druck in den Reifen schon um 0,5 bar nach, wird es anstrengender zu radeln, deshalb möglichst wöchentlich die Reifen aufpumpen. An Bordsteinen Vorsicht: Wenn Deine Felge einen Achter bekommt, wird es deutlich anstrengender zu fahren – eine Reparatur der Felge ist sehr teuer und übersteigt leicht den Preis eines gebrauchten Fahrrades.

Mitfahrgelegenheit

Meiner Meinung nach ist die Mitfahrgelegenheit die beste Möglichkeit, innerhalb Deutschlands zu reisen: Sehr günstig und dabei noch schnell. Mitfahrangebote und -gesuche gibt es im Internet[53] oder in den Mensa-Aushängen. Es gibt auch spezielle Angebote, wie z.B. »Von Frauen für Frauen« oder regelmäßige Fahrten (täglich, Wochenende ...). Als Faustregel gilt, dass 100 km 6,– € kosten. Wer selbst fährt und einige Mitfahrer mitnimmt, kann so einiges an Kosten sparen.

Je nachdem ob die Strecke, die Du fahren möchtest, häufiger oder seltener angeboten wird, meldest Du Dich rechtzeitig beim Fahrer: Für stark frequentierte Strecken mit entsprechend vielen Angeboten reicht es oft ein bis zwei Tage vorher, oder noch am selben Tag, beim Fahrer anzurufen. Für exotischere Strecken meldest Du Dich so früh wie möglich.

Wenn Du bei jemandem mitfährst, frage am Telefon nach Kennzeichen, Automarke und Farbe, dadurch sparst Du Dir beim Treffpunkt einen Anruf. Fährst Du selbst, gebe in der Anzeige diese Daten gleich an – spare jedoch beim Kennzeichen die Nummern aus. Nimm auf der Rückbank maximal zwei Personen mit: Erstens wäre bei einem Unfall mit drei Personen hinten die mittlere extrem gefährdet und zweitens ist es auch nicht in Ordnung, Mitfahrern diese Enge zu zumuten. Wenn alle Plätze in Deinem Auto belegt sind, schreibe das in Dein Inserat – das ist viel freundlicher, als bei un-

53 www.bessermitfahren.de

bekannten Anrufern nicht mehr ans Telefon zu gehen. Was selten vorkommt, aber umso ärgerlicher ist, sind Mitfahrer / Fahrer, die einfach nicht kommen: Trau Dich kurz anzurufen oder eine SMS zu schicken – Fahrer und Mitfahrer sind Dir dafür sehr dankbar(!): Sie müssen nicht warten oder versuchen nicht verzweifelt, Dich zu erreichen.

Bahnmitfahrgelegenheiten sind ebenfalls im Angebot. Die sind deutlich günstiger, haben jedoch einen großen Haken: Oft steht unter den Kosten nur der günstigste Preis; schaut man genauer, ist zu lesen, dass der Ticketpreis durch die Anzahl der Mitfahrer geteilt wird – die Fahrt kann also deutlich mehr kosten. Möchtest Du eine Bahnmitfahrgelegenheit inserieren, schreibe gleich, dass der angegebene Preis ein Fixpreis ist, egal wie viele mitfahren oder dass nur noch ein Platz frei ist – dann finden sich schneller Mitfahrer.

Viele in meinem Bekanntenkreis und auch ich haben fast nur positive Erfahrungen mit Mitfahrgelegenheiten gemacht. Sicherheitsbedenken standen nie zur Debatte, aber man sollte auf jeden Fall auf sein Gefühl und seinen Verstand hören: Wirkt der Fahrer komisch oder ist das Auto in einem desolaten Zustand, steigt man besser nicht ein. Ähnlich ist es auch bei den Mitfahrern: Machen sie einen seltsamen Eindruck, sollte man sie nicht mitnehmen. Niemand ist zur einer Mitfahrt verpflichtet.

Deutsche Bahn

Für längere Strecken innerhalb Deutschlands bieten sich Bahnreisen mit der Deutschen Bahn[54] (DB) an. Wenn Du häufiger Bahn fährst, könnte sich eine BahnCard für Dich lohnen. Es gibt die BahnCard 25 und 50 mit jeweils 25 % und 50 % Preisnachlass auf reguläre Fahrscheine in allen Zügen der Deutschen Bahn. Mit der BahnCard erhältst Du ebenfalls in vielen Tarif-Verbunden des Nahverkehrs Rabatte. Die DB bietet auch Sparpreise für alle an – BahnCard-25-Inhaber erhalten hier einen zusätzlichen Preisnachlass.

---

54 www.db.de

Die Sparpreise enthalten jedoch einige Haken: Es gibt nur ein gewisses Kontingent, Buchung spätestens drei Tage vorher, mindestens ein Mal während der Reise muss ein Fernverkehrszug (IC, ICE, EC) verwendet werden und es besteht eine Zugbindung. Zugbindung bedeutet, dass Du nur mit den Zügen fahren darfst, die im Ticket stehen, es sei denn, sie fallen aus oder Du verpasst unverschuldet den Anschlusszug (Bahnverspätung).

Die Deutsche Bahn bietet Studierenden unter 27 Jahren eine vergünstigte BahnCard 50 für 127,– €, statt 249,– € und eine BahnCard 25 für 41,– € statt 61,– € an.

Die BahnCard 25 ist häufig bei Werbeaktionen für Studenten als Geschenk dabei: Es gibt z.B. manchmal Aktionen an Promotion-Ständen, bei denen man mit einem Zeitungsabo oder bei Kontoeröffnung bei einer Bank eine BahnCard 25 geschenkt bekommt. Dieses Angebot lohnt sich speziell bei einer Kontoeröffnung, bei der keine Kontoführungsgebühren für Studierende erhoben werden.

Ob sich eine BahnCard finanziell lohnt, hängt vom Preis und der Anzahl der Fahrten innerhalb eines Jahres ab. Hierbei solltest Du, wie weiter unten beschrieben, die Reichweite Deines Semestertickets berücksichtigen. Mit der folgenden Formel kannst Du sehr einfach ausrechnen[55], wann sich eine BahnCard für Dich lohnt:

$$\frac{\text{BahnCard-Preis}}{\text{Fahrpreis} \times \text{Rabatt}} = \text{Anzahl (Fahrten)}$$

Noch ein wichtiger Hinweis zur BahnCard allgemein: Viele vergessen, dass sich das **Abo** der BahnCard automatisch um ein weiteres Jahr verlängert, wenn man es nicht kündigt! Falls Du vergesslich bist, kündige sicherheitshalber Dein Abo mit Vertragsabschluss zum Ende der Laufzeit – die Kündigung stornieren kannst Du auch später.

Die meisten Studierenden benutzen für ihre Fahrten – mit oder ohne BahnCard – den Nahverkehr der DB. Die Fahrt dauert so

55 Den Fahrpreis ersetzt man mit dem regulären Preis ohne Rabatt für Hin- und Rückfahrt. Als Rabatt wird 0,5 für die BahnCard 50 und 0,25 für die BahnCard 25 angegeben.

um ein Vielfaches länger, aber es ist die günstigste Möglichkeit. Gemeinsam mit dem Semesterticket, das i.d.R. ebenfalls im Nahverkehr der DB gültig ist, reduziert sich der Preis nochmals: Hierfür wählt man den am weitesten entfernten Abfahrtsbahnhof aus, der noch innerhalb des Gültigkeitsbereichs des Semestertickets und Richtung Zielbahnhof liegt. Leider kann man am Automaten nicht alle möglichen Abfahrtsbahnhöfe auswählen, aber am Schalter geht das.

Wer sich ein Ticket kauft, sollte am besten gleich ein Hin- und Rückfahrticket kaufen; das gestaltet die Rückfahrt am Bahnhof stressfreier. Das Datum der Rückfahrt ist bei Entfernungen ab 150 km gar nicht so wichtig, da es 4 Wochen lang gültig ist (steht auf dem Ticket). Einige Studierende zielen genau darauf ab: Gelegentlich wird während der Rückfahrt das Ticket nicht entwertet, entweder weil gar nicht kontrolliert wurde oder man noch im Gebiet des Semestertickets ist und dieses dann vorzeigt. Obwohl das Rückfahrticket nur ein Mal benutzt werden darf, wird es dann illegalerweise öfter verwendet. Ganz Dreiste fordern kurz vor Ende der Ticketgültigkeit eine Rückerstattung am Schalter, da das Ticket nicht benutzt wurde.

Noch ein paar Tipps: Ist die Reise mit einigen Umstiegen verbunden, druckt man sich besser einen Reiseplan aus. Zusammengefaltete Klappfahrräder zählen als Handgepäck und man muss kein Ticket für Fahrräder kaufen. In Zugabteilen fallen immer wieder Heizung oder Klimaanlage aus oder spielen verrückt. Jeder hat bestimmt schon mal erlebt, wie die Heizung auf vollen Touren im Hochsommer läuft, oder die Klimaanlage ausgefallen ist: Einfach in ein anderes Abteil gehen. Beachte auch Regressansprüche bei Verspätungen. Berücksichtige günstige Ländertickets (gültig innerhalb einer bestimmten Uhrzeit) beim Preisvergleich.

Fernbuslinien

Fernreisen mit dem Bus innerhalb Deutschlands sind dank einer Gesetzesänderung seit 2011 möglich. Aktuell findet sich eine übersichtliche Anzahl an Fernbuslinien, die sicherlich in naher Zukunft ansteigen wird. Preislich sind Busreisen viel günstiger als die Bahn und manchmal sogar billiger als Mitfahrgelegenheiten. Auf Internetseiten, wie www.busliniensuche.de finden sich zurzeit alle Fernbuslinien.

Auto

Ein Auto ist für Studenten nur sehr bedingt empfehlenswert. Es ist zwar recht bequem, sich einfach ins Auto zu setzen und loszufahren, aber die Unterhaltskosten sind mit durchschnittlich 120,– € pro Monat sehr hoch, sodass schon der Besitz als reiner Luxus anzusehen ist.

Neben den Kosten für Tanken[56], kommt noch die jährliche Steuer hinzu, die vom Pkw-Typ abhängt. Ein Anwohnerparkausweis ist häufig nötig, damit man überhaupt in der Nähe der Wohnung parken darf. Auch die Kfz-Haftpfllicht schlägt mit sehr hohen Kosten zu Buche. Weitere Kosten entstehen für Wartung, Reparatur, Sommer- / Winterreifen, TÜV und Abgasuntersuchung (AU).

Eine vergünstigte ADAC-Mitgliedschaft[57] für Studenten (bis 27) hat einige Vorteile: Preisvorteile für das Ausleihen von Fahrzeugen bei Europcar (Umzug), Einkaufen bei Dell, Musical Tickets usw.

Wer auf das Auto nicht verzichten kann, sollte zur Kostenreduktion einige Punkte beachten:

- Kfz-Haftpflicht Versicherung
  - falls möglich über die Eltern mitversichern (Doppelkarte)
  - jährlich Preise vergleichen: Die Kündigung muss spätestens am 30.11. des aktuellen Jahres beim Versicherer vorliegen. Sonderkündigungsrechte beachten, z.B. Autoverkauf, Beitragserhöhung der Versicherung u.a.
- Reifenluftdruck
  - alle zwei Wochen prüfen

[56] am Anfang der Woche sind die Preise i.d.R. am günstigsten, abends oft niedriger als morgens, freie Tankstellen verlangen weniger als die bekannten Großkonzerne; Apps, wie mehr-tanken.de helfen sparen

[57] www.adac.de

  - ▷ Druck auf die Empfehlung der Maximalbeladung einstellen (Angaben hierzu an Türe, Türrahmen, Tankdeckel oder Handbuch)
- Motorölstand (viele Pkws fahren mit zu wenig Öl)
  - ▷ alle zwei Monate prüfen
    Im betriebswarmen Zustand das Auto auf ebenen Boden abstellen, einige Minuten warten, damit das Öl in der Ölwanne zusammenlaufen kann, dann kontrollieren. Hierfür bietet sich das Tanken an: Kommst Du nach dem Zahlen zurück, kannst Du mit Prüfen beginnen: Ölmessstab rausziehen, abwischen und zurückstecken, wieder rausziehen. Der Ölstand sollte sich in der Mitte bis dreiviertel zwischen den beiden Markierungen befinden. Falls Öl fehlen sollte, einfach etwas dazugeben und einige Minuten warten, dann erneut messen. Welches Öl benötigt wird, steht auf einem Anhänger im Motorraum oder findet sich im Handbuch
  - ▷ alle 15.000–30.000 km Ölwechsel durchführen, optimalerweise mit Ölfilterwechsel (siehe Handbuch)
    - Sonderangebote nutzen – teure Vertragswerkstatt ist unnötig
    - regelmäßig mit günstigem Öl wechseln, als seltener mit teurem
- Ballast meiden
  Zusätzliches Gewicht erhöht den Verbrauch: Alles, was nicht unbedingt im Auto nötig ist, sollte entfernt werden
- Mitfahrer organisieren (☞ Abschnitt 2.3.3 auf Seite 114)
- Serviceheft führen
  Regelmäßige Wartungen sollten im Serviceheft dokumentiert werden, was den Wertverlust mindert und teure Reparaturen vermeidet. Laut ADAC Werkstatttest 2010 kontrollieren die Vertragswerkstätten genauer als freie Werkstätten, sind aber leider deutlich teurer. Suche im Internet nach einer guten freien Werkstatt

- Reparaturen falls möglich selbst durchführen
  Anleitungen finden sich im Internet oder in Videos auf YouTube

2.3.4 Auslandsreisen

Jeder Studierende, wirklich jeder, sollte im Laufe des Studiums mindestens ein Semester im Ausland verbringen (☞ Abschnitt 1.7 auf Seite 75)! Klappt es mit dem Auslandssemester leider nicht, reise einfach privat und verbringe einige Monate in der Ferne. Das bietet sich z.B. an, wenn man eine Klausur nicht bestanden hat und ein ganzes Semester warten muss. Vergiss nicht, dass Du niemals wieder so viel Zeit hast wie im Studium! Im Arbeitsleben mit Familie geht das nicht mehr so einfach.

Vorbereitungen

Auf jeden Fall braucht der Auslandsaufenthalt etwas Vorbereitung. Sehr einfach lassen sich vorher folgende Punkte erledigen:

- Reisepass: Gültigkeit überprüfen
- Impfungen (z.T. Einreisebedingung)
  Einige absolute Basisimpfungen (☞ Abschnitt 3.5.1 auf Seite 177) gelten für **jedes** Land. Bestimmte Reiseimpfungen müssen einige Monate vor der Auslandsreise beginnen, damit der Impfschutz während des Aufenthalts gegeben ist. Reiseimpfungen werden von manchen Krankenkassen vollständig bezahlt – ein Krankenkassenwechsel könnte sich lohnen. Falls Du die Krankenkasse nicht wechseln möchtest: Die Malariaprophylaxe ist im Reiseland oft günstiger als in Deutschland – am besten vorher im Internet nach Erfahrungsberichten suchen.
- Freischaltung von Maestro- / Kreditkarte fürs Ausland
  Damit die Bezahlung im Ausland mit Maestro- oder Kreditkarte überhaupt funktioniert, müssen diese evtl. von der Bank / dem Kreditinstitut für das jeweilige Land freigeschaltet werden – ein Anruf genügt.

- Auslandskrankenversicherung
  Diese Versicherung ist selbst bei kurzen Urlauben oder gerade bei längeren Studienaufenthalten im Ausland absolut wichtig – hier darf unter keinen Umständen gespart werden! Ein schwerer Unfall mit teuren Operationen und Krankenhausaufenthalt kann schnell fünfstellige Beträge erreichen. Innerhalb der EU-Zone gilt die normale Krankenversicherung, trotzdem wird eine Versicherung empfohlen, da oft die gesetzliche Krankenversicherung nicht alle Behandlungskosten übernimmt. Eine Auslandskrankenversicherung für einige Wochen kostet meist unter 15,– €. Überschreitet der Auslandsaufenthalt eine bestimmte Zeit oder geht die Reise in ein gefährliches Land, so schnellen die Kosten für eine Versicherung in die Höhe. Im Internet und auf den Seiten von Stiftung Warentest[58] gibt es sehr gute Vergleichsmöglichkeiten, um den günstigsten Anbieter zu finden.
- Internationaler Studentenausweis
  Mit einem internationalen Studentenausweis (ISIC[59]) erhalten Studierende im Ausland zahlreiche Vergünstigungen. Ein Ausweis lohnt sich immer und kann entweder online beantragt werden oder ist am Studienort erhältlich (siehe ISIC-Homepage). Er ist bis zum Jahresende gültig, wenn er im Januar beantragt wird – selbst wenn Du im Sommer mit dem Studium fertig bist. Dieser Umstand wird häufig ausgenutzt, denn die Karte ist weltweit akzeptiert.
- Internationaler Führerschein
  Der EU-Führerschein ist für die meisten Länder der Welt ausreichend. Für einige Länder wird jedoch ein internationaler Führerschein benötigt, den i.d.R. das Landratsamt gegen Gebühr sofort aushändigt. Ob Du aber wirklich solch einen zeitlich begrenzten Führerschein für das Land benötigst, erfährst Du im Internet.

58 www.test.de
59 www.isic.de

- Geld in der Landeswährung für die erste Zeit besorgen

Günstige Flüge finden

Einige Reisebüros geben Rabatte für Studenten oder haben sogar Spezialangebote nur für diese Zielgruppe. Ob Du damit wirklich günstiger wegkommst, weißt Du erst nach einem Preisvergleich im Internet.

Die Suche nach dem besten Preis ist sehr aufwendig, lohnt sich aber immer! Zum Teil gibt es Preisunterschiede von mehreren hundert Euro. Der Preis variiert deutlich im Hinblick auf:

- Fluggesellschaft
- Datum
  - Hinflug
  - Rückflug
- Flughafen
  - Abflugflughafen
  - Landeflughafen

In der Praxis läuft es so ab, dass Du auf den Internetseiten der Fluggesellschaften auf verschiedene Termine für Hin- oder Rückflug klickst. Dabei verändern sich die Preise ständig. Dein Ziel ist es, den günstigsten Preis für den Hinflug mit dem günstigsten Preis für den Rückflug zu finden. Versuche den Sonntag für die Ankunft zu meiden, bei Schwierigkeiten haben die Behörden in Deutschland geschlossen. Nun hast Du den günstigsten Preis für eine Fluggesellschaft an einem bestimmten Flughafen ermittelt – fehlen noch die anderen Flughäfen und Fluggesellschaften, ganz zu schweigen von der Möglichkeit, dass sich der Preis ändern kann, wenn man einen anderen Startflughafen für die Rückreise wählt ...

Ebenfalls muss man feststellen, dass eine sehr frühzeitige Buchung nicht unbedingt zum günstigsten Preis führt – manchmal gibt es auch billigere Flüge, wenn man kurz vorher seine Tickets kauft. Um diesem Aufwand zu entgehen, gibt es spezielle Suchmaschinen im Internet, die den besten Preis ermitteln, aber nicht so gut sind, dass man sich auf den Preis verlassen sollte: Eine manuelle Suche lässt sich nicht vermeiden und führt eigentlich immer zu einem besseren Preis.

Nach mehreren Tagen(!) Suche hast Du einige Angebote gefunden. Mit diesen Daten gehst Du in verschiedene Reisebüros, um dort die Preise vergleichen zu lassen – es könnte sein, dass es sogar ein günstigeres Angebot gibt. Es ist erstaunlich, wie unterschiedlich stark die Preise in verschiedenen Reisebüros variieren!

Eine Reisegepäckversicherung ist überflüssig, weil das Gepäck über die Fluggesellschaft, das Hotel oder die Hausratversicherung abgesichert ist. Eine Reiserücktrittsversicherung greift nur in ganz bestimmten Fällen (siehe AGBs) – bisher habe ich aufgrund des Preises nie eine abgeschlossen.

Tipp

Eine selbstdurchgeführte Preissuche im Internet ist sehr aufwendig, lohnt sich aber immer!

Backpacking

Nichts ist »kultiger« als das Backpacking – für Studenten ein absolutes Muss! Backpacking ist schon fast eine eigene Philosophie: Von zu Hause aus buchst Du Dir ein Bett in einem Hostel im Zielort. Dort triffst Du andere Backpacker, unterhältst Dich, lernst die Stadt kennen, reist evtl. mit anderen weiter und holst Dir Tipps für das Land.

Tipp

Als Backpacker nimmst Du die Menschen und die Kultur viel intensiver wahr als ein Pauschaltourist. Nutze die Gelegenheit, wie ein Einheimischer zu leben: Sprich die dortige Sprache, iss lokale Speisen, versuche populäre Freizeitgestaltung, nutze die geläufigen Transportmittel!

Gepäckstück. Für Reisen empfehle ich ein auffälliges Gepäckstück. Am Flughafen ist das Bild von schwarzen Koffern mit einer roten Schleife allgegenwärtig – alle paar Sekunden rollt so ein Koffer auf dem Fließband vorbei. Ich selbst hatte noch nie ein Problem, mein Gepäckstück selbst aus einigen hundert Metern Entfernung zu erkennen: Schwarz mit plakativen, großen rosa Blümchen.

Wanderrucksäcke werden von einigen Fluggesellschaften nur in einem Schutzsack akzeptiert: Gurte und Schnallen könnten sich an den Bändern verfangen und Schäden verursachen oder selbst welche davontragen.

Es gibt mittlerweile Trollys mit Rucksackfunktion, auch Kofferrucksack genannt. Sie sind quadratisch, mit festen Rändern, besitzen Rollen und haben verstaubare Schulterriemen. Diese Gepäckstücke sind hervorragend für alle geeignet, die ihr Gepäckstück nicht lange Zeit tragen wollen. Für die meisten Backpacker und Work & Traveler ist ein Kofferrucksack die bessere Wahl: Man kann die Tasche auf befestigten Wegen gemütlich ziehen, die Kleidung wird durch die quadratische Form nicht zerknittert und man findet sehr schnell alles durch die große Öffnung, wie bei einem richtigen Koffer. Und, falls es keine befestigten Wege gibt, kann man das Gepäck immer noch wie einen Rucksack tragen.

Gepäck. Was soll mit? Am besten so wenig wie möglich und so viel wie nötig: Ideal wäre ein Gesamtgewicht von unter 10 kg, am besten 7–8 kg Gepäck, das beim Check-In aufgegeben wird. Um so ein Gewicht zu erreichen, wird bei allem gespart. Ein Vorschlag für die Tropen:

- Kleidung
  Unterwäsche und Socken für 7–10 Tage, 4 T-Shirts, 2 dünne Sweatshirts, 1 edlere/s Bluse / Hemd, 2 Trekkinghosen, 1 Jeans, 1 Gürtel, 3 kurze Hosen, 1 Schlafhose, 1 Badehose / Bikini, 1 Paar Flip-Flops. Mehr braucht man eigentlich nicht, da es in jedem Hostel eine Möglichkeit zum Wäsche waschen gibt. Vor Abreise lohnt es sich, Jacke, Schuhe und Taschen mit Imprägniermittel zu behandeln.

- Badartikel
  Im Kulturbeutel können eine kleine Reisezahnbürste, Reisedeo, Haarbürste, Parfüm und Pflegemittel (Duschgel, Shampoo, Zahnpasta) in Probengröße sein, sowie Nagelschere, Feile, Pinzette, Tampons, Rasierer und Wattestäbchen. Mit 2 leichten, schnell trocknenden Mikrofaserduschtüchern und Medikamenten (»Pille«) sind alle Badartikel vollständig.
- Bettzeug
  Zum Schlafen reicht 1 wasserdichtes (Spann-)Bettlaken für die Matratze, 1 Bettlaken (unter die Hosteldecke), 1 leichte, große Fleecedecke, 1 Reisekopfkissen, Ohrstöpsel und evtl. 1 Schlafmaske.
- Nützliches
  1–3 Reisegepäckschlösser mit Zahlenschloss (Tagesrucksack, Reisetasche), 1 Vorhängezahlenschloss (Hostels bieten Spinds an), 1 kleine Kofferwaage um teurem Übergepäck vorzubeugen (das Gepäck wird durch die Souvenirs schwerer), 1 Stirnlampe (zum Lesen oder im Dunkeln aufs Klo zu gehen), 3 große Tüten (z.B. Schmutzwäsche) und Hygienespray. 1 Kamera mit Ladegerät, Universalnetzstecker, Buch und mp3-Player.
- Moskitoschutz (sehr wichtig)
  z.B. Anti-Brumm forte für den Körper, NoBite für Kleidung (bereits vor Abflug vorbehandeln, dann wird die Flasche leerer und leichter), evtl. ein Moskitonetz / Fliegengitter mit Befestigungsmaterial.
- Erste Hilfe
  Durchfallmittel, Schmerztabletten, Hautdesinfektion, Pflaster, Kohletabletten (bindet z.B. Schwermetalle im Flusswasser), Spucktüte
- Sonnenschutz (Cappy, Sonnenbrille)

Als Handgepäck im Flugzeug ist ein kleiner Rucksack ideal, in den alle wichtigen Unterlagen kommen, denn es kommt vor, dass das aufgegebene Gepäck einige Tage später ankommt. Auch Empfindliches (Digitalkamera) findet hier Platz. Diesen Rucksack nimmst

Du später für Tagesausflüge und auf dem Rückflug für besonders schwere Artikel.

Sicherheit. Was geschieht, wenn Dein Gepäck gestohlen wird? Dein Geldbeutel verloren geht? Alles weniger problematisch, wenn Du weißt, was drin war und von den wichtigen Dokumenten eine Kopie hast.

- Kopien
  Trage nur die Kopien (Reisepass) bei Dir. Lasse die Originale im Spind des Hostels oder gib sie an der Rezeption ab.
- Notfallnummern
  Telefonnummern, Fax, Adressen von der Deutschen Botschaft, Hotline bei Verlust der Kredit- oder Bankkarte, Auslandskrankenversicherung usw. Speichere die Daten im Internet (☞ Abschnitt 5.4.4 auf Seite 259).
- Bauchtasche
  Höhere Geldbeträge, Geldkarten, Speicherkarte mit Fotos trägst Du sehr nah am Körper. In Deinen Geldbeutel kommen nur kleinere Geldbeträge und unwichtige Dokumente (Führerschein, deutscher Studentenausweis usw.), damit der »Fake« bei einem Überfall nicht erkannt und angefangen wird genauer zu suchen.
- Sonstiges
  Kleide Dich unauffällig, nimm im Gedränge den Tagesrucksack vor die Brust und behalte die Visitenkarte Deines Hostels in der Hosentasche, falls Du Dich verlaufen solltest. Wenn Du mit Deinem Wander- / Kofferrucksack unterwegs bist, nutze die Regenhaube, damit es schwerer wird, Reißverschlüsse zu öffnen. Eine flache Digitalkamera beult Deine Hosentasche nicht aus. Notiere Dir mit Nummer, welche Dokumente in Deinem Geldbeutel sind. Mit vorgedruckten Adressetiketten (☞ Abschnitt 3.4.1 auf Seite 169) vergisst Du nicht, jedem eine Karte zu schicken. Sage immer jemandem in Deutschland wo Du bist, wohin Du gehst und wie lange es dauert.

Reisen. Im Internet sucht man nach empfehlenswerten Hostels und notiert sich 2–3 Adressen. In der Stadt angekommen, fragt man sich einfach zum Hostel durch, nimmt vorzugsweise öffentliche Verkehrsmittel oder Taxi. Viele Backpacker haben keinen konkreten Plan, wohin sie als nächstes gehen. Im Hostel des Zielorts angekommen, lassen sich Backpacker vom Personal beraten und Stadtkarten, in denen alle Museen und Sehenswürdigkeit eingetragen sind, geben. Auch von anderen Backpackern und aus dem Internet erfährt man, was es zu sehen gibt – WLAN und Computer sind in Backpacker-Hostels praktisch immer gratis verfügbar. Diese Tatsachen machen Reiseführer überflüssig.

2.3.5 Spartipps

Es gibt sehr viele einfache und im täglichen Leben durchführbare Spartipps, die hier vorgestellt werden. Das größte Sparpotential erzielst Du, neben einer günstigen Miete, durch rationales Einkaufen.

Rationales Einkaufen beinhaltet 2 Punkte, bei denen Du Dich fragen solltest: »Brauche ich wirklich, was ich kaufen will?« »Wo erhalte ich das beste Preis-Leistungs-Verhältnis?« Der letzte Punkt ist eine mehr oder weniger intensive Internetrecherche.

Werbung

Auf Briefkästen von Sparfüchsen sollte **nicht** »Bitte keine Werbung« angebracht sein. Schließlich wird gerade durch Werbung der Kunde auf günstige Angebote aufmerksam gemacht und das wollen wir ja gerade.

Beachte ebenfalls aktuelle Angebote bei Aldi & Co., denn die Ware (speziell von Aldi) ist sehr gut. Besonders bequem kannst Du die Angebote verfolgen, wenn Du die Homepage von beiden Discountern in Deine Firefox-Lesezeichen aufnimmst (☞ Abschnitt 5.4.1 auf Seite 232).

Bestes Preis-Leistungs-Verhältnis im Internet finden

Ein praktisches Beispiel: Du möchtest eine gute Pfanne kaufen, nur hast Du überhaupt keine Ahnung, auf was es eigentlich ankommt. Du gehst auf die Homepage von Stiftung-Warentest und findest einen aktuellen Test, den Du Dir durchliest und lernst, was wichtig ist. Ein Blick auf die Testtabelle verschafft Dir eine Übersicht der Bewertungen.

Die besten Pfannen suchst Du auf Amazon. Von einer, die in Deinem Preisrahmen liegt und die meisten positiven Bewertungen erhalten hat, liest Du Dir erst ein paar Kundenrezensionen mit 5 Sternen durch, dann einige mit nur einem Stern. Hierbei lernst Du sehr viel, weil einige Schreiber echte Experten sind und Dinge erwähnen, deren Existenz Du bis dato nicht kanntest. Im Anschluss suchst Du mit Google nach derselben Pfanne: »Pfannenname Erfahrung« und liest Dir auf anderen Seiten Erfahrungsberichte durch.

Du bist nun überzeugt von der Pfanne und möchtest sie kaufen. Um den günstigsten Preis zu finden, suchst Du dieselbe Pfanne auf eBay und gibst sie ebenfalls in verschiedenen Preissuchmaschinen ein.

Falls die Pfanne auf eBay günstiger als auf Amazon ist, musst Du Dich entscheiden: Bei Amazon ist der Rückversand bei Nichtgefallen kostenlos und auch bei Garantiefällen bietet Amazon einen Spitzenservice. Wenn der Preisunterschied relativ gering ist, ist Amazon die bessere Wahl – vorausgesetzt die Ware wird auch von Amazon verkauft und nicht über einen Händler (steht unter dem Preis: »Verkauf und Versand durch Amazon«). Achte auch auf »neu ab«, denn der große Preis neben dem Bild muss nicht der günstigste sein.

Eine Besonderheit von Amazon sind Preisschwankungen[60], die auch über 30 % betragen können: Viele Produkte sind gegen Ende der Woche (meist Freitag) günstiger als am Anfang! Verfolge den

---

60 Preisveränderungen lassen sich auf Seiten, wie www.amapsys.de, http://pricestalker.com oder mit dem Firefox Add-on »Mein Preis« www.mein-preis.net verfolgen

Preis mindestens eine Woche – mache notfalls von Deinem Rückgaberecht Gebrauch.

Hat ein Online-Shop so einen guten Preis, dass Amazon und eBay nicht konkurrieren können, gilt es nun, seine Seriosität im Internet zu überprüfen: Du suchst mit Google nach »Online-Shop Name Erfahrung«. Nach dem Stichwort »Erfahrung«, suchst Du später auch mit den Wörtern: »Probleme«, »schlecht« oder »Betrug«. Wenn es keine oder nur sehr wenige Beschwerden gibt und sonst alles positiv ist, sieht es gut aus. Der Preis sollte jedoch so gut sein, dass sich der ganze Aufwand mit der Registrierung im Online-Shop lohnt – kaufe, falls möglich, ohne Registrierung ein, denn das geht immer häufiger in Online-Shops.

Hast Du die Wahl zwischen Überweisung und Lastschriftverfahren, lasse Dir das Geld abbuchen: Abbuchungen lassen sich 8 Wochen lang stornieren. Vermeide die teure Nachnahme und nutze Vorauskasse bei Rabatt.

Amazon

Die wichtigsten Tipps zum Kaufen auf Amazon wurden oben im Beispiel besprochen. Mit einer günstigen bis kostenlosen Amazon-Prime-Mitgliedschaft für Studenten werden die Waren i.d.R. am nächsten Werktag kostenlos geliefert und beim Verkaufen werden weniger Gebühren erhoben. Auf Amazon kannst Du auch privat verkaufen, jedoch nur Artikel, die auf Amazon zu finden sind. Ich nutze es in erster Linie für Bücher, die auf eBay für 1,–€ verkauft werden würden – auf Amazon erhält man oft einen besseren Preis.

Zuerst musst Du Dir ein Verkäuferkonto zulegen, was sich mit einigen Klicks und einem ausgefüllten Formular erledigen lässt. Tippe in die Suche den Artikel ein, den Du verkaufen möchtest, klicke auf den passenden Treffer. Rechts findest Du unter der Frage »Möchten Sie verkaufen?« den Button »Diesen Artikel verkaufen«. Bild und Beschreibung werden automatisch übernommen. Den Artikelzustand musst Du noch auswählen.

Der Versand muss innerhalb von zwei Werktagen erfolgen. Die Gebührenordnung ist kompliziert: Die Verkaufsprovision beträgt pro verkauftem Artikel 1,14 € plus 7–15 % Verkaufsgebühr vom Verkaufspreis (abhängig vom Artikel, Bücher kosten 15 %) zzgl. 15 % auf die Verkaufsgebühr plus Abschlussgebühr (abhängig vom Artikel, Bücher kosten 1,16 €). Amazon zahlt pauschal pro verkauftem Artikel 3,– € für Verpackung und Versand. Für einige Bücher erhältst Du auf Amazon oft einen besseren Preis als auf eBay.

eBay

Es gibt einfache Tricks, wie Du auf eBay sehr gut kaufen bzw. verkaufen kannst. Bevor Du Dich jedoch überhaupt entscheidest, hier etwas zu kaufen, solltest Du überprüfen, ob eBay auch tatsächlich die günstigste Möglichkeit ist (siehe oben). Es kann durchaus vorkommen, dass Amazon bessere Preise anbietet, als das »Sofort-Kaufen« bei eBay ermöglicht.

Kaufen. Vor dem Kauf eines bestimmten Artikels solltest Du einige von diesen bis zum Verkauf beobachten (»Beobachten-Button«), um Erfahrungswerte über die Preisspanne zu erhalten. Oft kann man Artikel günstiger ersteigern, wenn die Auktionen werktags und / oder zu Zeiten enden, bei denen viele bei der Arbeit sind. Vor dem Gebot überprüft man den Verkäufer auf möglichst viele positive Bewertungen und auf eine möglichst hohe Anzahl an Verkäufen. Falls negative Bewertungen vorliegen, von wann sind sie und was wurde kritisiert? Der Verkäufer sollte seinen Sitz in Deutschland haben, dann gilt deutsches Recht. Möglichst immer in den letzten Sekunden bieten. Bietprogramme (z.B. JBidwatcher, Biet-O-Matic) werden von vielen genutzt, obwohl sie laut den AGBs von eBay nicht erlaubt sind. Generell sollte man sich bei Auktionen eine obere Preisgrenze setzen und sich auch daran halten.

Verkaufen. Das Verkaufen auf eBay ist sehr einfach. Es bietet sich besonders gut an, alles zu verkaufen, was man nicht braucht – insbesondere nach einer größeren Aufräumaktion.

- Bild
  Der Verkauf fängt mit einem guten und aussagekräftigen Bild an. Für sehr viele Artikel bietet eBay bereits kosten-

los Fotos an, die man mit einem Klick übernehmen kann. Ein Originalfoto sollte aber trotzdem nicht fehlen. Auf eBay ist das erste Foto kostenlos, alle anderen Bilder kosten extra. Der Artikel sollte möglichst groß und scharf auf einem einfarbigen Hintergrund fotografiert werden. Bei Büchern nimmt man einfach das von eBay vorgeschlagene Bild. Niemals Bilder aus dem Internet oder von anderen Verkäufern verwenden, es könnten Copyright-Verletzungen von mehreren tausend Euro geltend gemacht werden!

- Gebühren
  Die Gebührenordnung ist einfach gehalten: Für Auktionen mit 1,– € Startpreis wird nur bei Verkauf eine Verkaufsprovision von 9 % fällig (max. 75,– €), die am Monatsanfang nach einer Online-Rechnung vom Girokonto abgebucht wird. Für Auktionen mit höheren Startpreisen oder »Sofort-Kaufen« werden Gebühren fällig; die Verkaufsprovision von 9 % vom Verkaufspreis kommt noch hinzu.
- Porto
  In Deutschland gibt es drei große Paketdienstleister: Deutsche Post, Hermes und DPD, die alle Vor- und Nachteile beim Paketverschicken haben. Für Päckchen und Warensendungen ist die Deutsche Post am besten geeignet. Waren- und Büchersendungen[61] sind besonders günstig, jedoch dauert der Versand länger als gewöhnlich. Der Umschlag darf nicht zugeklebt sein (Klammern) und muss die Aufschrift »Warensendung« bzw. »Büchersendung« tragen. Das Porto für Pakete und Päckchen ist online bis zu 1,– € günstiger. Wer häufig etwas verkauft, kommt um eine Briefwaage nicht herum. Eine gute Briefwaage, die bis 2 kg in Ein-Gramm-Schritten wiegt, gibt es schon ab 10,– €. Das investierte Geld kann sich bereits nach wenigen Verkäufen amortisiert haben, denn es passiert schnell, dass man für das Porto zu wenig berechnet.

61 www.deutschepost.de

Quoka / eBay Kleinanzeigen

Wenn Du größere Artikel (Möbel) kaufen / verkaufen möchtest, ist Quoka[62] oder eBay Kleinanzeigen[63] ideal: Hier kannst Du als Käufer die Artikel vor Ort ansehen und zahlst als Verkäufer keine Verkaufsgebühren.

Ähnlich wie auf eBay sind ein gelungener Text und schöne Fotos für einen erfolgreichen Verkauf entscheidend. Fotos lassen sich gleich mehrere kostenlos hochladen, was Du nutzen solltest. Versuche bei der Angabe von »VHB« (Verhandlungsbasis) den Preis zu drücken, auch beim »FP« (Festpreis) ist es einen Versuch wert.

Presse

Wer eine Zeitung, Zeitschrift oder ein Magazin abonnieren möchte, sollte vorher einen Blick auf die günstigeren Preise für Studenten[64] werfen. Die modernere Möglichkeit sind RSS-Feeds (☞ Abschnitt 5.4.1 auf Seite 233).

Viele Hochschulbibliotheken und Stadtbüchereien haben verschiedene Zeitungen, Zeitschriften und Magazine in ihrem Sortiment, die dort gelesen oder ausgeliehen werden können. Es gibt auch viele WGs, die sich aus Bequemlichkeit Zeitschriften abonnieren und sich die Kosten teilen. In ganz ausgefuchsten WGs melden sich die einzelnen Mitbewohner nacheinander bei gleichen / verschiedenen Zeitschriften für Probeabos an und kündigen, falls das Probeabo nicht automatisch ausläuft, gleich mit Erhalt der ersten Zeitschrift.

Spenden

Bereits als Student (und später zu der besser verdienenden sozialen Oberschicht angehörend) solltest Du Dir das Spenden angewöhnen:

---

62 www.quoka.de
63 http://kleinanzeigen.ebay.de
64 www.studentenpresse.com

1 % von Deinem monatlichen Einkommen kannst Du locker spenden, ohne dass Du es überhaupt bemerkst, was ca. 6,– € entspricht. Dies kann z.B. in Form einer Mitgliedschaft in einer wohltätigen Organisation erfolgen.

Eine Mitgliedschaft beispielsweise. bei Amnesty International[65] kostet für Studenten 30,– € pro Jahr (= 2,50 € pro Monat). Wer sich hier noch regelmäßig an Protestbriefen[66] beteiligt und 0,75 € für eine weltweite Briefmarke zahlt, hat schon viel getan. Mit einer Mitgliedschaft zum Studententarif in einer zweiten Organisation sind dann die 1 % erreicht. Wenn Du im Berufsleben bist, setzt Du die Beträge entsprechend höher. Um Dir die Übersicht über Deine Mitgliedschaften zu erleichtern, lasse den Betrag immer zum Dezember von Deinem Konto abbuchen.

2.4 Buchhaltung

Buchhaltung ist wichtig, um seine Finanzen nicht aus den Augen zu verlieren. Viele glauben, dass eine Buchhaltung mit einem hohen Aufwand verbunden ist. Im Computerzeitalter ist die Buchhaltung sehr einfach und auch für Laien problemlos durchführbar.

Wer seine Buchhaltung statt mit einem Buchhaltungsprogramm lieber mit einer Tabellenkalkulationssoftware (☞ Abschnitt 5.4.3 auf Seite 256) oder mit Stift und Papier machen möchte, der hat deutlich mehr Arbeit. In diesem Fall reicht es die regelmäßigen Einnahmen und Ausgaben zu notieren (BAföG, Nebenjob, Miete, Telefon, Versicherungen usw.) – so hast Du zumindest einen groben Überblick.

2.4.1 Das 1 × 1 der Buchhaltung

Mit der hier vorgeschlagenen (professionellen) Buchhaltung werden Einnahmen und Ausgaben verschiedenen Konten (Kategorien)

---

65 www.amnesty.de/mitglied-werden

66 Petitionsvorschläge finden sich z.B. auf www.eilpetitionen.de

zugeordnet. Bei diesem System taucht dann jeder Betrag zwangsläufig zwei Mal auf (Doppelte Buchführung).

Ein praktisches Beispiel: Du erhältst BAföG auf Dein Girokonto überwiesen. Das Geld buchst (ordnest) Du in das Konto »Girokonto«. Da es BAföG ist, buchst Du es auch in das Konto »BAföG«. Wenn Du 50,– € zum Geburtstag bar bekommen hast, buchst Du diesen Betrag in das Konto »Bargeld« und in das Konto »Geldgeschenke«. Damit weißt Du auch nach Jahren, woher das Geld kam (BAföG, Geldgeschenk) und wo es ist (Girokonto, Bargeld). Bei den Ausgaben ist es genauso: Du überweist 250,– € Miete von Deinem Girokonto. Der Betrag wird vom Girokonto abgezogen (steht dort drin als Miete –250,– €) und in das Konto »Miete« gebucht.

Was bringt Dir das für einen Nutzen? Du weißt wirklich immer, wie Dein aktueller Kontostand ist, ob gerade (zuviel) abgebucht wurde oder wie sich Deine Finanzen über die Jahre hinweg entwickelt haben.

Beispiel: Dir wird jährlich im Dezember die Privathaftpflichtversicherung vom Konto abgebucht. Klickst Du in das Konto »Privathaftpflicht«, siehst Du sofort die Beträge der letzten Jahre und bemerkst sofort, wenn etwas nicht stimmen sollte – das Suchen in Ordnern und Unterlagen entfällt. Gerade, wenn Du knapp bei Kasse bist, hilft Dir Buchhaltung bei der Überprüfung und Planung. Auch Sparpotentiale bei den Ausgaben lassen sich leichter erkennen.

Auf den ersten Blick scheint so eine Buchhaltung kompliziert zu sein, ist es aber nicht. Heute macht eine Buchhaltungssoftware sehr viel automatisch.

Hinweis

Den größten Fehler, den man machen kann, ist, seine eigene finanzielle Situation zu ignorieren. Auch wenn es noch so schlecht auf Deinem Konto aussieht, behalte stets die Einnahmen und Ausgaben im Auge!

2.4.2 Buchhaltungsprogramm: GnuCash

Mit dem kostenlosen Programm GnuCash[67] wird der Einstieg in die (private) Buchführung sehr einfach, aber auch die Buchführung für Kleinbetriebe lässt sich damit realisieren. GnuCash stellt somit schon mal eine optimale Vorbereitung für alle dar, die später als Selbstständige arbeiten möchten. Das Buchhaltungsprogramm ist für alle gängigen Betriebssysteme vorhanden, selbst eine portable Version für Windows existiert.

Mit GnuCash entfällt das lästige Aufschreiben und Berechnen von Einnahmen und Ausgaben (fast) vollständig – hierbei scheitern auch die meisten, weil man sich konsequent immer daran halten müsste: GnuCash ruft über Online-Banking Deine Girokontoumsätze (BAföG, Miete, Handy) ab und bucht sie in das Konto »Girokonto«, die dann Konten wie z.B. BAföG, Miete, Handy mit Mausklick zugeordnet werden (Doppelte Buchführung).

Tipp

Mit GnuCash wird die Buchführung kinderleicht. Du erhältst eine perfekte Übersicht über alle Einnahmen und Ausgaben. Das ermöglicht Dir eine realistische und langfristige Planung.

Konfiguration

Beim ersten Programmstart erscheint ein Assistent, mit dessen Hilfe Du alle für Dich relevanten Konten, z.B. Studium, Autobesitz usw., erstellst. Im Grunde kannst Du immer • Vor klicken, denn auch später lassen sich manuell Konten erstellen, umbenennen oder löschen. Am Schluss gibst Du Deiner Datei einen Namen, z.B. »Buchhaltungsdatei« und speicherst sie in einem neuen Ordner »Buchhaltung« ab.

Jetzt folgt der aufwendigste Teil, weil viele Banken den für die Online-Banking-Anbindung benötigten HBCI-Zugang stiefmütterlich auf ihrer Homepage erklären. Der HBCI-Zugang ist vergleich-

67 http://gnucash.org

bar mit der Konfiguration eines E-Mail-Programms mit Benutzername, Kennwort sowie IMAP / POP3-Zugangsdaten. Suche mit Google nach »HBCI *Bankname*«, aber investiere nicht zu viel Zeit in die Suche und schreibe der Bank notfalls eine E-Mail. Oft wird auf der Bankhomepage beispielhaft die Konfiguration einer anderen Software beschrieben, die hilfreich sein kann. Benötigt werden fünf Daten: Server-URL der Bank, Benutzername, Benutzerkennung, Kundennummer und HBCI-Version. Je nach Bank haben Benutzername, Benutzerkennung und Kundennummer unterschiedliche Bedeutungen.

Beispielhaft werde ich die Konfiguration anhand eines Kontos bei der comdirect-Bank durchführen, weil dort alle benötigten Daten einfach zu finden sind.

Mit Hilfe des Assistenten stellst Du die Anbindung zum Online-Banking her • WERKZEUGE • ONLINEBANKING EINRICHTUNG... • AQBANKING EINRICHTUNGS-ASSISTENTEN STARTEN. Im Register • BENUTZER • BENUTZER ANLEGEN • HBCI BACKEND USING AQHBCI • PIN / TAN EINRICHTEN. Es erscheint ein Fenster, in das Du Bankdaten (• BANKLEITZAHL *20041133* • BANKNAME *comdirect* • SERVER-URL *https://fints.comdirect.de/fints*) eingibst. Danach • BENUTZERNAME *Konto-Nr.* • BENUTZERKENNUNG *Zugangsnummer* • KUNDENNUMMER *leer lassen*. Dann stellst Du unter • ERWEITERTE EINSTELLUNGEN • HBCI-VERSION *3.0* ein. Es erfolgt ein Test, bei dem Du das Sicherheitszertifikat Deiner Bank akzeptieren musst und mehrmals mit Deiner PIN bestätigst. Die Einrichtung wäre damit abgeschlossen.

Nun ordnest Du die Online-Banking-Konten GnuCash-Konten zu: Klicke auf »Neu« und klicke Dich zu Deinem Girokonto durch. Beachte, dass bei vielen Banken zwei Online-Banking-Konten vorhanden sind: ein Girokonto und ein Sparkonto. Anhand der Kontonummer kannst Du sie unterscheiden, wenn Du sie GnuCash-Konten zuordnest. Speichere die Datei ab.

Von Deiner Datei erstellt GnuCash automatisch Backups, die sich dort befinden, wo auch Deine Datei ist. Die Einstellungen hierfür sind unter • BEARBEITEN • EINSTELLUNGEN • ALLGEMEIN • DATEI-

EN »Zeitintervall automatisch speichern« und »Logdateien aufbewahren«. Die Backups werden als Dateiname.xax.JJJJMMTThhmmss.xac gespeichert.

Nutzung

Wie genau Du Deine Buchhaltung in Zukunft führen möchtest, bleibt Dir überlassen. Je präziser Du sie führst, desto genauer, aber auch zeitaufwendiger wird sie.

Nachdem das Konto für Online-Banking eingerichtet ist, wird es Zeit, die Kontoumsätze abzufragen. Klicke auf Dein Girokonto, dessen Umsätze Du abfragen möchtest, dann auf • AKTIONEN • ONLINE AKTIONEN • ABFRAGE KONTOUMSÄTZE... Es öffnet sich ein Fenster, in dem Du den Zeitraum der Abfrage festlegen kannst. Bei der ersten Abfrage wählst Du • FRÜHESTES MÖGLICHES DATUM, das i.d.R. 180 Tagen entspricht, und bis • JETZT. Bei allen späteren Abfragen ist • LETZTES ABRUFDATUM die Voreinstellung. Nach • OK wirst Du aufgefordert Deine PIN einzugeben. Es empfiehlt sich, • PIN MERKEN zu aktivieren, dann musst Du in Zukunft immer nur noch ein Mal die PIN eingeben, statt drei Mal. Im erscheinenden Pop-Up Fenster musst Du das Zertifikat Deiner Bank akzeptieren. Anschließend werden alle Deine Kontoumsätze abgefragt und falls neue Umsätze vorhanden sind, werden diese in einem neuen Fenster aufgelistet. Bei Doppelklick auf einen Umsatz kannst Du dieses einem Konto zuordnen, was sich GnuCash für die Zukunft merkt, d.h. wenn später dieser Umsatz (z.B. Miete) wieder erscheint, wird er automatisch dem richtigen Konto zugewiesen (z.B. Wohnung).

Damit die automatische Zuordnung zuverlässig klappt, aktiviere • BEARBEITEN • EINSTELLUNGEN • ONLINE BANKING • BAYES-ALGORITHMUS VERWENDEN.

Mit den bisherigen Schritten hast Du alle Umsätze Konten zugeordnet, Dein Kontostand in GnuCash stimmt jedoch nicht mit dem Deiner Bank überein, da Dein Anfangskontostand 0,– € beträgt. Du musst also einen Anfangsbestand angeben, von dem GnuCash alle Kontoumsätze verrechnet. Der Anfangsbestand berechnet sich: *Kontostand – GnuCash-Kontostand.*

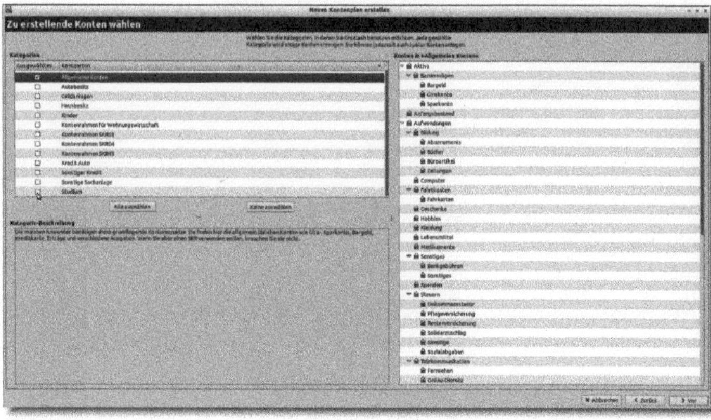

Abbildung 2.1: GnuCash bietet einen hervorragenden Assistenten zur Kontenerstellung.

Beispiel: Dein Kontostand beträgt real 5,– €, das GnuCash-Konto zeigt −8,– € an. Anfangsbestand: 5 − −8 = 13,– €. Trage den Anfangsbestand von Hand in das entsprechende Konto, setze als Datum das früheste und buche es in das Konto »Anfangsbestand«.

Umsätze im Girokonto, die Du keinem Konto zuordnest, landen zusätzlich entweder in »Ausgleichskonto« bzw. in »Ausbuchungskonto«. Das Ausgleichskonto bzw. Ausbuchungskonto sind im Grunde virtuelle Konten, die benötigt werden, damit das Prinzip der Doppelten Buchführung erfüllt wird. Buchungen, die Du keinem Konto zugeordnet hast, findest Du deshalb in diesen Konten. Beispiel: Dein BAföG-Geldeingang ist in »Girokonto« und auch in »Ausgleichskonto« verbucht. Gehe auf »Girokonto« und ordne es im Dropdown-Menü dem Konto »BAföG« in den Erträgen zu. Es verschwindet dann aus dem Ausgleichskonto. Das gleiche passiert mit den Ausgaben in »Ausbuchungskonto«.

Viele Anfänger verwirrt diese Tatsache: Löschst Du eine Buchung – egal aus welchem Konto (doppelte Buchführung) – ist sie aus beiden Konten verschwunden! Buchungen, die Du falsch zugeordnet hast, korrigierst Du, indem Du Zuordnung in dem Konto, wo das Geld eingegangen ist (Girokonto, Bargeld, Zinsen für Sparbuch usw.) änderst und nicht, indem Du sie löschst. Notfalls musst Du erneut Deine Kontoumsätze mit dem »Frühestes mögliches Datum« abfragen und neu zuordnen – den Button »rückgängig machen« gibt es leider (noch) nicht.

Tipps. An dieser Stelle erhältst Du einige Tipps, die Dir den Einstieg in die Buchführung mit GnuCash erleichtern:

- statt am Geldautomaten abgehobene Beträge unter Bargeld einzuordnen und jede kleine Ausgabe (z.B. Kaffee) davon abzuziehen, reicht es für den Anfang, unter »Aufwendungen« ein Konto »Nicht erfasste Ausgaben« anzulegen und abgehobene Geldbeträge diesem Konto zuzuordnen.
- Artikel mit Garantie möglichst mit EC-Karte kaufen, da der Kontoauszug als Zahlbeleg gilt. Möchtest Du später wissen, ob noch Anspruch auf Garantie besteht, musst Du nicht lange in Rechnungen wühlen, sondern findest es gleich im passenden GnuCash Konto.
- jedem Umsatz kannst Du Bemerkungen hinzufügen: • Ansicht • Bemerkungen anzeigen, die sich ebenfalls mit Hilfe der Suchfunktion schnell finden lassen.
- mehrteilige Buchungen sind möglich. Beispiel: Dir wird ein einziger Betrag (18,– €) für einen Einkauf abgebucht, bei dem Du ein Buch (7,– €) und etwas für die Wohnung (11,– €) gekauft hast. Den Betrag für das Buch und für die Wohnung kannst Du jeweils dem zugehörigen Konto »Bücher« und »Wohnung« zuordnen, wenn Du mehrteilige Buchung aktivierst • Aktionen • Mehrteilige Buchung. Jetzt nicht verwirren lassen: Die Spalte »Einnahmen« wird dann zu »Gesamteinnahmen« und »Ausgaben« zu »Gesamtausgaben«. Wenn Du in die Spalte »Gesamtausgaben« klickst, wird sie (irritierenderweise) zu »Abhebung«. Der Betrag von 18,– € erscheint dann bei Abhebung, eine Zeile darunter bei Einzahlung und noch mal eine Zeile darunter wieder bei Abhebung. Neben Einzahlung, also in die Spalte Abhebung, trägst Du den Preis von 7,– € für das Buch ein und bestätigst

mit der Return-Taste. Der Betrag steht anschließend in der Spalte Einzahlung, während sich darüber der Betrag automatisch auf die Differenz von 11,– € verkleinert hat. Beide Beträge kannst Du nun den entsprechenden Konten zuweisen. Hat Deine Buchung mehr als zwei Teilbuchungen, so musst Du die Beträge erst entsprechenden Konten zuweisen, bevor Du Dich an die dritte, vierte ... Buchung machst.

- Berichte

Berichte sind Zusammenfassungen von Konten. Ein praktisches Beispiel soll den hohen Nutzen verdeutlichen.

Für Deine Steuererklärung brauchst Du Deine Werbungskosten, worunter z.B. unter anderem alle Deine Kosten für Fachliteratur, Berufskleidung und Bürobedarf fallen, für die Du jeweils ein Konto in GnuCash hast. Du möchtest eine Übersicht über alle Ausgaben haben, von denen der Finanzbeamte jeden Posten abhaken kann und nichts vergessen wird. Die Quittungen (☞ Abschnitt 2.4.3 auf der nächsten Seite) liegen strukturiert bei.

Einen neuen Bericht erstellst Du wie folgt: • BERICHTE • BUCHUNGSBERICHT ein leerer Bericht wird angezeigt • BERICHTSOPTIONEN ÄNDERN. Nun kannst Du folgende Einstellungen vornehmen: Im Reiter • ALLGEMEIN • BERICHTSNAME *Werbungskosten letztes Jahr* • ANFANGSDATUM *Anfang des vorherigen Jahres* • ENDDATUM *Ende des vorherigen Jahres.* Wähle nun im Reiter • KONTEN alle relevanten Konten aus. Aktiviere unter • ANZEIGE z.B. Datum, Beschreibung, Buchungstext, Bemerkung, volle Kontobezeichnung des Gegenkontos benutzen, Betrag: »Einzel«, Gesamtsumme und Vorzeichenumkehr: »Habenkonto«. Wähle dann im Reiter • SORTIEREN Primärschlüssel: Kontobezeichnung, Primärschlüssel mit Zwischensumme, Hauptsortier-Reihenfolge: Aufsteigend, Sekundärschlüssel: Datum, Sekundäre Zwischensumme für Datumsschlüssel: Keine und als Sekundäre Sortierreihenfolge: Aufsteigend. Dann • OK und schließlich auf das Symbol für Speichern klicken.

Um den Bericht zu nutzen, klicke auf • BERICHTE • BENUTZERDEFINIERTE BERICHTE wähle *Werbungskosten letztes Jahr* und • ERSTELLEN.
Berichte kannst Du für alles Mögliche erstellen: Deine Steuer (z.B. Sonderausgaben, Außergewöhnliche Belastungen), Monatsausgaben, spezielle Ausgaben (Lebensmittel, Versicherungen) usw.

2.4.3 Rechnungen und Belege

»Wo war die Rechnung für den Mixer?« »Ist da noch Garantie drauf?« »Wo sind die Unterlagen für das Finanzamt?« Hier gibt es eindeutig Optimierungspotential!

Wie gehst Du mit Kassenzetteln und Belegen am klügsten um? Lediglich ein kleiner Teil aller Rechnungen ist relevant. Wichtig sind nur die, die für Garantieleistungen oder das Finanzamt[68] von Bedeutung sind. Diese sammelst Du in einer Schublade. Am Ende eines jeden Monats klebst Du die wenigen Belege chronologisch auf je ein gelochtes DIN A4 Blatt für steuerrelevante bzw. private Ausgaben, notierst Dir ganz oben als Überschrift Jahr und Monat. Etwas darunter kannst Du eine kurze Zusammenfassung von den Belegen schreiben (z.B. Briefmarken). Das Blatt sieht am Computer vorbeschriftet ordentlicher aus. Diese Seite kannst Du nun in einem Ordner »Rechnungen« mit 12 Registern für das aktuelle Jahr ablegen.

Dank einer Buchhaltung geht die Steuererklärung um Welten schneller: Mit GnuCash kannst Du z.B. alle relevanten Konten für »Werbungskosten« auswählen und Dir einen Bericht (Übersicht) für das steuerrelevante Jahr ausgeben. Diesen Bericht ausdrucken und mit Deinen Monatszusammenfassungen mit den aufgeklebten Belegen Deiner Steuererklärung anhängen. Für Rechnungen, die von Deinem Konto abgebucht wurden, benötigst Du ausgedruck-

---

68 Was sich von der Steuer absetzten lässt, ist auf vielen Internetseiten beschrieben und wird in diesem Buch nur rudimentär behandelt. Früher oder später, spätestens mit dem Berufseinstieg, solltest Du Dich damit beschäftigen.

te Kontoauszüge, die Du aber dank des Berichts schnell in Deinem Kontoheft finden kannst. Der Finanzbeamte orientiert sich am Bericht und braucht dann lediglich die einzelnen Rechnungen abzuhaken.

3 Wohnen und Leben als Student

3.1 Wohnformen

Nach dem Auszug aus dem Elternhaus musst Du Dich entscheiden, wie Du wohnen möchtest. Im Grunde gibt es zwei Möglichkeiten: Du wohnst alleine oder mit anderen zusammen. Beides hat Vor- und Nachteile – eine Orientierungshilfe gibt Dir dieses Kapitel.

3.1.1 WG

Die klassische Wohngemeinschaft (WG) ist die typische Wohnform eines Studierenden schlechthin – die meisten entscheiden sich für das Leben in einer Wohngemeinschaft.

Das WG-Leben bietet viele Vorteile: Man ist nicht allein, kann sich jederzeit mit Mitbewohnern austauschen, im Krankheitsfall Besorgungen füreinander erledigen oder man teilt sich Aufgaben im Haushalt.

Abgesehen von den sozialen Vorteilen entscheiden sich viele auch aus finanziellen Gründen für eine WG: In erster Linie wären die monatlich geringeren Fixkosten zu nennen (Telefon und Internet, Strom, Gas, Heizung), die, durch die Anzahl der WG-Mitbewohner geteilt, deutlich sinken. Auch Neuanschaffungen, wie z.B. Kühlschrank oder Waschmaschine, sind so für den Einzelnen ohne höhere finanzielle Belastungen realisierbar. Ebenso wirken sich kleinere Posten wie z.B. Putzmittel, Öl, Essig oder Handseife auf Dauer positiv auf den Studentengeldbeutel aus.

Als ich das erste Mal in eine WG, eine 6er-WG(!), zog, hatte ich noch sehr viele Vorurteile und Bedenken: Wird es ruhig? Wie steht es mit der Hygiene (Küche, WC, Bad)? Hat man überhaupt eine Privatsphäre oder kommt jede Minute ein redseliger Mitbewohner und will sich unterhalten? Wird es eine Schlange vor WC und Bad geben? Fast keine dieser Bedenken haben sich bewahrheitet: Die WG war recht ruhig, fast alle ordentlich und weil jeder einen anderen Tagesablauf hatte, gab es auch praktisch nie Probleme mit Bad und WC. Eine Lebenserfahrung, die jeder Student machen sollte!

Um die typischen WG-Knackpunkte des gemeinsamen Lebens gleich anzusprechen: Der laxe Umgang mit Ordnung, Sauberkeit, Rücksicht und Einhaltung von Regeln führen in praktisch allen WGs zu Unmut. Um genau diese Probleme zu vermeiden, lautet mein Rat: Erfülle Deine Aufgaben und halte Dich an die Regeln! So einfach ist die Lösung der größten WG-Probleme. Immer gleich das Geschirr spülen und wegräumen. Alles zurück an seinen Platz stellen. Putzplan beachten. Lärmpegel gering halten und evtl. bei (lauter) Musik (Funk-)Kopfhörer benutzen. Mit diesen wenigen Maßnahmen wirst Du selbst garantiert nie zum Problemmitbewohner und kannst Dich bei WG-Sitzungen entspannt zurücklehnen.

Wenn Du Dich für eine WG entscheidest, dann solltest Du Dir beim Vorstellungstermin auf jeden Fall die potentiellen Mitbewohner ganz genau anschauen. Es gibt einige Bewerber, die nur aufgrund des schönen Zimmers / Wohnung oder aus Zeitdruck unbedingt in die WG möchten und den Mitbewohnern kaum Beachtung schenken – das ist ein großer Fehler, denn die Mitbewohner sind für eine harmonische Atmosphäre und das persönliche Wohlbefinden mitentscheidend: Bist Du eher der ordentliche und ruhige Typ, so solltest Du chaotische Party-WGs meiden. Bist Du chaotisch und sehr gelassen, glaube nicht, dass der Einzug in eine ordentliche und strukturierte WG Dir genau diese Eigenschaften beibringen wird. Hier musst Du unbedingt ehrlich zu Dir selbst und zu Deinen zukünftigen Mitbewohnern sein: Hast Du Bedenken oder ein komisches Gefühl, sage es offen und kläre alles, bevor Du einziehst.

Es gibt einige WGs, die ein richtiges Vorstellungsgespräch, ähnlich wie bei einer beruflichen Bewerbung, durchführen: Eigene Stärken / Schwächen aufzählen lassen, die Bewerber unter Stress setzen und Reaktionen beobachten oder mehrere Bewerber gegeneinander argumentieren lassen. Manche WGs lassen auch zu ihrer Unterhaltung die potentiellen Mitbewohner total verrückte und peinliche Aufgaben machen ... Wem WGs mit solchen Auswahlmethoden nicht zusprechen, sollte am besten gleich gehen.

Möbel

Die meisten Studierenden werden viel häufiger umziehen, als sie anfangs glauben: Mindestens zweimal (eher zwei- bis sechsmal) die Bleibe zu wechseln, ist nichts ungewöhnliches. Deshalb solltest Du bei der Möblierung beachten, dass möglichst keine überflüssigen und sperrigen Stücke gekauft werden (perfekt wäre es, wenn Dein ganzes Hab und Gut in einen normalen Pkw passen würde), der Aufbau schnell und einfach geht und die Möbel günstig sind (Umzugsschäden). In Anbetracht dieser Kriterien benötigt ein Studierender für sein WG-Zimmer:

- 1 Zimmerlampe, die ohne Bohren befestigt wird (Lampionlampe)
- 1 großes Bett
- 1 Kleiderschrank
- 1 großen Schreibtisch
- 1 Rollcontainer
- 1 hohes Bücherregal
- 1 Bürostuhl
- 2–4 Klappstühle für Besuch
- 1 Nachttisch
- 1 Schreibtischlampe
- ca. 10–15 Profiumzugskartons von höherer Qualität

Einige Möbel können ruhig ganz einfach und billig sein und müssen lediglich ihren Zweck erfüllen, bei anderen ist es besser, mehr Geld auszugeben (auch wenns weh tut). Nicht sparen solltest Du z.B. beim Bett: Es sollte groß genug für zwei Personen sein, denn früher oder später kommt der / die FreundIn hinzu. Der Lattenrost und die Matratze sollten von hoher Qualität und aufeinander abgestimmt sein, schließlich verbringt man durchschnittlich acht Stunden pro Tag im Bett. Die Liegefläche der Matratze am besten alle drei Monate wenden (sofern es keine spezielle Sommer- / Winterseite gibt), sowie Fuß- und Kopfseite tauschen, damit die Elastizität erhalten bleibt. Bei dieser Aktion auch die Matratzenschonbezüge waschen, um die Anzahl der Milben zu reduzieren. Matratzenschoner können nachträglich gekauft werden und sind praktisch, wenn sich der Matratzenbezug nicht über einen Reißverschluss abnehmen lässt. Der Bürostuhl kann ebenfalls teurer sein und sollte bequem genug sein, um Dir Arbeiten über längere Zeit hinweg ohne Rückenschmerzen zu ermöglichen.

Praktische Zimmergestaltung

Ein sauberes und ordentliches Zimmer hat viele freien Flächen, die sich schnell und einfach reinigen lassen, sowie geschlossene Schubladen und Boxen, die ihren Inhalt vor Staub schützen (☞ Abschnitt 3.3 auf Seite 158).

Aus sechs Holzteilen, die Du im Baumarkt kostenlos auf Maß sägen lassen kannst, lässt sich eine multifunktionelle Holzbox mit Deckel schrauben: Stauraum und Sitzgelegenheit für wenig Geld. Innen auf den abnehmbaren Deckel befestigst Du Holzreste, damit der lose Deckel nicht verrutscht.

3.1.2 Studentenwohnheim

Du kannst mit Deiner Hochschulbewerbung bzw. nach der Zusage Deiner Hochschule auf einen Studienplatz einen Antrag auf einen Studentenwohnheimplatz stellen. Wohnheimplätze sind häufig die kostengünstigste Möglichkeit zu wohnen, aber oft zeitlich begrenzt, meistens auf maximal 4–6 Semester.

In Wohnheimen gibt es i.d.R. ein stetiges Kommen und Gehen von Mitbewohnern. Es ist recht lebhaft, was nicht nur nachteilig sein kann. Man lernt sehr schnell sehr viele Menschen kennen und muss sich eigentlich um nichts kümmern: Internet, Strom, Heizung, Möbel … fast immer ist alles im Preis inbegriffen – finanzielle Überraschungen gibt es keine.

Studentenwohnheime sind unterschiedlich ausgestattet: In manchen hat jedes Zimmer eine eigene Dusche oder zumindest ein Waschbecken, in anderen gibt es Duschen für eine Etage. Genauso große Unterschiede gibt es beim Inventar: Zimmer gibt es von unmöbliert bis möbliert z.T. inklusive Matratze. Einige Wohnheime sind wie Wohnhäuser mit kleineren selbstständigen Wohnungen aufgebaut, in denen man z.B. mit zwei anderen zusammen lebt, in anderen sind Zimmer neben Zimmer.

Familien / Pärchen können sich für Wohnungen des Studentenwerks bewerben. Diese Wohnungen liegen gewöhnlich unter den üblichen Mieten. Nicht selten ist auch eine Kita in der Nähe.

Du kannst Dich auf den Internetseiten der Wohnheimsverwaltung über die jeweiligen Wohnheime informieren und bei der Bewerbung um einen Wohnheimplatz oft Präferenzen setzen, wo Du am liebsten einziehen möchtest. In manchen WG-ähnlichen Wohnheimen bewirbst Du Dich direkt in der WG, benötigst aber eine Berechtigung für einen Wohnheimplatz.

3.1.3 Eigene Wohnung

Die eigene Wohnung stellt die teuerste Wohnform dar. Auch müssen meistens Möbel gekauft werden. Wenn man viel Inventar hat, wird es schwer, flexibel zu bleiben: Wohin mit allem, wenn das Auslandssemester ruft? Zwischenvermieten? Wie geht der andere dann mit all den Sachen um?

Beim Einzug erhältst Du Strom und Gas vom lokalen Lieferanten – ein Wechsel kann Dir durchaus viel Geld sparen. Auch bei Internet und Telefon ist Sparpotential vorhanden (☞ Abschnitt 2.3.1 auf Seite 108).

Einer Freundin von mir wurde ein Gartenhäuschen mit einem Holzofen als Wohnung angeboten: WC und fließend Wasser würden sich im Haus befinden ... Vorsicht vor sexueller Belästigung!

> **Hinweis**
>
> Egal, wie schlimm Deine Wohnsituation im Moment scheint: Lass Dich **niemals** auf unseriöse Angebote ein!

Wenn Du handwerklich geschickt bist, könntest Du evtl. mit dem Vermieter verhandeln und für eine mehrmonatige Mietfreiheit bzw. dauerhafte geringere Miete Renovierungsarbeiten durchführen. Manchmal lässt sich die Miete senken, wenn Du z.B. Hausmeistertätigkeiten übernimmst.

Mietvertrag

Achte beim Mietvertrag darauf, dass es sich um einen Standardmietvertrag aus dem Internet / Schreibwarenladen handelt. Bei einer »Eigenkreation« musst Du ganz besonders aufpassen und genau lesen. Lass Dich auf keine Deals mit Deinem Vermieter an – vor allem auf keine Mündlichen!

Mit Deiner Unterschrift auf dem Mietvertrag verpflichtest Du Dich auch, die Hausordnung einzuhalten. Dazu gehört z.B. das Rausstellen der Mülltonnen, das Kehren des Bürgersteigs und die Räum- und Streupflicht bei Schnee. Bei Missachtung kann es, neben dem Unmut der anderen Mieter, zu Sanktionen und bei Unfällen zur Haftung kommen.

Die Kündigungsfrist beträgt i.d.R. drei Monate. Ins Reich der Legenden gehört die Möglichkeit, dem Vermieter drei Nachmieter vorzuschlagen, um auch kurzfristig aus dem Mietvertrag herauszukommen.

Möblierung

Planst Du, eine eigene Wohnung zu mieten, darfst Du nicht vergessen, dass meistens noch einige Umzüge in den nächsten Jahren folgen werden – nur eine Minderheit wird nicht umziehen! Aus diesem Grund ist es ratsam, nur gebrauchte / günstige Möbel (☞ Abschnitt 2.3.5 auf Seite 132) für die Wohnung zu verwenden – teure, sperrige Stücke am besten ganz meiden!

Hin und wieder kommt es vor, dass Wohnungen überhaupt keine Küche haben. Hier wird erwartet, dass der Mieter selbst eine (Einbau-) Küche kauft. Aufgrund der Kosten lohnt sich dieser Schritt nur, wenn Du dort sehr lange wohnst. Beim Auszug kannst Du für die Küche eine Ablöse (einmalige Zahlung) verlangen.

3.1.4 Weitere Wohnmöglichkeiten

Auch Verbindungen / Burschenschaften (freie, politische, religiöse) bieten Zimmer an, die extrem günstig sind. Um an diese Zimmer zu gelangen, musst Du der Verbindung beitreten.

Gerade die rechtsorientierten Burschenschaften werden regelmäßig in der Presse erwähnt und verdecken die vielen anderen, die nichts mit Politik zu haben, z.B. katholische oder alternative Verbindungen. Die Entscheidung zum Beitritt in eine Verbindung sollte nicht allein aufgrund der günstigen Miete getroffen werden, man sollte sich auch mit den Inhalten identifizieren können.

Manchmal liest man, dass die Verbindung »schlagend« ist, d.h. sie veranstalten die Mensur (Akademisches Fechten / Duellieren). Die Mensur ist nur bei den wenigsten Verbindungen Pflicht und wird meistens auch nur der Tradition halber einmalig durchgeführt.

Aufgrund des hohen Gruppenzusammenhalts und der vielen Kontakte in Wirtschaft und Politik besteht ein dichtes Netzwerk, sodass viele direkt nach ihrem Abschluss einen Arbeitsplatz über Beziehungen finden.

3.2 Ausziehen

3.2.1 Wohnungssuche

Studierende können nach Zimmern / Wohnungen grundsätzlich im privaten Bereich oder im Studentenwerk suchen, wobei Du für Letzteres normalerweise einen Antrag stellen musst.

Bevor Du Dich blind auf alles Mögliche bewirbst, solltest Du kurz nachdenken, wo Dein neues Zuhause sein soll und was Du als Minimalanforderungen überhaupt brauchst (Wohnlage).

Du kannst an Aushängen an der Hochschule (meist in der Mensa) viele Angebote finden, im Internet suchen oder eine Suchannonce aufgeben (nur bei hohem Wohnungsangebot bei geringer Nachfrage sinnvoll). Die allergrößten Chancen, eine Bleibe zu finden, hast Du auf verschiedenen Internetseiten. Das beliebteste Portal für WG-Zimmer und Wohnungen ist wg-gesucht[69]. Wenn Dich ein Angebot interessiert, rufst Du an, schreibst eine E-Mail oder am besten beides. Einige Hochschulen bieten eine Zimmer- und Wohnungsverwaltung an, in der freie Objekte in einer Datenbank für Studierende geführt werden. Häufige Abkürzungen sind in ☞ Tabelle 3.1 auf der nächsten Seite erklärt.

Wohnlage

Mit der passenden Lage kannst Du viel Zeit sparen! Achte auf eine gute Infrastruktur: Was befindet sich alles in der Nähe?

- Einkaufsmöglichkeiten (Discounter)
- Bus- / Bahn-Haltestelle zur Hochschule
- Freizcitmöglichkeiten
- Lautstärke (Hauptstraße, Gleise)
- Post
- Ärzte
- Apotheke

---

69 www.wg-gesucht.de

Tabelle 3.1: Die häufigsten Abkürzungen bei Wohnungsanzeigen.

Abkürzung	Bedeutung
WM / BWM	Warmmiete / Bruttowarmmiete
KM / NKM	Kaltmiete / Nettokaltmiete
NK	Nebenkosten
2 MM KT	2 Monatsmieten Kaution
HZK	Heizkosten
EBK	Einbauküche
Pantryküche / Kochnische	Miniküche aus Spüle + Herdplatten
TG	Tiefgarage
Ga.-Ant.	Gartenanteil zur Benutzung
DB oder D´Bad	Dusche
BW oder BaWa	Badewanne
Abl.	Ablöse = einmalige Zahlung (z.B. für die EBK)
»ruhige Wohngegend«	nächster Supermarkt kilometerweit entfernt
»interessanter Schnitt«	viele Schrägen und Winkel
»gut erhalten«	schon recht alt

3.2.2 Bewerbungen und Vorstellungsgespräche

Wie soll eine »Bewerbung« für ein WG-Zimmer / Wohnung aussehen? Deine E-Mail sollte auf jeden Fall kurz, persönlich und ehrlich sein, denn schließlich müssen die anderen entscheiden, ob Du in die WG passt oder nicht. Bei Bewerbungen für eine Wohnung spielt das weniger eine Rolle.

Deine E-Mail muss auf die Annonce bezogen geschrieben sein – Kettenmails, die auf jede WG-Anzeige zutreffen, sind nichts wert! Verwende die Schlagwörter aus dem Angebot und baue sie in Deinen Text ein. Auch sollten persönliche Angaben, wie der Grund des Einzugs (Studium, Praktikum), Alter, Gewohnheiten (Musikinstrument, Wochenendheimfahrer), Haustiere, Hobbys usw. erwähnt werden. Ein Anruf ist ganz wichtig, weil es einen persönlichen Kontakt schafft, den Du mit einer E-Mail weiter festigst. Es ist eigentlich egal, ob Du zuerst anrufst oder schreibst.

Hinweis

Wenn Du zum »Casting« eingeladen wirst, werden alle Anwesenden aufgrund des kurzen Eindrucks auf Deine ganze Person schließen. Sei wie Du bist! Es wäre ein Fehler, wenn Du Dich verstellen würdest und sich erst später herausstellt, dass Du gar nicht in die WG passt.

Gerade bei Bewerbungen in WGs kannst Du Dir sicher sein, dass, wenn Du in die engere Wahl gekommen bist, Deine E-Mail auch von mehreren WG-Mitbewohnern gelesen wird. Oft werfen sie auch einen Blick in Facebook, um ein genaueres Bild von Dir zu bekommen.

Damit Du die Übersicht über Deine Anfragen nicht verlierst, erstelle Dir eine Liste im Querformat mit den Spalten: Anzeigennr.[70], kontaktiert (Datum, Art[71]), m^2, Miete + NK, Kaution, Anschrift, Kontaktperson, Handy / E-Mail, Besichtigungstermin und Besonderheiten.

70 Angabe findet sich in wg-gesucht ganz unten
71 E-Mail, Telefon

Sicherlich wirst Du zu mehreren Vorstellungsgesprächen eingeladen und musst unter Umständen weit reisen. Klug ist es, wenn Du die Vorstellungen zeitlich so einrichtest, dass Du gleich mehrere WGs auf einmal besichtigen kannst.

Oft sind Zimmerbesichtigungen kurzfristig möglich. Vor Ort zu sein verschafft Dir einen zeitlichen Vorteil gegenüber der Konkurrenz – evtl. solltest Du ein Zimmer in einer Jugendherberge nehmen.

Ich musste leider oft erleben, dass trotz der Aussage, dass auch ein späterer Besichtigungstermin kein Problem sei, das Zimmer kurze Zeit später doch vergeben war. Leider kommt es auch vor, dass sich einige überhaupt nicht die Mühe machen, zu sagen, dass ein neuer Mitbewohner bereits gefunden wurde. Dieser Umstand kommt erst ans Licht, wenn man selbst anruft und nachfragt. Wenn Du jemals selbst einen Mitbewohner suchst, erstelle Dir eine Liste ähnlich wie oben. Trage dort alle Kandidaten ein und teile ihnen nach Vergabe mit, dass das Zimmer vergeben ist – soviel Anstand muss sein!

3.2.3 Umzug

Ein Umzug ist eine recht stressige Angelegenheit. Je besser der Umzug geplant ist, desto entspannter wird er ablaufen. Die Organisation ist der entscheidenste Parameter!

Ein Umzug bleibt mir bis heute noch in Erinnerung: Ein Freund von mir ist zwei Ortschaften weiter gezogen. Seine Frau konnte nichts Schweres tragen und passte auf ihr Kleinkind auf. Sie sagte zwar immer, dass sie nicht viel tun könne, hatte aber schon Wochen vorher den Umzug perfekt geplant. Viele Umzugskartons waren bereits gefüllt, die Reihenfolge des Ab- und Aufbaus der Möbel durchdacht und ein Parkverbot stand auch schon vor dem Haus. Das war der bestorganisierteste und einfachste Umzug meines Lebens und wir waren nur zu zweit!

Planung

Das Allererste, das Du tun solltest, wenn Dein Umzugstermin feststeht, wäre, eine persönliche E-Mail an mindestens zehn zuverlässige Freunde / Familienmitglieder / Bekannte zu schreiben und sie um Hilfe für den Umzug zu bitten. Dann steht die Kündigung des aktuellen Festnetz-, Strom- und Gasanbieters an. Bei der Stadt kannst Du meist ab 10,– € ein temporäres Parkverbotsschild für den Umzug beantragen, das mindestens 72 Stunden vorher aufgestellt sein muss – wer dann noch parkt, wird auf Kosten der Stadt abgeschleppt. Alternativ kannst Du jemanden fragen, der sein Auto als Platzhalter für den Umzugswagen vor das Haus stellt.

Die grobe Anzahl von Umzugskartons lässt sich über die Wohnfläche ermitteln: 1 m^2 entspricht einem Umzugskarton. Die Kartons sollten von hoher Qualität sein, zur Not gehen auch kostenlose »Bananenkartons« aus dem Supermarkt. Auch wenn es noch so verlockend ist, fülle nichts in Plastiktüten oder Körbe: Der Inhalt wird beim Transport rausfallen und den Umzug verzögern.

Beim Einpacken der Kartons geht meistens viel Zeit verloren, weil man lang vermisste Gegenstände wiederfindet, irgendwelche Dinge zu sortieren versucht oder anfängt, in Erinnerungen zu schwelgen. Mit Helfern, die einem beim Einpacken zur Seite stehen, läuft das Ganze deutlich schneller ab.

Tipp

Kartons nie zu schwer befüllen! Lieber ein paar halbvolle leichte, als einen vollen zu schweren Karton, den niemand tragen möchte und der unten durchbricht.

Die Reihenfolge des Einpackens ist relativ strukturiert: Der Inhalt von einem Möbelstück nach dem anderen wird sorgfältig in Kartons verstaut. Damit man später den Überblick über den Inhalt behält, werden alle Kartons auf allen Seiten mit einem dicken Marker mit einer Nummer versehen. Nun druckt man eine Tabelle mit vier Spalten aus, die jeweils als Tabellenkopf »Nr.«, »Inhalt«, »Bestimmungsort« und »Hinweis« tragen. Die erste Spalte wird gleich am Computer fortlaufend durchnummeriert. Von Hand trägt man später beispielsweise in die zweite Spalte »Küchenschrank Fächer 1–3«, in die dritte Spalte als Bestimmungsort »Küche« und als Hinweis »zerbrechlich«. Mit dieser Vorgehensweise lassen sich die Kartons problemlos für zukünftige Umzüge wiederverwenden, für die man lediglich eine neue Tabelle braucht.

1–4 Kartons werden besonders wichtig sein, weil Du deren Inhalt sofort nach dem Umzug brauchst. Diese Kartons werden zusätzlich zur Nummer mit einem großen Ausrufezeichen versehen, um sie leicht zugänglich über die anderen Kartons zu stapeln. In einen dieser Kartons kommen Lampen, Werkzeuge, Müllsäcke, gelbe Säcke, Malerutensilien und Putzmittel rein, sowie Verbandsmaterial und Badartikel (Handtücher, Seife, Klopapier). Der zweite Karton enthält Bettzeug und Kleidung für eine Woche. Der dritte Karton wird mit wichtigen Unterlagen für die Hochschule und Büromaterial, einschließlich Notebook und Zubehör, befüllt. Nicht zu vergessen ist auch ein Karton mit Essen und Getränken für die Helfer.

In halbvolle Kartons solltest Du niemals irgendwelche Dinge hineintun, die nicht zum Inhalt passen, z.B. in den Karton vom Bücherregal Badartikel hinzufügen. Solch ein Chaos verlängert das spätere Einräumen deutlich, da diese Kartons nach dem ersten Blick hinein gleich wieder geschlossen und auf später verschoben werden. Das bedeutet, dass sie vorerst liegen bleiben und so die ganze Zeit im Weg stehen werden.

Werkzeug

Mit einem kleinen Werkzeugkasten (40 cm), der mit einigen Multifunktionstools gefüllt ist, lassen sich eigentlich alle Arbeiten erledigen, die für einen Studierenden anfallen.

- 1 Ratschen-Schraubendreher[72] (im Griff 8 Doppelbits, die 16 Werkzeuge ersetzen)
- 1 Spannungsprüfer
- 1 Schlosserhammer (100 Gramm)

---

72 www.westfalia.de

- 2 Rollgabelschlüssel (ersetzt mehr als ein Dutzend Maulschlüssel)
- 1 Rohrzange
- 1 Kombizange
- Innensechskantschlüssel-Set (Inbus)
- 3 Reifenheber + 1 Fahrradreparaturset
- 1 Ölfilterschlüssel (öffnet runde Verschlüsse: Siphon, Gurkenglas ...)
- 1 Perlatorschlüssel[73] aus nicht zerkratzendem Kunststoff
- 1 Teppichmesser
- 1 kleine Wasserwaage
- 1 Maßband (mind. 2 m)

Bei einem Umzug brauchst Du meistens noch ein paar zusätzliche Werkzeuge, die Du Dir ausleihen kannst: Eine (Schlag-)Bohrmaschine, zwei Akkuschrauber, eine Baulampe und mindestens zwei Türkeile.

Ablauf

2 Tage vor Umzug. Es wird Zeit, die ersten Kartons zu packen und zu beschriften. Ein besonderes Augenmerk musst Du auf die wichtigen Kartons mit Ausrufezeichen legen.

Beim Umzug. Alle Türen, die im Weg stehen, aushängen oder mit einem Türkeil offen halten. Alle Kartons werden im neuen Zuhause, falls möglich, an einen Platz gestellt, wo sie nicht im Weg stehen. Ziehst Du in ein WG-Zimmer, in dem die Wände noch gestrichen werden müssen, stapelst Du alle Kartons in der Raummitte, bis auf die speziell markierten Kartons, die an einen Extraplatz kommen. Wenn alle Kartons aus dem Wagen sind, sollte zuerst die Lampe aufgehängt werden.

Wer müde vom Karton schleppen ist, kann das Streichen vorbereiten: Schalter und Steckdosen abschrauben oder Decken und Fußboden abkleben.

---

73 Perlator ist der Strahlregler am Wasserhahn, aus dem das Wasser kommt. Er sollte regelmäßig entkalkt werden.

Muss das Zimmer nicht gestrichen werden, wird angefangen, die Möbel aufzubauen: Sobald eines aufgebaut ist, werden die entsprechenden Kartons geleert. Der Möbelaufbau hat eine logische Reihenfolge: Bett, Schreibtisch, Kleiderschrank, Rollcontainer / Nachttisch, Regal, dann alles Weitere.

Am besten übernehmen die Helfer den Aufbau, während Du mit anderen einräumst und bei Fragen zur Seite stehst.

Für Deine Helfer sollten die Getränke immer griffbereit stehen. Im Laufe des Umzugs solltest Du Dich auch um das Essen kümmern, denn das Umziehen macht hungrig.

Nachbereitung

Adressänderung. Bei der Deutschen Post gibt es in jeder Filiale und auf ihrer Homepage[74] ein Formular für einen Nachsendeauftrag. Dieses Geld kannst Du Dir ruhig sparen: Der Nachsendeauftrag muss mindestens zwei Wochen vor dem Umzug eingereicht werden und ist auch nur sechs Wochen gültig. zwei Wochen reichen völlig aus, um sich selbst um alles zu kümmern. Eine Adressänderung kann fast überall telefonisch oder per E-Mail angegeben werden, in seltenen Fällen schreibt man kurze Briefe, in denen man bei gleichem Inhalt nur den Empfänger ändert.

- Hochschule (Fakultät, Bibliothek)
- Behörden (BAföG, Wohngeld, Bundesagentur für Arbeit)
- Arbeitgeber
- Ärzte
- Online-Handel (eBay, Amazon)
- Banken (Hausbank, Bildungskredit)
- Versicherungen (Krankenversicherung, Haftpflicht, Kfz)
- BahnCard
- Handy
- Vereine (amnesty international, Greenpeace)
- Beitragsservice (Rundfunkbeitrag)
- Kataloge (Quelle, Otto ...)

74 www.deutschepost.de

Wohnsitz-Anmeldung. Eine Anmeldung ist im Bürgerbüro oder im Rathaus möglich – Personalausweis genügt. Eine Abmeldung vom alten Erstwohnsitz ist hierfür nicht nötig. Wenn Du Dich an Deinem Umzugsort mit Erstwohnsitz anzumeldest, hat das Vorteile für Dich und Deine neue Heimatstadt:

- lokales Wahlrecht (Gemeinde, Landkreis, Bundesland)
- nahe Behörden (Finanzamt, Ausweise)
- finanzielle Hilfen (Wohngeld, ALG II)
- geringere Nebenkosten im Elternhaus (weniger gemeldete Personen)
- keine Zweitwohnungssteuer (wird von manchen Städten erhoben)
- Geschenke von der Stadt (Semesterticket, Gutscheine ...)
- Deine Stadt bekommt staatliche Gelder, die auch von der Einwohnerzahl abhängig sind: Hilf Deiner neuen Stadt!

3.3 Ordnung

Ordnung zu halten ist im Grunde ganz einfach: Alles, was häufig gebraucht wird, ist dort, wo man es braucht. Alles, was seltener gebraucht wird, ist in einer leicht zugänglichen Box. Alles, was praktisch kaum gebraucht wird, wird in einer Box unter allen anderen Boxen gelagert. Alles, was nie gebraucht wird, wird entweder verkauft (eBay, Amazon, Quoka), verschenkt oder entsorgt.

Das hört sich sehr einfach an, verlangt aber erstens, dass man sich über sein gesamtes »Inventar« Gedanken machen muss. Zweitens erfordert es rationales Handeln (was muss weg? wie aufbewahren?) und drittens ein ständiges Ordnunghalten.

Wenn Du tatsächlich nur die Dinge besitzt, die Du wirklich brauchst, geht das Putzen und Umziehen recht einfach und unkompliziert. Ebenfalls ist die Übersicht besser, weil Wichtiges nicht von Unwichtigem verdeckt wird. In Anbetracht all der Dinge, die Du hast, wie viele davon benötigst Du wirklich täglich und wie häufig?

Damit das Suchen ein Ende hat, hat alles seinen festen Platz: Die Schlüssel, das Handy, die Brille ... Deshalb legst Du alles an seinen bestimmten Ort ab und hältst Dich auch konsequent daran – damit gehört das Suchen der Vergangenheit an! Am besten Du beobachtest Dich, wohin Du was stellst und ob es Sinn hat.

3.3.1 Unwichtiges aussortieren

3

Das Aussortieren ist das Allerschwerste überhaupt. Man hängt doch an dem vielen, unnützen Krempel, mit dem man schöne Erinnerungen verbindet. Aber sind alle Souvenirs gleich kostbar? Alles, was zu Hause ist und nicht gebraucht wird, muss raus! Verkaufe diese Dinge über eBay (☞ Abschnitt 2.3.5 auf Seite 130), Quoka / eBay Kleinanzeigen oder verschenke sie.

Tipp

Nimm Dir jeden Tag ein Möbelstück vor und schaue, was Du nicht (mehr) brauchst. Diese Gegenstände sammelst Du in einem Karton, fotografierst sie, erstellst einen Verkaufstext und setzt eine Anzeige auf.

3.3.2 Alltagsordnung

Die folgenden Vorschläge kannst Du als einen Gedankenanstoß verstehen, den Du an Deine persönlichen Bedürfnisse anpassen kannst. Es spart Dir im täglichen Leben unheimlich viel Zeit – entwickle **Dein** System!

Taschen an der Kleidung

Mit dem Grundsatz »Alles hat seinen festen Platz« gehst Du auch bei der Kleidung vor, wobei Du ebenfalls Prioritäten setzt: Rechtshänder sollten das, was sie am häufigsten benötigen, auch auf der rechten Seite haben. Somit befindet sich das Handy in der rechten Hosentasche. Die Schlüssel mit (Münz-)Geld wandern in die linke Hosentasche, damit das Handy-Display nicht zerkratzt wird. So bleiben noch zwei Gesäßtaschen übrig: Die rechte verwendet man als temporäre Ablage (z.B. wenn etwas kurz aufbewahrt werden soll, wie Eintrittstickets). Die linke Gesäßtasche kann somit noch nach Belieben für längeres Lagern genutzt werden (Schlüssel). Bei der Jacke gehst Du genauso vor, wobei zu berücksichtigen ist, dass sie nicht immer getragen wird, sondern auch mal an einem Stuhl oder an der Garderobe hängt.

Tipp

Fasse Dir vor dem Schließen der Haustüre immer an die linke Hosentasche und vergewissere Dich, dass Du den Schlüssel dabei hast.

Geldbeutel

Der Geldbeutel hat i.d.R. zwei Scheinfächer: Eines kannst Du für Geldscheine, das andere für Kassenzettel verwenden. Auch die Kassenzettel vom Supermarkt solltest Du vorerst dort ablegen, da man manchmal erst zu Hause merkt, abgelaufene Ware oder versehentlich etwas Falsches gekauft zu haben. Später entsorgst Du diese Quittungen, während andere wiederum gesammelt werden (Garantie, steuerrelevante Ausgaben, ☞ Abschnitt 2.4.3 auf Seite 141).

Die Karten in den Kartenfächern werden nach absteigender Priorität sortiert: Ganz nach oben kommt die am häufigste verwendete Karte (meist Girocard), darunter die anderen. Die Karten, die Du praktisch nie verwendest, landen alle zusammen in einem größeren Fach.

Um möglichst wenig Münzgeld mit Dir herumzutragen, versuchst Du am besten, immer mit so vielen Münzen wie möglich zu bezahlen. Wenn Du gerade im Laden in der Schlange stehst, kannst Du das Kleingeld zusammenrechnen. Um der Problematik mit Pfand für den Einkaufswagen zu entgehen, behältst Du am besten immer einen Chip im Geldbeutel.

Was gehört sonst so in den Geldbeutel? Ein Lichtbild von sich mitzuführen ist sinnvoll. Für Notfälle bietet sich an, eine rote DIN A4-Seite mit der Überschrift »Im Notfall« im Geldbeutel zu haben –

Rettungskräfte suchen im Geldbeutel nach nützlichen Hinweisen. Dieses Blatt steckst Du in eine kleine, durchsichtige Folie, wobei alles so gefaltet sein sollte, dass die Überschrift sichtbar bleibt. Neben persönlichen Angaben, wie Name und Anschrift, sollten auch medizinische Angaben gemacht werden. Hier listest Du chronische Erkrankungen, Medikamente, die regelmäßig eingenommen werden müssen, oder Allergien auf. Angaben über den Hausarzt, die Krankenversicherung mit Versichertennummer und ein Hinweis auf eine bestehende Patientenverfügung (☞ Abschnitt 4.6 auf Seite 199) sollten ebenfalls Erwähnung finden. Wichtige Kontaktpersonen, wie Familie oder Freunde, die im Ernstfall zu benachrichtigen sind, dürfen nicht fehlen. Falls einmal die Maestro-Karte / Kreditkarte verloren geht oder geklaut wird, kannst Du die Nummer der Hotline zur Sperrung ebenfalls notieren. Wer ins Ausland reist, hat am besten dieses Blatt auf Englisch und / oder in der Landessprache dabei. In diesem Fall sollten noch weitere Angaben ergänzt werden: Reisekrankenversicherung mit Kontaktdaten und Versicherungsnummer, Reisepassnummer, Kontaktdaten der Deutschen Botschaft im Reiseland und die »Emergency Embassy in Germany«.

Handy

Dein Handy hast Du mit allen Telefonnummern Deiner Freunde praktisch immer dabei. Geh einen Schritt weiter und speichere **alle** Daten (Telefonnummern, Adressen, E-Mail, Geburtsdatum usw.), die Du hast.

Wenn Du Dein Handyadressbuch regelmäßig mit dem Adressbuch Deines E-Mail Programms (☞ Abschnitt 5.4.2 auf Seite 246), sowie mit dem (Internet-)Adressbuch bei Deinem E-Mail-Provider synchronisierst (= abgleichst), stehen Dir diese Daten immer zur Verfügung. Hört sich kompliziert an, ist aber relativ einfach: Apps (Smartphone) und Addons (Thunderbird) übernehmen alles. Gerade mit Googlemail geht das Synchronisieren besonders einfach.

Im Adressbuch sollte der Eintrag ICE (**I**n **C**ase of **E**mergency) nicht fehlen – Rettungskräfte rufen dort an. Personen, die Du häufiger anrufst, kannst Du im Kurzwahlspeicher ablegen.

Viele unterschätzen die Möglichkeiten ihres Handys: Notizen speichern ist sehr hilfreich – vor allem weil man das Handy immer dabei hat. Die Erinnerungsfunktion an Geburtstage beugt dem Vergessen vor. Wer zusätzlich eine Internetflatrate hat, kann sich über neue E-Mails informieren lassen. Mit der Kamera lassen sich z.B. Fahrpläne fotografieren usw.

Tipp

Damit das Handy nicht mit lauter veralteten SMS, Fotos oder Notizen seine Übersichtlichkeit verliert, regelmäßig in Bus und Bahn ausmisten.

3.3.3 Haushalt

Putzen ist gar nicht so schwer, wenn man weiß, wie es geht. Ordnung halten (☞ Abschnitt 3.3 auf Seite 158) hilft ungemein beim Saubermachen: Je ordentlicher es ist, desto weniger musst Du vor dem Putzen aufräumen.

Wenn alles Unnötige in Boxen verstaut ist, verstaubt es nicht. Du solltest darauf achten, möglichst wenig dekorative Elemente zu verwenden, denn die sind meist Staubfänger und bringen ab einer gewissen Menge Unruhe in den Raum. Viel schöner ist es, wenige Stücke zu haben und diese dann elegant zu akzentuieren.

Ganz allgemein heißt es vor dem Saubermachen aufräumen und Staub wischen, saugen, dann folgt das Nasswischen des Bodens. Wer wöchentlich staubsaugt, muss weniger Staub wischen. Alle zwei Wochen den Boden nass zu reinigen ist dann meistens ausreichend.

Zum Putzen braucht man eigentlich nicht viel:

- Wischmat (kein klassischer Mop!)
- ausgedienter Topfschwamm, Spülbürste, Zahnbürste
- Staubwedel

- Essigreiniger
- Bodenreiniger
- Glasreiniger
- Backofenreiniger
- Scheuermilch (nicht zerkratzend)
- Staubsauger

Küche

Hier lautet der absolute Geheimtipp: Backofenreiniger! Mit dem Backofenreiniger lässt sich alles Eingebrannte und Fettige sehr einfach lösen. Es eignet sich für: Töpfe, Pfannen, Backofen und alles um den Herd, wie z.B. Fliesen, Glas und Kunststoff. Selbst hartnäckigste Verkrustungen und Verfärbungen lassen sich damit lösen. Meine Töpfe und Pfannen sehen nach zehn Jahren immer noch fast wie neu aus. Bei Aluminium ist Vorsicht angebracht, denn die Farbe könnte sich ändern: Lohnt sich die Anwendung trotzdem? Beschichtete Töpfe und Pfannen eignen sich nicht für das aggressive Backofenspray.

Was viele nicht wissen: Die Backofentür lässt sich bei fast allen Modellen aushängen. An den Scharnieren gibt es jeweils eine Pistole, die Du nach oben klappen kannst, danach schließt Du die Tür bis zu einem kleinen Spalt und hängst die Tür aus, indem Du sie nach oben ziehst. Am besten die Türe in der Badewanne / Dusche mit dem Backofenspray einsprühen und über Nacht einwirken lassen. Danach schrubbst Du mit einem ausgedienten Spülschwamm die glatten Flächen, während Du mit der Spülbürste die Ritzen bearbeitest.

Die Dunstabzugshauben kannst Du abschrauben, mit Backofenspray einsprühen und über Nacht einwirken lassen. Am nächsten Tag reinigst Du sie mit einer Spülbürste und spülst sie in der Duschwanne ab.

Wer eine Spülmaschine besitzt, der sollte teure Reinigungs-Tabs meiden: Tabs brauchen aufgrund ihrer kleineren Oberfläche im Vergleich zum normalen Pulver länger, bis sie vollständig aufgelöst sind – während dieser Zeit können sie dann nicht einwirken, was besonders bei kurzen Spülprogrammen (Ökö-Modus) schlechte Reinigungsergebnisse liefert. Wer auf Tabs nicht verzichten kann, kann sich das Spülergebnis mal mit halben Tabs ansehen: Ist es genauso gut, spart man in Zukunft einiges an Geld. Pulver lässt sich, abgefüllt in eine Kunststofflasche mit einer großer Öffnung, genauso mühelos dosieren wie Tabs, kostet jedoch deutlich weniger. Auch lohnt sich der Versuch, die Spülmaschine immer im Energiespargang spülen zu lassen: Gibt es keine / kaum Unterschiede zum normalen Spülgang, sollte das der Standard werden.

Nach dem Spülen die Maschine gleich öffnen und das gesammelte Wasser in Vertiefungen auf z.B. Gläsern und Pfannen mit einem Tuch trocknen. Da das ganze Geschirr noch heiß ist, trocknet es vollständig und muss später nur noch eingeräumt werden.

Beim Kauf von Geschirr für Spülmaschinenbesitzer: Tassen, die am Boden eine kleine Rinne haben, sind besonders praktisch: Hier fließt das Wasser ab und sammelt sich nicht, wenn die Tasse auf dem Kopf steht – einige Tassenmodelle von Ikea haben das. Das Geschirr sollte prinzipiell keine Verzierungsfurchen besitzen, in denen Speisereste zurückbleiben könnten. Bratenwender, Schöpflöffel, Schneebesen & Co. sollten Griffe haben, die übergangslos verlaufen. Schneidbretter aus hygienischem Kunststoff eignen sich hervorragend für die Spülmaschine. Optimalerweise haben sie eine Saftrinne, dann läuft keine Flüssigkeit auf den Arbeitsbereich.

Bad / WC

Das größte Problem im Bad und WC sind unschöne, verfärbte Kalkablagerungen und Kalkseifen. Kalk besteht hauptsächlich aus wasserunlöslichem Kalziumkarbonat, das problemlos mit Essigsäure zu wasserlöslichem Kalziumacetat und Kohlensäure reagiert ($CaCO_3 + 2\ CH_3COOH \rightarrow Ca(CH_3COO)_2 + H_2CO_3$).

Kalkseifen bilden sich bei der Reaktion von Magnesium- und Kalziumionen im Wasser mit den in der Seife enthaltenen Fettsäuren und führen zu einem grauen Film am Wannenrand, der sich mit Säure auflöst.

Fliesen und Armaturen, die beim Duschen / Baden nass werden, mit Essigreiniger einsprühen und einwirken lassen. Während dieser Zeit unter und über den WC-Rand einen gelartigen Essig-WC-Reiniger auftragen. Ist das Klo sehr stark verkalkt, hilft die RGT-Regel aus dem Chemieunterricht: Bei einer Temperaturerhöhung um 10 °C verdoppelt sich die Reaktionsgeschwindigkeit. Mit diesem Wissen im Hinterkopf, kochendes Wasser ins Klo geben, dann Essigreiniger hinzu, mit Toilettenbürste schrubben und bei geöffnetem Fenster über Nacht einwirken lassen. Am Schluss das Waschbecken mit Essigreiniger einsprühen und ebenfalls einwirken lassen. Zwar wird das ganze Bad kurzzeitig nach Essig riechen, aber es gibt nichts einfacheres, günstigeres und ökologischeres als Essigsäure.

Entgegen dem, was in Werbefilmen gezeigt wird, solltest Du nach einer gewissen Einwirkzeit, die abhängig von der Stärke der Verkalkung ist, mit einem ausgedienten Topfschwamm Fliesen, Dusche, Armaturen und Waschbecken schrubben und schließlich spülen. Die Spülbürste kommt am Rand der Armaturen zum Einsatz. Für das WC nimmst Du eine Toilettenbürste, die einen zusätzlichen kleinen Bürstenkopf an der Seite besitzt, womit Du selbst starke Verkalkungen unter dem Rand gut lösen kannst. Vermeiden solltest Du Toilettenbürstengarnituren, bei denen die Bürste im Zylinder »versteckt« wird, dann kann nämlich das verbliebene Restwasser nur schlecht verdunsten. Die hohe Feuchtigkeit im geschlossenen Behälter bildet einen Nährboden für viele Keime und führt zu unangenehmem Geruch. Besser sind WC-Garnituren, bei denen die Bürste freipendelnd eingehängt wird.

Übrigens bleiben Dusche und Badewanne länger sauber, wenn Du nach jedem Duschen die Seife von Fliesen, Wanne und Duschvorhang kurz abspülst. Bei einer weißen Flüssighandseife fallen Rückstände im Waschbecken nicht so auf.

Duschkopf, -schlauch und Perlatoren (Mischregler am Wasserhahn, der sich mit einem Perlatorschlüssel abschrauben lässt) solltest Du in regelmäßigen Abständen in einem kleinen Eimer mit Essigsäure und heißem Wasser über Nacht entkalken. Danach lässt sich das Essigwasser für das Klo noch nutzen.

Generell sollte auch im Bad nur so wenig wie möglich herumstehen, dann geht das Sauber machen um ein Vielfaches schneller. Statt einem klassischen Badteppich mit einem dicken Gummiboden gibt es mittlerweile dicke, saugstarke Badteppiche aus Frottee, die in der Waschmaschine viel weniger Platz einnehmen – zudem hinterlassen sie keine Gummireste auf dem Boden.

Wäsche waschen

Die meisten trennen die Wäsche nach hell / dunkel, waschen immer auf der linken Seite, bei gleicher Temperatur, z.B. 30 °C und schleudern die Wäsche bei mittlerer Schleuderzahl, z.B. 1.400. Hinzu gibt man nach Gebrauchsanleitung Buntwaschmittel und Weichspüler. Meistens genügt das.

Wer es absolut korrekt machen möchte oder Angst um seine Kleidung hat, der trennt seine Wäsche nach der empfohlenen Temperatur, nach ähnlichen Farben und Schleuderzahl. Aber dann ist es schwieriger, eine Waschmaschine zu füllen.

Die Wäsche kann vor dem Waschen ausgeschüttelt werden, so dass Haare, Flusen und Staub in der Waschtrommel nicht auf andere Kleidungsstücke übergehen können. Beim Trocknen im Zimmer bietet sich dadurch auch ein Vorteil: Haare und Flusen fallen nicht auf den Boden und die allgemeine Staubbildung wird reduziert.

Beim Waschen auf der linken Seite wird die gute Seite geschont. Stoffe reiben sich auf dieser aneinander und entstehende Fussel bleiben unsichtbar. Falls sich mal ein BH-Verschluss verhakt und einen Faden zieht, oder schlimmer, Klettverschlüsse Stoffe aufreiben, so bleibt auch dies verborgen. Sicherheitshalber BH- und Klettverschlüsse immer schließen. Blusen, Hemden und Hosen knittern weniger, wenn sie zugeknöpft sind. Damit die Glastüre der Waschmaschine nicht zerkratzt, sollte nichts Hartes (Knöpfe, Reißverschluss) vorne an der Türe sein.

Neue, bunte Stoffe können abfärben, was sie meistens auch tun. Diese Textilien mit ähnlichen Farben waschen, notfalls einzeln in die Waschmaschine geben.

Flüssiges Waschmittel reinigt laut Stiftung Warentest schlechter, schont jedoch die Farben. Daraus ergibt sich die Empfehlung, für Buntwäsche flüssiges Waschmittel zu verwenden, für Weißwäsche ein Pulver. Auch hier sind teure Markenprodukte nicht unbedingt den günstigen Hausmarken überlegen. Auch bei sehr hartem Wasser (hoher Kalkanteil) wird kein Anti-Kalkmittel benötigt, da Waschmittel bereits welchen enthält und nach Härtegrad und Verschmutzung dosiert wird. Hygienespüler (anti-mikrobielle Mittel) sind unnötig, da Waschmittel schon bei 30 °C nahezu alle Keime tötet.

Bei hohen Schleuderzahlen wird die Wäsche trockener, aber der Stoff kann ausleiern oder sogar reißen. Den Mittelweg geht man mit einer mittleren Schleuderzahl.

Die Bügelarbeit wird vermieden oder zumindest reduziert, wenn Du die Wäsche durchschüttelst und ordentlich aufhängst: Hemden und Blusen trocknest Du an Kleiderbügeln[75], Stoffhosen legst Du entlang der Bügelfalte zusammen und hängst sie so auf. Alle Textilien kannst Du von Hand glatt streichen. Beim Waschen reduziert ein Weichspüler zusätzlich Falten und Knitter.

Mit einem Zimmerventilator, den Du auf Deinen Wäscheständer richtest, trocknet alles viel schneller (Fenster mindestens gekippt lassen).

Nach dem Waschen lässt Du am besten die Waschmaschinentür und das Dosierfach offen, damit es vollständig trocknen kann, was Keimvermehrung und Geruchsbildung in der Waschmaschine verhindert.

Die Abflussschlauchöffnung der Waschmaschine sollte, wenn möglich, nach unten zeigen, wenn sie an das Siphon der Spüle angeschlossen wird – so können keine Speisereste beim Spülen in die Waschmaschine gelangen (Geruchsbildung).

75 (Kunststoff-)Kleiderbügel erhältst Du oft in kleineren Bekleidungsgeschäften kostenlos.

3.4 Home Office

Jeder von uns wird im Laufe seines Lebens sehr viel mit Verwaltungstätigkeiten zu tun haben, sei es, dass man im Büro arbeitet oder seine private Korrespondenz mit Behörden betreibt. Nach diesem Kapitel brauchst Du keine Angst mehr vor dem Büro zu haben – egal ob im Praktikum oder in Deinem Home-Office.

3.4.1 Bürogrundkenntnisse

Papierformate

Hinter den Papierformaten steckt ein einfaches System: Zwei DIN-A5-Seiten nebeneinander sind genauso groß wie ein DIN-A4-Blatt. Zwei DIN-A4-Blätter nebeneinander entsprechen einem DIN-A3-Blatt usw.

Eine DIN-A4-Seite ist 29,7 × 21,0 cm groß und wiegt bei 80 g/m² exakt 5,0 g. Das ist auch der Grund, warum ein Standardbrief (max. 20 g) bei der Deutschen Post höchstens drei Seiten beinhalten kann, wenn man den Briefumschlag mitberücksichtigt.

Briefumschläge

Auch hier gibt es eine Logik: Ein DIN-A4-Blatt passt in einen C4-Briefumschlag (A4 in C4). Wird das A4-Blatt ein Mal längs gefaltet, entspricht es einem DIN-A5-Blatt und passt genau in einen C5-Briefumschlag (A5 in C5). Wird ein DIN-A4-Blatt zweimal längs gefaltet, entspricht es einer DIN-A6-Seite und passt in einen C6-Briefumschlag (A6 in C6). Es gibt aber auch Briefumschläge in B4: Ein C4-Briefumschlag passt in einen B4-Briefumschlag (C4 in B4). Der geläufigste Briefumschlag ist der mit der Bezeichnung »DIN lang«, der grob ⅓ der Höhe eines DIN-A4-Blattes entspricht.

Übrigens lassen sich Briefumschläge problemlos am heimischen Drucker bedrucken – Vorlagen gibt es in LibreOffice Writer • FORMAT • SEITE... im Reiter • SEITE • FORMAT. Dort stellst Du z.B. »C6-Umschlag« im Querformat ein. Wer das Absender- und Adressfeld ganz präzise ausrichten möchte, verwendet Rahmen, wie bei der Beschriftung von Ordnern erklärt (☞ Abschnitt 3.4.3 auf Seite 176).

Etiketten

Mit Hilfe von Etiketten lassen sich sehr professionelle und praktische Dinge realisieren. Dank Adressetiketten musst Du nicht jedes Mal Deine Absenderdaten von Hand aufschreiben (Päckchen für eBay), kannst diese auch auf Gegenstände (Regenschirm, USB-Stick, Handy) kleben, die Du verlieren könntest oder erstellst Beschriftungen für Alltagsgegenstände (CDs, Vorratsbox »Salz«).

Am günstigsten kaufst Du (ablösbare) Etiketten auf eBay. In der Artikelbeschreibung von besonders günstigen und empfehlenswerten No-Name-Produkten sollte ein Hinweis auf bekannte Marken mit Typ vorhanden sein, z.B. »wie Avery Zweckform C2651«. In den Etikettenvorlagen des Textprogramms überprüfst Du, ob die entsprechende Vorlage vorhanden ist: In LibreOffice Writer • DATEI • NEU • ETIKETTEN. Hier stellst Du die Marke und den Typ ein (steht auf der Verpackung bzw. in der Artikelbeschreibung) und klickst auf • NEUES DOKUMENT.

Bist Du etwas perfektionistischer und möchtest mehr Gestaltungsspielraum haben als mit den Rahmen für die Etikettenvorlagen möglich ist, kannst Du Dir auch selbst eine Vorlage mit einer Tabelle konstruieren: Tabellen haben im Gegensatz zu den Writer-Vorlagen den Vorteil, dass Du leichter bestimmte Eigenschaften, wie z.B. die Seitenränder bei den einzelnen Etiketten (= Zellen) einstellen kannst.

Eine eigene Vorlage erstellst Du Dir, indem Du die Seitenränder des Etikettenbogens ausmisst und auf das LibreOffice Writer-Dokument überträgst • RECHTSKLICK auf das leere Dokument • SEITE... im Register • SEITE alle Seitenränder auf z.B. »0,5 cm« einstellen. Der untere Seitenrand sollte am besten auf »0,0 cm« gesetzt werden, da es sonst zu einem Seitenumbruch kommen kann (im Textbearbeitungsprogramm ist eine ganze Seite für eine Tabelle nicht vorgesehen). Anschließend fügst Du eine Tabelle ein, die genauso viele Zeilen und Spalten wie der Etikettenbogen hat • TABELle • Einfügen • Tabelle... Jetzt passt Du die Höhe an: Erst die ganze Tabelle markieren (Cursor in eine Zelle setzen, dann [Strg]+[A]) • Rechtsklick • Zeile • Höhe... Häkchen bei dynamisch anpassen entfernen und die ausgemessene Höhe eines Etiketts eintragen. Nun schreibst Du in die erste Zelle alle wichtigen Angaben[76]. Der Inhalt wird markiert, kopiert ([Strg]+[C]), dann die gesamte Tabelle markiert ([Strg]+[A]) und eingefügt ([Strg]+[V]). Wenn Du gerne etwas mehr Abstand vom Text zum Etikettenrand hättest: Bei markierter Tabelle • Rechtsklick • Tabelle... im Reiter • Umrandung • Abstand zum Inhalt kannst Du dann die Einstellungen vornehmen. Ist das Häkchen in »Synchronisieren« aktiviert, so haben alle Ränder immer den gleichen Abstand. Für individuelle Ränder einfach das Häkchen entfernen.

Tipp

Genial sind vorgedruckte Adressetiketten Deiner Freunde und Familie, die Du einfach mit in den Urlaub nehmen kannst und lediglich auf die Postkarte klebst – so vergisst Du nie, jemandem eine Karte zu schicken.

Organisation

Im Laufe der Zeit wird Dein Schriftverkehr immer mehr und muss deshalb gut organisiert werden, damit Du den Überblick behältst. Die wichtigsten Kriterien für eine gute Organisation von Briefen sind: Schnelle Auffindbarkeit, Kenntnis über ihren Inhalt und Versanddatum.

Anstatt die verschickten Briefe zu kopieren und in Ordnern zu sammeln, die später ganze Regale füllen, rate ich Dir, die Briefe in Ordnern auf dem PC nach Jahreszahlen zu speichern. Der Ordner mit dem Namen »2010« enthält also alle Briefe aus diesem Jahr. Bei vielen Briefen an denselben Empfänger könnten Unterordner sinnvoll sein, z.B. »BAfoeG«.

76 Cleverer ist die Verwendung von Feldbefehlen (☞ Abschnitt 3.4.2 auf der nächsten Seite).

Die gespeicherten Briefe sollten einen Dateinamen ohne Sonderzeichen und Umlaute haben, von dem Du auf den Inhalt schließen kannst (KuendigungInternet) oder beim gleichen Empfänger nummeriert sein (Wohngeld-01).

Im neuen Jahr bietet es sich an, den Briefordner des vergangenen Jahres als zip-Datei zu komprimieren (Ubuntu: • RECHTSKLICK auf den Ordner • KOMPRIMIEREN... Windows • RECHTSKLICK • SENDEN AN... • ZIP-DATEI). Durch das Archivieren sparst Du Speicherplatz und siehst auch optisch, was abgeschlossen ist.

3

Wichtige, empfangene Briefe in Ordnern (☞ Abschnitt 3.4.3 auf Seite 176) ablegen, da sie als Nachweise sehr wichtig sein können. Ältere Schreiben von Behörden und Banken (Kontoauszüge) kannst Du mit einem Einzugsscanner als **eine pdf-Datei** auf dem Computer speichern, bevor Du sie im Keller in Kartons lagerst oder entsorgst.

3.4.2 Professionelle Briefe

Briefe schreibt man nach ganz spezieller DIN-Norm (DIN 5008). Die DIN-Norm ist zwar nur eine Empfehlung, aber Du hältst Dich besser an so vieles wie möglich. Für einen (angehenden) Akademiker sollte das korrekte Erstellen von Briefen zum Grundlagenwissen gehören.

Briefvorlagen

Schöne Briefvorlagen gibt es auf der Homepage von LibreOffice[77]. Gefaltet an den vorgegebenen Falzmarken, passt der Brief in einen (selbstklebenden) Briefumschlag mit Sichtfenster der Größe »DIN Lang« (DL).

Bei der Erstellung eigener Vorlagen solltest Du beachten, dass Du möglichst oft Feldfunktionen verwenden solltest: Mindestens die Anschrift, Telefonnummer und E-Mail sollten unter • EXTRAS • OPTIONEN • BENUTZERDATEN hinterlegt sein, damit Du später über

77 http://templates.libreoffice.org/template-center

die Feldfunktionen darauf zugreifen kannst: • EINFÜGEN • FELDBEFEHL • ANDERE... (Shortcut: [Strg] + [F2]). Anstatt der geschäftlichen Telefonnummer oder Fax kannst Du in den Benutzerdaten Deine Handynummer in das Feld eintragen und später nutzen. Ändert sich später etwas (Umzug), so brauchst Du nur einmalig die entsprechenden Daten hier zu ändern – die Briefvorlage bleibt somit immer aktuell.

Wichtig bei der Briefvorlage ist, dass das Datum als Feldfunktion **nicht** das aktuelle Datum, sondern das Datum der inhaltlichen Dokumentänderung trägt: [Strg] + [F2] im Register • DOKUMENTENINFO • FELDTYP • GEÄNDERT AM • AUSWAHL • DATUM. Möchtest Du nämlich später wissen, wann Du den Brief erstellt hast und öffnest das Dokument, siehst Du das Datum der Speicherung, was der letzten inhaltlichen Änderung des Dokuments entspricht. Ein nachträgliches Ändern des Briefinhalts würde selbstverständlich das Datum verändern. Wäre in der Feldfunktion das »gewöhnliche Datum« verwendet worden, würde das aktuelle Datum beim Öffnen angezeigt werden und Du wüsstest noch immer nicht, wann der Brief geschrieben worden ist. Kein Verlass ist auf den Dateibrowser (Windows Explorer, Nautilus, Konquerer ...) der ebenfalls ein Datum anzeigt. Änderst Du z.B. den Dateinamen, so würde sich das hier angezeigte Datum auch verändern, während das Datum im Dokument erhalten bleibt, das ja keine inhaltliche Änderung erfahren hat.

Textvorlagen kannst Du in LibreOffice als .ott (open document text template) speichern, indem Du manuell diese Dateiendung eingibst • DATEI • SPEICHERN UNTER... (Test.ott) und in einem Ordner speicherst oder • DATEI • DOKUMENTVORLAGE • SPEICHERN...

Adressfeld

Das Adressfeld befindet sich ca. 5,1 cm vom oberen und ca. 2,5 cm vom linken Seitenrand entfernt. Ganz präzise lässt es sich mit einem Rahmen positionieren, was unter »Ordner anlegen« beschrieben ist.

Das Adressfeld ist relativ standardisiert, wird aber trotzdem oft falsch gemacht: Die Beispiele in ☞ Abbildung 3.1 auf der nächsten Seite zeigen die geläufigsten Beschriftungen. In die erste Zeile schreibt man die Anrede Herr oder Frau, dann Name, dem ein Titel vorangestellt sein kann. Die nächste Zeile enthält die Straße, danach kommt die Postleitzahl und der Ort.

Schreibt man an eine bestimmte Person in einem Unternehmen, fügt man in die erste Zeile den Firmennamen ein, in die zweite die Anrede mit Herrn(!) oder Frau mit Namen. Der Titel wird dem Namen vorangestellt, sonst bleibt alles gleich. Manche Betriebe berücksichtigen die Reihenfolge: Wird die Ansprechperson zuerst geschrieben, gefolgt von der Abteilung, so wird, falls möglich, nur von dieser Person der Brief geöffnet. Bei umgekehrter Reihenfolge wird der Brief auch von Kollegen gelesen.

Auslandsbriefe werden am besten nach der dortigen Norm geschrieben – kennt man die nicht, so hält man sich an die deutsche. Zu beachten ist, dass in der letzten Zeile das Land in Großbuchstaben auf Deutsch oder Englisch geschrieben steht (maschinenlesbar für die Post), während der Ortsname möglichst in Landessprache angegeben wird.

Die häufigsten Fehler im Adressfeld sind die Unwissenheit über den Einsatz von Herr / Herrn, eine Leerzeile zwischen Straße und Ort und der Zusatz z.Hd. Das »zu Händen« (z.Hd.) wird nicht mehr geschrieben.

Inhalt

Als Anfänger neigt man dazu, den Behörden viel zu viel zu schreiben. Meiner Erfahrung nach wird ein Brief vom Leser nur kurz überflogen. Mit diesem Wissen gestaltest Du Deinen Brief, der maximal eine Seite lang sein sollte.

Eine Referenz-, Kunden- oder Versicherungsnummer sollte immer angegeben werden. Nach 1–2 Sätzen um den Sachverhalt hältst Du alles Weitere stichwortartig als Liste fest. Mit dieser Methode kann der Leser jeden Punkt einfach abhaken und vergisst nichts.

Max Mustermann • Musterstr. 12 • 12345 Musterstadt

Herr
Manfred Mustermann
Musterweg 12
54321 Musterhausen

(A)

Max Mustermann • Musterstr. 12 • 12345 Musterstadt

Herr
Dr. Manfred Mustermann
Musterweg 12
54321 Musterhausen

(B)

Max Mustermann • Musterstr. 12 • 12345 Musterstadt

Musterfirma
Herrn Dr. Manfred Mustermann
Musterabteilung
Musterweg 12
54321 Musterhausen

(C)

Max Mustermann • Musterstr. 12 • 12345 Musterstadt • Germany

Herr
Manfred Mustermann
30123 VENEZIA
ITALIEN

(D)

Abbildung 3.1: Korrekt geschriebene Adressfelder.

Wenn der Brief wichtig ist, setze dem Leser eine Frist, bis wann Du eine Antwort erwartest. Falls Du keine Antwort erhältst, musst Du einen zweiten Brief schreiben und sagen, was passiert, wenn auch diese Frist nicht eingehalten wird. Bleib aber realistisch: Eine Antwort von der BAföG-Behörde kann schnell über zwei Monate dauern.

Wenn Dir von Behörden eine Frist gesetzt wird, musst Du dem nachkommen. Reicht die Zeit dafür nicht aus, solltest Du das gleich schriftlich mitteilen. Generell rate ich bei Anträgen dazu, sie auch unvollständig sobald wie möglich einzureichen. Die zuständige Behörde schreibt dann (meist einige Wochen später) einen Brief, in dem explizit die fehlenden Unterlagen aufgezählt und angefordert werden. Diese Methode hat zwei Vorteile: Erstens brauchst Du Dir über möglicherweise benötigte Nachweise keinen Kopf zu zerbrechen und zweitens gewinnst Du so zusätzliche Zeit, während der Antrag bereits bearbeitet wird.

Bei Kündigungen ist es wichtig, auf eine schriftliche Kündigungsbestätigung zu bestehen. Dabei reicht folgender Satz völlig aus: »Bitte senden Sie mir eine schriftliche Bestätigung dieser Kündigung unter der Angabe des Beendigungszeitpunktes zu.«

Faxen

Auf E-Post[78] kannst Du Dich kostenlos registrieren und kostenlos Faxe verschicken. Damit sparst Du Dir Zeit und Geld!

Beispiel: Du möchtest Deinen Handyvertrag kündigen. Hierzu schreibst Du einen Brief am Computer und fügst Deine eingescannte Unterschrift als Bild ein, wandelst das Dokument in eine pdf-Datei um und faxt es.

Für offizielle Faxe und auch für Bewerbungen benötigst Du eine eingescannte Unterschrift: Unterschreibe auf einem weißen Blatt Papier mit königsblauer Tinte in einer viel größeren Schreibweise als sonst. Das hat den Vorteil, dass die Auflösung erhöht wird, wenn Du das Bild verkleinerst – das Bild sieht schärfer aus. Alternativ

78 www.epost.de

könntest Du Deine Briefe ausdrucken, unterschreiben, einscannen und dann als Fax verschicken.

Beachte, dass E-Post nur Dokumente in DIN-A4-Größe faxen kann. Das könnte ein Problem mit eingescannten Dokumenten darstellen, da einige Scannprogramme nicht unbedingt die pdf-Datei in DIN A4 ausgeben: Rechtsklick auf die pdf-Datei und unter »Eigenschaften« nach der Papiergröße sehen. Falls die Papiergröße nicht DIN A4 ist, auch kein Problem: Drucke die pdf-Datei mit einem pdf-Drucker (☞ Abschnitt 5.4.4 auf Seite 264) als DIN-A4-pdf-Datei aus.

3.4.3 Ordner anlegen

Für Ordnerrücken gibt es bedruckbare Etiketten, aber die sind teuer, müssen zu Hause erst Mal vorrätig sein und beim Aktualisieren der Beschriftung muss die alte erst vorsichtig entfernt werden.

Besser und flexibler im Gebrauch sind DIN A4 Order, die ein Kunststoffsichtfenster auf dem Ordnerrücken tragen, in das Du ein Schild einschieben kannst. Beschriftungsschilder aus ganz normalem Papier können recht einfach am PC erstellt und bei Änderungen schnell aktualisiert werden – so bleibt die Übersichtlichkeit stets erhalten.

Tipp

Ordnerrücken sehen besonders gut im Regal aus, wenn sie am PC erstellt wurden. Gibt man unter dem Titel auch noch eine kurze Inhaltsübersicht an, greift man garantiert immer den richtigen Ordner.

Ein exakt passendes Schild für das Sichtfenster kannst Du mit einem Rahmen in LibreOffice Writer erstellen: In der Menüleiste • Einfügen • Rahmen… bei den Größenangaben z.B. 5,0 × 18,5 cm eingeben.

Mit einem nummerierten Kunststoffregister z.B. von 1–10 kannst Du den Ordner gliedern. Eine Inhaltsübersicht für das Kunststoffregister erstellst Du mit LibreOffice Writer ganz einfach: • Rechtsklick auf das leere Dokument • Seite… im Register • Seite alle

Seitenränder auf »0 cm« setzen. Nun benötigst Du eine Tabelle mit 10 Zeilen • TABELLE • EINFÜGEN • TABELLE... und passt sie in der Höhe an, indem Du den Cursor in eine Zelle setzt, die ganze Tabelle markierst ([Strg]+[A]) • RECHTSKLICK • ZEILE • HÖHE... Häkchen bei dynamisch anpassen entfernen und die Höhe vorgeben, in unserem Fall unterteilst Du eine ganze DIN A4 Seite in 10 Zeilen: 29,7 cm ÷ 10 = 2,97 cm. Hierbei kommt es jedoch zu einem Seitenumbruch, da im Textbearbeitungsprogramm keine ganze Seite für eine Tabelle vorgesehen ist. Um das zu vermeiden, setzt Du die Zeilenhöhe auf 2,96 cm und änderst die Schriftgröße außerhalb der Tabelle auf 2 pt.

Das Erfreuliche ist, dass Du sowohl den Ordnerrücken als auch das Inhaltsverzeichnis nur ein einziges Mal erstellen musst, danach brauchst Du lediglich den Text zu aktualisieren und neu auszudrucken.

Mit Hilfe von Rahmen lassen sich übrigens auch sehr schön und präzise Namen auf Klingelschildern und Briefkästen gestalten.

3.5 Gesundheit

3.5.1 Medizinische Vorsorge

Impfungen

Impfungen tragen mit minimalem Zeitaufwand bei hohem Nutzen sehr viel zur Gesunderhaltung des Körpers bei – einfach und ökonomisch.

Wer eine Reise ins Ausland plant, sollte neben den wichtigsten Impfungen (☞ Tabelle 3.3 auf der nächsten Seite) unbedingt alle erforderlichen Impfempfehlungen für das jeweilige Reiseland erfüllen (z.T. Einreisebedingung); eventuell muss man sich monatelang vorher um die Impfungen kümmern.

Hier gibt es erhebliche Unterschiede bei der Kostenübernahme zwischen den einzelnen Krankenkassen: Es gibt einige, die Reiseimpfungen inklusive Malariaprophylaxe vollständig zahlen und manche überhaupt nicht. Mit einem Krankenkassenwechsel lassen sich so schnell viele hundert Euro sparen, da z.B. allein schon die Impfung gegen Hepatitis A und B etwa 230,– € kostet. Es lohnt sich auf jeden Fall, kurz nach »Reiseimpfungen Kostenübernahme Krankenkasse« im Internet zu suchen.

Wer seine Krankenkasse nicht wechseln möchte / kann und die für viele exotische Länder empfohlene Gelbfieberimpfung benötigt, sollte sich in den staatlichen Gesundheitsämtern impfen lassen, weil die am günstigsten sind (ca. 30 € im Vergleich zu ca. 60 € in vielen Praxen).

Nicht selten übernehmen Krankenkassen die Kosten aus Kulanz, wenn ihnen mitteilt wird, dass evtl. ein Krankenkassenwechsel geplant ist. Junge Akademiker zählen zu den risikoärmsten Gruppen überhaupt und keine Kasse will gesunde Mitglieder verlieren.

Bei einem Auslandsaufenthalt in Fernost, Afrika und Südamerika sollte man sich unbedingt vor Mosquitostichen schützen, denn sie sind die größten Killer weltweit, da sie Malaria, Dengue, Gelbfieber und andere Pathogene übertragen können – ein Mückenschutz ist absolut unverzichtbar! Auch ist es besser, den Hautkontakt mit Süßgewässern (Seen, Flüsse) zu meiden (Parasiten). Was das Essen angeht: Die Regel »cook it, peel it or leave it« hielt schon so manchen Reisenden gesund und sollte beherzigt werden. Getränke immer selbst öffnen, um sicherzustellen, dass die Flasche versiegelt war und nicht bloß aufgefüllt worden ist.

Tabelle 3.3: Die wichtigsten Impfungen innerhalb Deutschlands.

(Kombi-)Impfung	Auffrischimpfung
Tetanus, Diphterie, Polio, Pertusis	alle 10 Jahre
Masern, Mumps, Röteln[1], Windpocken	Ø; hält lebenslang
Hepatitis A und B (HAV, HBV)	alle 10 Jahre
FSME (»Zeckenschutzimpfung«)	alle 5 Jahre

[1]Frauen sollten vor Schwangerschaft Immunisierung kontrollieren lassen.

Zahnarzt

Alle über 18-Jährigen sollten mindestens ein Mal im Jahr zur Kontrolle zum Zahnarzt. Jede Kontrolle wird im Bonusheft vermerkt: Gesetzlich Krankenversicherte erhalten bis zu 30 % Zuschuss auf Zuzahlungen, wenn sie die letzten zehn Jahre mindestens ein Mal pro Jahr beim Zahnarzt waren – das kann sehr schnell mehrere hundert Euro ausmachen.

Bei den Kontrollen eine professionelle Zahnreinigung durchführen zu lassen, ist sehr ratsam, da sie der Gesunderhaltung dient. Die Kosten hierfür variieren von Praxis zu Praxis und hängen auch von dem Arbeitsaufwand ab: Lässt Du eine professionelle Zahnreinigung zwei Mal pro Jahr machen, gibt es nicht viel für die Zahnarzthelferin zu tun, was sich auch auf den Preis auswirkt. Viele Zahnzusatzversicherungen (☞ Abschnitt 4.7.1 auf Seite 200) übernehmen die Kosten bis zu einem bestimmten Betrag. Der Preis lässt sich durch Verhandeln deutlich reduzieren.

In der Zahnpflege, wie auch in vielen anderen Bereichen des täglichen Lebens, sind teure Markenprodukte nicht unbedingt besser: Eine günstige Zahnbürste, die dieselben Eigenschaften wie teure aus der Werbung hat, reicht vollkommen aus. Besser häufiger die günstige Zahnbürste wechseln, als die teure lange zu benutzten – Borsten verlieren relativ schnell ihre reinigenden Eigenschaften.

Zahnpasta der günstigen Hausmarken schneiden in Tests der Stiftung Warentest ähnlich ab, wie die bis zu zehn Mal teureren Markenzahnpasten. Wöchentlich ist eine Fluoridierung der Zähne, z.B. mit Elmex Gelée sinnvoll.

Die Zähne nach dem Frühstück putzen, weil es nach dem Aufstehen nicht wirklich etwas zu putzen gibt, sofern man vor dem Schlafen die Zähne geputzt hat. Wer die Zunge säubert (einige Zahnbürsten haben auf der Rückseite des Bürstenkopfs eine spezielle Zungenbürste) reduziert deutlich Bakterien und beugt Mundgeruch vor. Nach dem Zähneputzen die Zahnpasta ausspucken und nicht mit Wasser spülen, wodurch das in der Zahnpasta enthaltene Fluorid länger wirken kann.

Brille und Kontaktlinsen

Beim Kauf von Brillen lohnt sich der Preisvergleich bei verschiedenen Ketten, denn auch hier gibt es sehr große Unterschiede im Preis und Service: Bei einigen Geschäften werden bspw. Gummipads kostenlos ausgetauscht (auch bei Nichtkunden) und Nachbesserungen an Gläsern und Fassung sogar nach Monaten als Serviceleistung angesehen – andere Anbieter lassen sich alles bezahlen.

Dass der Optiker ein Verkäufer ist, merkt man spätestens bei den Gläsern: Zusatzleistungen, wie Entspiegelung, Härtung, besonders dünne Gläser aus Kunststoff usw. werden gerne angepriesen. Sei skeptisch und frage nach konkreten Zahlen: Um wie viel Millimeter werden die Gläser dünner? Wie viel Gramm wird die Brille insgesamt leichter? Bis auf die Entspiegelung nehme ich persönlich keine Extras. Trotz Härtung verkratzt die Brille, wenn sie herunterfällt. Die dünneren Gläser machen bei meiner Brillenstärke ca. 1 mm aus, verdoppeln aber fast den Preis der Gläser.

Beim Kauf der Brille bieten manche Geschäfte eine Zusatzversicherung für z.B. 10,– € pro Jahr an, bei dem gleichzeitig es einen Preisnachlass auf die Brille gibt – selbst wenn Du den Vertrag am selben Tag schriftlich kündigst, hast Du i.d.R. einen finanziellen Vorteil.

Neben Optikerfilialen gibt es auch andere Anbieter, die manchmal günstiger sind. Unschlagbar ist der Preis von Online-Optikern: Wer seine Brillenstärke kennt (Augentest für ca. 5–10,– €), kann auf verschiedenen Internetportalen ein Bild von sich hochladen und verschiedene Brillen aufsetzen. Die Qualität unterscheidet sich nicht von der anderer Optiker. Gleiches gilt auch für Kontaktlinsen, die im Online-Handel deutlich günstiger als im Laden sind.

Tipp

Als Ersatzbrille reicht in den meisten Fällen die alte Brille, womit Du Dir das Geld für eine Ersatzbrille mit aktueller Stärke sparst.

Rauchen

Rauchen ist ein äußerst interessantes Phänomen: Obwohl sich der Körper anfangs unter Schmerzen gegen den Zigarettenrauch gewehrt hat, hat man sich gezwungen weiter zu rauchen, bis man nun nicht mehr davon loskommt.

Die Lösung ist recht einfach: Aufhören. Viele Krankenkassen bieten kostenlose Nichtraucherkurse und -seminare an. Nichtrauchen lohnt sich erstens kurzfristig, weil die finanziellen Ausgaben sinken und zweitens langfristig, weil es der Gesunderhaltung dient.

Viele verbinden mit dem Rauchen Lungenkrebs, aber das Risiko für viele unterschiedliche Erkrankungen ist erhöht, bspw. Gefäßerkrankungen, Karies, verschiedenste Krebserkrankungen und Rheuma.

Psychologische Beratung

An allen Hochschulen gibt es kostenlose Beratungen bei psychischen Problemen. Wenn Du nicht mehr weiter wissen solltest, wird Dir dort geholfen.

Die Beratungen / Kurse beschäftigen sich unter anderem mit Studienanforderungen (Hausarbeiten, Präsentationen), Prüfungsmanagement, Studienabbruch und Beziehungsproblemen.

Oft sind die BeraterInnen ziemlich ausgebucht und längere Wartezeiten für einen Termin sind unumgänglich. Die meisten wenden sich leider erst an die psychologische Beratung, wenn es schon recht akut ist. Wenn Du merkst, dass Dir Deine Probleme über den Kopf wachsen und eine Beratung hilfreich sein könnte, vereinbare sobald wie möglich einen Termin. Übrigens erfahren Versicherungen mit Gesundheitsfragen (☞ Kapitel 4 auf Seite 187) nichts von möglichen Beratungen oder Kursen, da nichts über die Krankenkassen abgerechnet wird.

Bei bekannten Problemen, wie z.B. Prüfungsangst, wäre es am besten, schon zu Beginn des Studiums entsprechende Seminare und Kurse zu besuchen – Angebote und Hilfen gibt es reichlich (☞ Abschnitt 1.6.2 auf Seite 73).

3.5.2 Ernährung

Übergewicht steigert praktisch das Risiko für alles: Herzinfarkt, Schlaganfall, Diabetes ... Die Ernährung ist deshalb das »A und O« bei der Gesundheit, jedoch auch die schwierigste Komponente, die man beeinflussen kann: Jeder weiß, wie eine gesunde Ernährung auszusehen hat, nur die wenigsten setzen es tatsächlich um. Hier folgen ein paar Tipps für Faule:

- mehr Gemüse
  Den Gemüseanteil kannst Du mit Tiefkühlkost decken, die Du im Topf auftauen lassen kannst und später erwärmst – mit Reis oder Nudeln eine tolle Sache.
- weniger Fertiggerichte
  Fertige, teure Tomatensoße lässt sich vermeiden: Während die Nudeln kochen, schneidest Du Zwiebeln klein und lässt sie in Butter goldbraun anbraten. Später kommt Tomatensauce (ca. 0,35 €/500 ml) und Basilikum aus der Tiefkühltruhe hinzu. Wenn die Nudeln fertig sind, ist auch die Soße fertig. Je nach Motivation kannst Du auch Paprika, Zucchini und anderes Gemüse in die Soße geben.

Wer Spaß und Freude am Kochen hat, findet auf Internetseiten wie www.chefkoch.de viele Rezepte zum Ausprobieren. Gerade Anfänger, die sich das erste Mal selbst versorgen müssen, finden auf YouTube tolle Anleitungen.

3.5.3 Sport

Jede Hochschule hat ein breitgefächertes Sportangebot: Schwimmen, Klettern, Fallschirmspringen ... Es gibt praktisch nichts, was es nicht gibt. Das aktuelle Sportprogramm ist auf der Homepage des Sportinstituts zu finden.

Ein großer Teil des Hochschulsports ist für Studierende kostenlos. Zu Semesteranfang meldest Du Dich schon am ersten Tag für Angebote an, die eine begrenzte Teilnehmerzahl haben, sonst sind u.U. alle Plätze belegt.

Größere Hochschulen haben auch ein eigenes Fitnessstudio, das entweder kostenlos ist oder gegen einen geringen Beitrag genutzt werden kann. Einige Hochschulen haben spezielle Verträge mit lokalen Fitnessstudios oder Sporteinrichtungen (Kletterhalle) – einfach mal nachfragen.

Tipp

Es gibt zahlreiche Apps, die einem Notizen ersparen (Joggingstrecke, Gewicht mit Anzahl der Wiederholungen usw.) – ein Blick auf verschiedene Apps lohnt sich.

3.6 Freizeit

Insbesondere im ersten Semester neigen viele Studenten dazu, ihre Freizeit zu vernachlässigen: Die Freizeit ist Teil Deines Lebens, wie das Studium auch. Das Studium ist sehr wichtig, aber ebenso wichtig ist ein Ausgleich nach der Hochschule.

Tipp

Nutze Deine Freizeit zur Erholung und Weiterentwicklung Deiner Interessen!

3.6.1 Soziale Kontakte

Viele Studenten tun sich am Anfang schwer damit, dadurch dass sie umgezogen sind, ihren alten Freundeskreis nicht mehr so häufig zu sehen. Jedem ist im Grunde klar, dass auch Freundschaften gepflegt werden müssen, also vernachlässige Deine Freunde nicht:

- rufe regelmäßig an
- schreib ihnen E-Mails
- vergiss ihre Geburtstage nicht
- wenn Du in der alten Heimat bist, unternehme etwas mit ihnen

Leider ist es Gewissheit, dass viele alte Freundschaften im Sande verlaufen werden oder dass man einfach verschiedene Richtungen einschlägt – das ist zwar traurig, aber Realität. Während des Studiums wirst Du aber auch viele neue Freundschaften schließen ...

Online-Communities

Mit Facebook und studiVZ hat in Deutschland die persönliche wie auch berufliche Bedeutung von Communities stark zugenommen. Seitdem ist fast jeder in irgendeiner Community.

Es vergeht praktisch keine Woche, in der in den Medien nicht vor dem allzu freizügigen Umgang mit persönlichen Daten in Facebook & Co. gewarnt wird: Jedem sollte bewusst sein, dass alle Daten, die er selbst ins Internet stellt oder von Dritten eingestellt werden, von jedem auch eingesehen werden können. Wenn Daten im Internet nicht mehr zu finden sind, heißt das im Umkehrschluss nicht, dass diese auch für immer gelöscht sind: Es kann durchaus sein, dass sie jemand gespeichert hat und irgendwann wieder online stellt. Daten, die einmal öffentlich waren, werden vermutlich niemals wieder verschwinden!

In Zukunft werden frei verfügbare Informationen über eine Person immer stärker an Bedeutung gewinnen: Sei es, wenn es um Neueinstellungen geht, mehr Informationen über die Lehrer seiner Kinder zu finden oder einfach zu erfahren, was über den Hausarzt so im Internet steht.

Facebook, studiVZ, Xing & Co. müssen aber nicht gleich ein Nachteil sein. Wenn Du selbst weißt, was alles über Dich im Internet steht, kannst Du Dich bewusst so darstellen, wie Du es gern möchtest. Das kann durchaus sehr vorteilhaft für die Karriere sein: Deshalb empfehle ich die Anmeldung in (seriösen) Internetcommunities: Facebook und Xing sollten als die Branchengrößten ein absolutes Muss sein – Xing spätestens beim Abschluss. Mit z.B. Mitgliedschaften in speziellen Gruppen kannst Du Deine Fähigkeiten und Kenntnisse unterstreichen, die auch Personalchefs zeigen, dass Du wirklich so bist, wie Du Dich gibst. Ebenso zeigst Du, dass Du mit modernen Medien und sensiblen Informationen umgehen kannst – was nicht so selbstverständlich ist, wie viele glauben. Es liegt natürlich an Dir selbst, ob Du wirklich Mitglied in dutzenden (sichtbaren – es gibt auch »nur für Mitglieder sichtbare«) Gruppen sein musst, bei jedem Online-Spiel auf Facebook mitmachst oder ob Du wirklich Hochzeitsbilder oder Bilder von Saufgelagen veröffentlichst.

Online-Communities bieten mit Gruppen auch eine hervorragende Plattform zur Diskussion. Jeder Studienjahrgang hat mittlerweile seine eigene Gruppe, z.T. gibt es schon für Vorlesungen oder Seminare Gruppen, in denen Aufgaben besprochen werden – eine wirklich sehr sinnvolle Möglichkeit Communities zu nutzen.

Vorsicht vor Copyright geschützten Inhalten (Bildern, Videos) auf Deinem Profil und in Deinen Kommentaren: Wenn Du Inhalte verwendest, deren Rechte Du nicht hast, kann es sehr teuer werden! Auch die rechtliche Lage von Verlinkungen ist nicht klar. Das gilt selbstverständlich auch für Profilbilder, auf denen Du nicht abgebildet bist, sondern irgendwelche bekannten Persönlichkeiten.

3.6.2 Ehrenamtliches Engagement

Als Student kannst Du Deine Zeit relativ frei einteilen (soweit vom Studiengang durchführbar) und ein Ehrenamt aufnehmen. Wie bereits ganz am Anfang des Ratgebers erwähnt, lernst Du in Deiner Freizeit nicht weniger als im Studium.

Richtig perfekt wäre die Kombination aus Ehrenamt und Studium, sozusagen Beruf als Berufung. Beispielsweise Lehramtstudenten, die in einem Verein schwächeren Schülern Nachhilfe geben, angehende Pädagogen, die in einer Drogenberatung arbeiten usw. Selbst BWLer könnten in einem Verein die Buchhaltung machen ... Du siehst also, für jeden gibt es eine Möglichkeit, sich für die Gemeinschaft einzubringen.

Deine Arbeit bringt Dir auch einen finanziellen Vorteil, denn Du darfst steuer- und sozialabgabenfrei jährlich 2.100,– € verdienen, das nicht als Einkommen zählt.

Tipp

In einem Ehrenamt lernst Du viel über Kommunikation, zwischenmenschlichen Umgang und Politik. Eine wahre Bereicherung fürs (Berufs-)Leben!

3.6.3 Studentenpartys

Studentenpartys sind meist ein wenig »kuschelig«. Viele Wohnheimpartys sind irgendwann mal so voll, dass das Kondenswasser von der Decke tropft, die Wände nass sind und ein Durchkommen zur Bar sehr lange dauern kann ... Ein absolutes »muss man erlebt haben«!

Ich empfehle, niemanden mit neuer oder sehr teurer Kleidung auf eine Studentenparty zu gehen. Meistens wird die Jacke auf einen riesigen Haufen Jacken gelegt. Wer später geht, durchwühlt und durchmischt den Haufen in der Hoffnung, seine Jacke wiederfinden zu können. Ich selbst musste mal über eine Stunde nach meiner Jacke suchen und kurz vor dem Aufgeben fand sie ein Freund. Für solche Aktionen sollte man deshalb immer eine kleine LED-Lampe am Schlüsselbund haben.

Zur Party nimmt man neben Handy und Hausschlüssel am besten nur das Allernötigste mit: Geld, Semesterticket, Studierendenausweis, Personalausweis. Wenn Frau eine Handtasche benötigt, dann am besten nur eine ganz kleine, so dass sie beim Tanzen nicht stört und umgehängt bleiben kann.

4 Versicherungen und Vorsorge

4

Als Student benötigst Du im Grunde nur die wichtigsten Versicherungen: Krankenversicherung, Haftpflicht und evtl. noch eine Kfz-Haftpflicht. Mit einer Berufsunfähigkeitsversicherung und einer Patientenverfügung ist Deine Vorsorge vollständig.

Viele Studenten sind über eine Familienversicherung bei ihren Eltern mitversichert (z.B. Krankenversicherung, Haftpflicht), wodurch sie keine eigene Versicherung benötigen und Geld einsparen.

Eine günstige und gute Versicherung zu finden ist gar nicht mal so einfach. Wenn Du Dir viel Zeit und Arbeit ersparen möchtest, kannst Du Dich auf das Urteil der Verbraucherzentralen verlassen und findest auf der Homepage von Stiftung Warentest[79] Tabellen der getesteten Versicherungen. Ausführlichere Informationen über die Tests findest Du in den Heften von Finanztest, die Du Dir in den Stadtbüchereien ausleihen kannst.

Tipp

Wenn Du immer zum 1. Dezember alle Versicherungen abbuchen lässt, hast Du auf einem Kontoauszug alle steuerrelevanten Kosten und eine gute Übersicht. Bei jährlicher Zahlweise erhältst Du einen Rabatt von 3–5 %.

79 www.test.de

4.1 Besonderheiten

4.1.1 Gesundheitsfragen

»Gesundheitsfragen« hören sich erst mal harmlos an, haben es aber in sich: Die Antworten auf die Gesundheitsfragen und das Alter beim Abschluss der Versicherung haben einen erheblichen Einfluss auf den Zahlbetrag! Je jünger und gesünder Du bist, desto weniger musst Du z.T. lebenslang zahlen, was mehrere tausend Euro ausmachen kann.

Tipp

Als junger, gesunder Student bietet es sich an, Versicherungen mit Gesundheitsfragen (Berufsunfähigkeit, Lebensversicherung, private Kranken- und Pflegeversicherungen) in diesen Jahren abzuschließen – so kannst Du viele tausend Euro sparen!

Alle Gesundheitsfragen müssen wahrheitsgemäß und vollständig beantwortet werden, sonst kann Dir im Schadensfall Deine Versicherung den Vertrag kündigen und die bereits eingezahlten Beiträge waren umsonst. Gerade im Schadensfall kannst Du davon ausgehen, dass die Versicherung alle Vertragsangaben intensiv auf Fehler prüfen wird und alle medizinischen Unterlagen aus jener Zeit bei Deinen behandelnden Ärzten anfordern wird, um einer jahrelangen Zahlung zu entgehen.

Versicherungen sind sehr »großzügig«, was das Thema »Vorerkrankungen« angeht: Bei einem Arztbesuch wegen Rückenschmerzen, z.B. nach langem Stehen, schnellt der monatliche Beitrag in die Höhe oder kann zur Ablehnung führen (»Wirbelsäulenschaden«). Verschiebe wenn möglich nicht-akute Besuche oder Untersuchungen (Allergietest) bis zum Erhalt Deines Versicherungsscheines – danach kann kommen, was will.

Optimal wäre, wenn Du in den letzten zehn Jahren keine Operation hattest und in den letzten fünf Jahren bis auf Vorsorge nie beim Arzt warst. Fehlen Dir noch einige Monate bis die letzte, für die Versicherung kritische Diagnose fünf Jahre zurückliegt, warte diese Zeit vor Antragstellung ab.

Bevor Du eine Versicherung abschließt, fordere Deine Unterlagen von allen Ärzten und Therapeuten der letzten fünf Jahre an, damit Du eine Übersicht über alle Diagnosen erhältst. Leider stellen sich manchmal einige Ärzte quer und möchten keine Unterlagen aushändigen. Du darfst sie gerne daran erinnern, dass sie dazu gesetzlich verpflichtet sind[80]. Falls etwas Versicherungsrelevantes dabei sein sollte, musst Du Dich entscheiden, ob Du trotzdem eine Versicherung abschließen möchtest und mehr dafür zahlst oder lieber wartest und das Risiko eingehst, dass eine Erkrankung auftritt, die die Versicherung noch teurer macht. Wenn Du Dich für das Warten entscheidest, notiere fortan jeden Arztbesuch, Diagnosen und eingenommene Medikamente.

Stelle **immer** »Probeanträge« bei mehreren Versicherungen, bei denen Dir ein unverbindliches Angebot mit einem festen Preis erstellt wird. Treffe Dich auch mit Vertretern, die Dir sehr helfen können. Beachte, dass Du verhandeln darfst und dabei den Preis deutlich reduzieren kannst!

Richtig Coole handeln mit dem Vertreter einen bestimmten Prozentsatz seiner Provision aus (bis zu 50 % sind möglich), die sie selbst bei Vertragsabschluss erhalten, was Dich aber zu keinen schlechten Verträgen verleiten sollte.

4.1.2 Nachversicherungsgarantie

Praktisch alle Versicherungen, die Gesundheitsfragen stellen, bieten eine Nachversicherungsgarantie ohne erneute Gesundheitsprüfung an. Das bedeutet, dass man die Versicherungssumme nachträglich zu besonderen Anlässen (Abschluss, Heirat, Geburt eines Kindes usw.), manchmal auch ohne besonderen Anlass, um einen bestimmten Prozentsatz (z.B. 30 %) der Versicherungshöhe oder um einen maximalen Betrag (z.B. 300,– €) bis zu einer Höchstgrenze (z.B. 100 % der ursprünglichen Grundsumme) ändern darf. Nach Eintritt

80 Bundesgerichtshof, Urteil vom 23.11.1982, VI ZR 222/79

des Versicherungsfalls (z.B. Berufsunfähigkeit) ist eine Nachversicherung ausgeschlossen.

Mit der Nachversicherungsgarantie kannst Du folglich Deinen Versicherungsbedarf an Deine aktuelle Lebenssituation anpassen. Das höhere Risiko (Gesundheitsfragen werden nicht mehr gestellt) übergibt die Versicherung an den Versicherungsnehmer.

Beispiel: Du zahlst für Deine Berufsunfähigkeitsversicherung (BU) mit einer monatlichen Rente von 1.000 € bei Berufsunfähigkeit einen Jahresbeitrag von 500,– €. Die BU-Rente möchtest Du nach Deinem Hochschulabschluss auf 1.500 € erhöhen, was einer Erhöhung um 50 % entspricht. Da Du nun älter geworden bist und die Versicherung Deinen aktuellen Gesundheitszustand nicht kennt, verlangt sie von Dir 900,– € pro Jahr, was eine Erhöhung von 80 % entspricht.

Nachversicherungen sind also immer teurer, als wenn man gleich von Anfang an eine höhere Versicherungssumme nehmen würde. Hier musst Du abwägen, welche Summe Du Dir leisten kannst: Je höher die Versicherungssumme am Anfang ist, desto weniger musst Du nachträglich erhöhen. Beachte jedoch, dass Du beim Abschluss in jungen und gesunden Jahren immer noch sehr viel Geld sparen kannst, als im höheren Alter einen Vertrag mit einer hohen Versicherungssumme abzuschließen.

4.1.3 Dynamik

Die Dynamik ist ein Recht, keine Pflicht und dient dem Inflationsausgleich. Du musst nicht jedes Jahr der Beitragsdynamik zustimmen: Viele Versicherungen erlauben maximal zwei Mal hintereinander einen Widerspruch. Wer drei Mal hintereinander widerspricht, verliert sein Recht auf die Beitragsdynamik.

Beitragsdynamik. Mit der jährlichen Erhöhung Deines Beitrag um einen bestimmten Prozentsatz (Beitragsdynamik) erkaufst Du Dir eine höhere Versicherungsleistung risikoabhängig.

Beispiel: Du zahlst für Deine BU mit 1.000 € monatlicher Rente jährlich 500 €. Mit 10 % Beitragsdynamik erhältst Du im ersten Jahr für 50 € mehr (= 550 € jährlicher Beitrag) eine BU-Rente von 1.040 €. Im zweiten Jahr erhältst Du für 55 € (10 % von 550 €) eine BU-Rente von 1.070 € usw. Bei der ersten Erhöhung hast Du für 50 € mehr Beitrag eine Rentenerhöhung von 40 € erhalten, bei der zweiten Erhöhung hast Du für 55 € lediglich eine Rentenerhöhung von 30 € erhalten.

Leistungsdynamik. Immer häufiger bieten Versicherungen eine Leistungsdynamik an: Wer Leistungen bekommt (z.B. berufsunfähig ist), dem werden diese jährlich um einen gewissen Prozentsatz erhöht. Eine Leistungsdynamik lohnt sich speziell bei einem sehr frühen Eintritt des Versicherungsfalls.

Beispiel: Ein Jahr nach Abschluss einer BU wird jemand mit 25 Jahren berufsunfähig. Die BU-Rente beträgt 1.000 €. Ohne Dynamik wäre die Rente durch eine jährliche Inflation von 2 % nach 30 Jahren effektiv nur noch 550 € wert – zu wenig zum Leben. Durch eine Leistungsdynamik von 2 % wäre eine jährliche Inflation vollständig ausgeglichen und die Kaufkraft bliebe gleich.

Da eine Leistungsdynamik die Versicherung sehr verteuert, ist sie zur Zeit nicht wirklich zu empfehlen, auch wenn sie sehr sinnvoll ist.

4.2 Krankenversicherung

Die Krankenversicherung ist eine der wichtigsten Versicherungen, die es gibt. Jeder Student muss deshalb eine Versicherungsbestätigung bei der Immatrikulation in seiner Hochschule einreichen.

In Deutschland gibt es die gesetzlichen Krankenversicherungen (GKV) und die privaten Krankenversicherungen (PKV): Beide haben Vor- und Nachteile. Im Allgemeinen kann man sagen, dass sich für ledige gesunde Singles mit hohen Einkommen die PKV finanziell eher lohnt.

Wer in die PKV wechseln möchte, sollte dies möglichst früh tun, oder zumindest eine Anwartschaftsversicherung abschließen, bei der der aktuelle Gesundheitszustand die Kostengrundlage für später darstellt und vor Eintritt in die PKV keine Gesundheitsfragen mehr gestellt werden (siehe oben). Gerade wer eine Beamtenlaufbahn (z.B. Lehramt) anstrebt, ist mit einem frühen Wechsel sehr gut beraten, da sich für fast alle Beamte eine PKV eher lohnt.

Zu beachten ist, dass es mittlerweile recht schwer ist, von der PKV in die GKV zu wechseln – die Entscheidung hat also weitreichende Konsequenzen.

BAföG-Empfänger, die Versicherungsbeiträge zahlen müssen, erhalten unabhängig davon, ob sie in GKV oder PKV sind, einen monatlichen Zuschuss von 62,– € für die Krankenversicherung und 11,– € für die Pflegeversicherung.

Zahlreiche Krankenversicherungen (GKV, PKV) bieten Bonusprogramme an, in denen Versicherten bei Teilnahme an bestimmten Maßnahmen (Impfungen, Vorsorgeuntersuchungen) Geld oder Sachleistungen zustehen: Informiere Dich auf der Homepage Deiner Krankenkasse oder ruf an – es lohnt sich!

4.2.1 Gesetzliche Krankenversicherung

Bist Du über ein Elternteil gesetzlich mitversichert, so gilt der Versicherungsschutz bis zum Erreichen des 25. Lebensjahres. Bei Ableistung des Freiwilligen Wehrdienstes verlängert sich der Versicherungsschutz um die Zeit der Dienstdauer, erst danach musst Du Dich selbst versichern: Entweder Du bleibst in der GKV oder wechselst in die PKV.

Eine eigene Versicherung benötigst Du auch, wenn Deine **regelmäßige wöchentliche** Arbeitszeit 20 Stunden überschreitet oder Du über ein **regelmäßiges Einkommen** von über 365,– € verfügst – bei einem Mini-Job-Arbeitsvertrag (450-Euro-Job) bist Du weiterhin über die Familie versichert. Bei Ferienjobs darfst Du so viel verdienen, wie Du möchtest – zumindest was die Krankenversicherung betrifft.

Studenten, die eine eigene Versicherung benötigen, zahlen bis zum Erreichen des 30. Lebensjahres bzw. des 14. Fachsemesters (Urlaubssemester zählen nicht) für die GKV zur Zeit 64,77 € plus 11,64 € bzw. 13,13 € (ab 23 Jahren) Pflegeversicherung. Anschließend kostet die GKV zwischen 120,– € und 150,– € – je nach Krankenkasse. Es gibt jedoch Ausnahmen, um länger die günstige Studentenversicherung zu erhalten, z.B. bei Wartezeit auf einen Studienplatz, Pflege eines Angehörigen, Geburt eines Kindes, längere Krankheit usw. Zudem gibt es i.d.R. einen Übergangstarif von sechs Monaten, wenn das Alter oder die 14 Fachsemester erreicht worden ist / sind. Dieser Übergangstarif ist etwas günstiger als der spätere, denn danach steigt der Beitrag für die GKV deutlich (man ist freiwillig gesetzlich versichert) und man zahlt monatlich ca. 150, –€ inkl. Pflegeversicherung. Mehr BAföG gibt es leider nicht (obwohl man BAföG bis 35 beantragen kann).

Nach Abschluss Deines Studiums beträgt der Beitrag für die GKV als Arbeitnehmer 8,2 % und für die Pflegeversicherung 1,225 % vom monatlichen Bruttolohn bis maximal zur Höhe der Beitragsbemessungsgrenze von 3.937,50 €, was einem Beitrag von 318,94 € in die GKV und 48,23 € in die Pflegeversicherung entspricht – wer einen höheren Verdienst hat, zahlt nicht mehr. Der große Vorteil der GKV liegt in der kostenlosen Familienversicherung für Familienmitglieder ohne Einkommen (Ehepartner als Hausfrau / Hausmann, Kinder).

Die Belastungsgrenze für Zuzahlungen (Medikamente, Krankenhausaufenthalte) beträgt 2 % bzw. 1 % (chronisch Kranke) des jährlichen Bruttoeinkommens. Gehen die Kosten darüber hinaus, kannst Du Dich von Deiner GKV von Zuzahlungen befreien lassen.

4.2.2 Private Krankenversicherung

Wenn Du eine eigene Versicherung abschließen musst, ist eine Entscheidung zu treffen: Möchtest Du Dich gesetzlich oder privat krankenversichern? Sind Deine Eltern in einer PKV, musst Du diese Entscheidung bereits zum Studienbeginn treffen: Diese Entscheidung ist enorm wichtig, da ein Wechsel von einer PKV in die GKV nur möglich ist, wenn Du unter 55 Jahren bist und Deine Einkünfte als Arbeitnehmer **dauerhaft** unter die Versicherungspflichtgrenze von 4.350,– € (Monat) bzw. 52.200,– € (Jahr) brutto fallen.

Die Beiträge in der PKV sind günstiger als in der GKV, aber Du musst die Kosten von medizinischen Behandlungen erst einmal aus eigener Tasche zahlen und erhältst sie später von der Versicherung zurück. Der Leistungskatalog der PKV ist deutlich umfangreicher als in der GKV. Versicherungsnehmer, die praktisch nie krank werden, erhalten am Jahresende einen Teil der Prämie zurückgezahlt. Hier liegt auch das Problem: In der Hoffnung, am Jahresende Geld zurückzubekommen, gehen viele erst zum Arzt, wenn es schon sehr akut ist.

Ein früher Wechsel in die PKV lohnt sich auf jeden Fall für Studierende, die später sowieso vorhaben eine abzuschließen (Selbstständigkeit, Beamter), so können sie sich bereits einen günstigen Preis in ihren jungen und gesunden Jahren sichern. Im Zweifel hilft eine Anwartschaftsversicherung, bei der die Gesundheitsfragen schon bei Antragstellung beantwortet werden und man gegen einen geringen monatlichen Beitrag sich den Vertrag für später sichert.

Bist Du in der PKV und Dein Ehepartner hat kein Einkommen (Hausfrau / -mann), muss sich der Ehepartner extra versichern. Auch jedes Kind benötigt eine eigene Versicherung.

Aktuell werden in der Presse die extrem hohen monatlichen Prämien von 600,– € und mehr für Ältere / Rentner besprochen, die nicht mehr in die GKV wechseln können. Dieser Personenkreis zahlt einen sehr hohen Prozentsatz seines Einkommens nur für die Krankenversicherung und ist von Armut bedroht.

4.3 Privathaftpflicht

Eine Privathaftpflichtversicherung zahlt bei Unfällen Schäden an Sachen und Personen, an denen Du Schuld warst. Für den entstandenen Schaden an Dir bzw. Deinem Eigentum zahlt die Versicherung nichts, sondern der Verursacher. Hat dieser keine Möglichkeit zur Deckung des Schadens, so geht man leer aus; hat man jedoch eine Haftpflicht mit Forderungsausfall, so zahlt die eigene Versicherung auch die eigenen Schäden, die der Verursacher nicht zahlen kann.

In der Regel hat jede Familie eine Familienhaftpflichtversicherung. Die Familienhaftpflicht ist auch für die in der Ausbildung befindlichen Kinder gültig, die vertragsabhängig bis zu einem Höchstalter mitversichert sind. Hat Deine Familie keine Haftpflicht oder überschreitet Dein Alter das vertragsabhängige Höchstalter, so solltest Du schnellstmöglich eine Familienhaftpflicht für Deine Eltern bzw. eine eigene Versicherung für Dich selbst abschließen. Eine Familienhaftpflicht gibt es ab 67,– € pro Jahr, eine Haftpflicht für Singles ab 38,– €.

Eine gute Haftpflichtversicherung findest Du bei Stiftung Warentest[81]. Auf ihrer Homepage gibt es kostenlose Testtabellen zum Download. Folgende Kriterien sollten von der Versicherung erfüllt bzw. gedeckt sein:

- Versicherungssumme mindestens 5 Mio. € für Sach- und Personenschäden
- Mietschäden (evtl. mitgemietetes Mobiliar im Studentenwohnheim, Urlaub)
- Allmählichkeitsschäden
- Gefälligkeiten (wenn man beim Umzug hilft und Sachschäden verursacht)
- kein Selbstbehalt, weil Bagatellschäden sehr häufig sind
- Forderungsausfall, falls der Verursacher keine Haftpflicht hat, so zahlt die eigene Versicherung den eigenen Schaden
- Schlüssel
- Computer, falls der eigene PC zur Virenschleuder wird
- Tagesmutter, wenn man als Babysitter arbeitet

4.4 Berufsunfähigkeit

Die Berufsunfähigkeitsversicherung (BU) zählt neben der Kranken- und Haftpflichtversicherung zu den wichtigsten Versicherungen, denn statistisch gesehen werden relativ viele berufsunfähig – eine BU zahlt dann eine monatliche Rente.

Der frühe Erwerb einer BU sichert Dir einen günstigen (lebenslangen) Beitrag, denn mit zunehmendem Alter und Vorerkrankun-

81 www.test.de

gen wird der Beitrag in Neuverträgen teurer. Eine BU bleibt folglich i.d.R. ein Leben lang bestehen – ein späterer Wechsel lohnt sich praktisch nie. Deshalb erfordert der Abschluss einer BU ein intensives Vergleichen der Angebote.

Viele schieben die BU auf, bis sie mit dem Studium fertig sind und endlich Geld verdienen. Doch der Berufsstart ist nervlich sehr aufreibend und viele Versicherungsmakler nutzen die Situation, um möglichst viele Verträge abzuschließen – oft zu ihrem eigenen Vorteil. Zu diesem Zeitpunkt kostet eine BU aufgrund des Alters und der Krankheiten, die man schon hatte / hat erheblich mehr – es kann sogar passieren, dass man von den Versicherungen ganz abgelehnt wird, weil das Risiko den Versicherern zu hoch ist. Prinzipiell sollte die BU nicht mit anderen Versicherungen (z.B. Lebensversicherung) gekoppelt werden.

Mittlerweile bieten viele Versicherungen auch für Studierende eine BU an, wobei ein Schadensfall frühestens nach dem ersten Abschluss (Bachelor) geltend gemacht werden kann. Auch gibt es seit kurzem »Starter-Tarife«, die in den ersten Jahren relativ günstig sind und später ansteigen. Langfristig gesehen sind diese Starter-Tarife etwas teurer als die regulären und bieten sich besonders für Studenten an, die sich sonst überhaupt keine BU leisten könnten.

Auf der Suche nach einer BU solltest Du möglichst bei sehr vielen Versicherungen »Probeanträge« stellen, bei denen Dir die Versicherung einen verbindlichen Preis vorschlägt, der von Versicherung zu Versicherung stark variiert. Erst nach Deiner Zustimmung zum Vertrag bist Du offiziell versichert.

Die Laufzeit einer BU ist sehr wichtig: Je kürzer die Laufzeit, desto günstiger die Versicherung. Aber gerade im hohen Alter wird man am häufigsten berufsunfähig! Die Laufzeit sollte **mindestens** bis zum 65. Lebensjahr andauern, besser wäre bis zum 67. Lebensjahr.

Grundsätzlich sollte eine BU folgende Punkte enthalten:

- Verzicht auf abstrakte Verweisung
- Nachversicherungsgarantie ohne erneute Gesundheitsprüfung

- (ruhbare) Dynamik
- Begrenzung des Rücktrittrechts der Gesellschaft auf fünf Jahre oder kürzer

Zu beachten ist schließlich noch die BU-Rente: Sie muss später hoch genug sein, um wirklich davon leben zu können. 3.000,– € sollte das absolute Minimum sein, denn in 35 Jahren ist dieser Betrag fast die Hälfte wert. Nicht wenige Versicherungen schreiben im Kleingedruckten, dass durch Nachversicherungsgarantie und Dynamik die BU-Rente höchstens um 100 % der ursprünglichen Grundsumme gesteigert werden kann. Bei 1.000,– € BU-Rente für Studierende sind max. 2.000,– € drin – viel zu wenig.

Alle, die aufgrund von Vorerkrankungen oder ihres ausgeübten Berufes (Dachdecker, Fotografen, Berufsmusiker) keine BU erhalten oder keinen Beruf haben (Hausfrauen, Schüler), können als Alternative eine Erwerbsunfähigkeitsversicherung – zur Not auch eine Unfallversicherung oder Invaliditätsversicherung abschließen.

4.5 Kfz-Haftpflicht

Eine Kfz-Haftpflichtversicherung ist gesetzlich vorgeschrieben – niemals ohne Versicherungsschutz Auto fahren! Diese Versicherung übernimmt alle Schäden an Dritten, die von Dir verursacht wurden – das kann schnell in die Millionen gehen.

Wie bei anderen Versicherungen auch, solltest Du Deine Kfz-Haftpflicht jährlich mit anderen Versicherungen vergleichen, denn hier liegt ein hohes Sparpotential! Die Kündigung muss spätestens am 30.11. des aktuellen Jahres beim Versicherer vorliegen.

Das größte Einsparpotential liegt jedoch nicht in der Versicherungsgesellschaft, sondern in der Versicherung an sich: Mit einer Zweitwagenversicherung kann das Auto günstig über die Eltern mitversichert werden. Falls Du eine eigene Versicherung brauchst, gibt es zahlreiche Vergleichsportale im Internet.

Die Kosten für die Kfz-Haftpflichtversicherung hängen bei den meisten Versicherern von einigen Faktoren ab, auf die Du zum Teil Einfluss nehmen kannst:

- Typklasse
  Entscheide Dich für ein Auto, das in einer günstigen Typklasse kategorisiert ist. Das Typklassenverzeichnis wird jährlich zum 1. Oktober aktualisiert und findet sich auf zahlreichen Internetseiten.
- jährliche Fahrleistung
  Versuche eine möglichst realistische jährliche Fahrleistung anzugeben und halte Dich daran. Nutze Semesterticket, Mitfahrgelegenheit und Bahn, um die Fahrleistung möglichst klein zu halten.
- Unfallkosten
  Werden Unfallkosten von der Versicherung bezahlt, steigt die Prämie unabhängig(!) von der Schadenshöhe: Ein Bagatellschaden bezahlt über die Versicherung, könnte so ein Vielfaches mehr kosten, als wenn er selbst bezahlt wird. Nach einem Unfall kannst Du Dich unverbindlich an Deine Versicherung wenden. Die ist in der Regel bereit, die Schadensregulierung im Vorfeld mit Dir zu besprechen – ein Nachteil entsteht Dir hierbei nicht. So erfährst Du, welche Versicherungskosten auf Dich nach einer Schadensmeldung zukommen könnten und wie sich der Unfall auf die zukünftige Beitragsgestaltung auswirkt. Der entsprechende Versicherer rechnet Dir im Bedarfsfall gerne die entsprechende Grenzsumme vor, bis zu der es sich lohnt selbst zu zahlen.
- Abstellplatz
  Falls Du einen Stellplatz oder Garage nutzt, könnte die Versicherung dies berücksichtigen und der Preis sinkt.
- Insassenunfallversicherung
  Da alle Mitfahrer über die Kfz-Haftpflichtversicherung des Fahrers mitversichert sind (überprüfen), ist die Versicherung unnötig.
- Kaskoversicherung
  Wer ein altes Auto fährt, braucht keine Kaskoversicherung.

4.6 Patientenverfügung

Eine Patientenverfügung ist eine freiwillige, schriftliche Erklärung eines Volljährigen, was mit ihm geschehen soll, wenn er selbst nicht mehr für sich entscheiden kann (Koma). Hauptsächlich geht es um medizinische Behandlungen, die durchgeführt bzw. nicht durchgeführt werden sollen.

Es empfiehlt sich, eine Patientenverfügung gemeinsam mit einer Vorsorgevollmacht bzw. Betreuungsverfügung schriftlich festzuhalten. In der Vorsorgevollmacht ernennst Du eine Person, die Dich gerichtlich und außergerichtlich vertreten darf. Eine Betreuungsverfügung bietet sich an, wenn Du der ernannten Person nicht voll und ganz vertraust: Diese Person darf für Dich erst Entscheidungen treffen, nachdem ihre Eignung von einem Betreuungsgericht positiv bestätigt worden ist und steht auch während ihrer Entscheidungen unter ständiger Kontrolle des Betreuungsgerichts. Durch diese Umstände dauern Entscheidungen länger als bei der Vorsorgevollmacht. Für die meisten dürfte wohl eher die Vorsorgevollmacht zutreffen.

Kostenlose Formulare, die lediglich ausgefüllt und unterschrieben werden müssen, erhältst Du im Internet[82], Rathaus und in Hausarztpraxen. Am besten lagerst Du ein Exemplar Deiner Patientenverfügung mit Vorsorgevollmacht in Deinen Unterlagen und gibst eine der benannten Person.

4.7 Optionale Versicherungen und Vorsorge

Hier findest Du empfehlenswerte Versicherungen, die zwar sinnvoll, aber nicht lebensnotwendig sind. Unterteilt sind die optionalen Vorsorgemöglichkeit nach der aktuellen Lebenssituation: Studium, Berufsleben und Heirat.

---

82 www.malteser.de

4.7.1 Studierende

Zahnzusatzversicherung

Eine Zahnzusatzversicherung schützt Dich vor hohen Eigenbeteiligungen, wenn Du beim Zahnersatz höherwertige Leistungen haben möchtest, als die Grundversorgung der gesetzlichen Krankenkassen bietet.

Eine Zahnzusatzversicherung kostet zwischen ca. 150–200 € pro Jahr, wobei viele auch Kosten von prophylaktischen Behandlungen, wie die professionelle Zahnreinigung, übernehmen. Dies berücksichtigend ist solch eine Versicherung nicht mehr ganz so teuer.

Auch hier solltest Du möglichst gesund eine Versicherung abschließen, denn für alte Schäden wird nicht gezahlt. Eine Leistung wird meist erst nach acht Monaten geleistet.

Riester-Rente

Die Riester-Rente stellt eine private Altersvorsorge dar, für die Du staatliche Zulagen erhältst. An das eingezahlte Geld kommst Du, bis auf einige Ausnahmen (Wohn-Riester), nicht vor Deinem 60. Lebensjahr ran. Das eingezahlte Geld zählt deshalb nicht zum Vermögen und wird auch nicht beim BAföG, Wohngeld oder ALG II berücksichtigt.

Als Studierender erhältst Du die jährliche Zulage in Höhe von 154,– € nur, wenn Du einen Job rentenversicherungspflichtig ausübst (Verzicht auf die Rentenversicherungsfreiheit) oder mit jemandem verheiratet bist, der in die gesetzliche Rentenversicherung einzahlt. Für jedes Kind bekommst Du eine zusätzliche Förderung in Höhe von 300,– € für Kinder, die nach 2008 bzw. 185,– € für Kinder, die vor 2008 geboren sind.

- Verzicht auf die Rentenversicherungsfreiheit
  Verzichtest Du auf Deine Rentenversicherungsfreiheit bei einem Mini- / Midi-Job, führt der Arbeitgeber zusätzlich zu seiner Pauschale von 15 %, die er ohnehin zahlen muss, 3,9 % von Deinem monatlichen Lohn in die gesetzliche Rentenver-

sicherung ab. Damit wurden insgesamt 18,9 % eingezahlt – wie bei allen anderen Arbeitnehmern auch. Um die Riester-Zulage zu erhalten, musst Du als Geringverdiener nur 60,– € im Jahr (statt 4 % vom Jahreseinkommen) in Deinen Riester-Renten-Vertrag einzahlen.
Beispiel: Du verdienst mit einem Mini-Job 450,– € im Monat und verzichtest auf Deine Rentenversicherungsfreiheit. Dann zieht Dir Dein Arbeitgeber monatlich 3,9 % (=17,55 €) von Deinem Lohn ab und zahlt diesen Betrag in Deine gesetzliche Rentenversicherung – macht im Jahr 210,60 €. In Deinen Riestervertrag zahlst Du noch 60,– € und hast mit insgesamt 270,60 € (210,60 + 60,00) für Dein Alter vorgesorgt. Zusätzlich erhältst Du 154,– € Zulage vom Staat.
Mit der Zahlung von 18,9 % Deines Lohns in die gesetzliche Rentenversicherung hast Du vollen Anspruch auf alle Leistungen der gesetzlichen Rentenversicherung, z.B. ein früheren Rentenbeginn, Rehabilitationsmaßnahmen, einen sofortigen Anspruch auf Erwerbsminderungsrente nach Unfällen usw.

- Zulagenvertrag
  Falls Du mit jemandem verheiratet bist, der in die gesetzliche Rentenkasse einzahlt, kannst Du einen Zulagenvertrag erhalten. Hierbei zahlst Du nur den »Sockelbeitrag« von 60,– € in Deine eigene Riester-Rente und erhältst dann die volle Zulage.

Die Riester-Rente lohnt sich für alle nicht-selbstständig arbeitenden Studenten, insbesondere für Verheiratete, wenn der Ehepartner in die gesetzliche Rentenversicherung einzahlt. Es lohnt sich noch mehr, wenn man Kinder hat.

Einen guten Riester-Rente-Vertrag zu finden, erfordert eine intensive Recherche und benötigt eine längere Zeit. Der Vertrag wird Dich im optimalen Fall für mehr als 40 Jahre begleiten. Auch wenn ein Anbieterwechsel normalerweise problemlos möglich ist, kostet es Dich unter Umständen viele tausend Euro: Bei vielen Verträgen zahlst Du während der ersten Jahre mit Deinen Einzahlungen die

Versicherungsgebühren, womit Dir Zinseinnahmen und der Zinseszinseffekt entgehen. Nimm Dir einfach viel Zeit, vergleiche viel und triff dann Deine Entscheidung.

Bausparen

Bei einem Bausparvertrag zahlt man i.d.R. die Hälfte der Bausparsumme ein und erhält die andere Hälfte der Bausparsumme als ein sehr zinsgünstiges Darlehen.

Ein Bausparvertrag wird staatlich mit der Wohnungsbauprämie (WoP) in Höhe von 8,8 % auf die jährliche Einzahlung von maximal 512 € (Einzelperson) bzw. 1.024 € (Ehepaar) gefördert, sodass die Höchstprämie bei 45,06 € bzw. 90,11 € liegt. Beachte, dass viele Anbieter mit Deinen Einzahlungen erst ihre Gebühren verrechnen und Du somit effektiv noch nichts eingezahlt hast, auf das Du Zinsen erhältst – WoP erhältst Du. Gute Anbieter berechnen die Gebühren erst gegen Ende oder gestaffelt.

Ein Bausparvertrag ist sehr langfristig angelegt, weswegen die Auswahl eines Anbieters gut überlegt sein sollte. Des Weiteren kann sich das angesparte Vermögen als Problem bei Anträgen für Sozialleistungen, z.B. für BAföG, ALG II oder Wohngeld erweisen, wenn hohe Summen angespart wurden. Einen Bausparvertrag bereits während des Studiums abzuschließen, bietet dennoch den Vorteil, sich einen günstigen Darlehenszinssatz für später zu sichern. Viele Anbieter haben mittlerweile sehr flexible Bausparverträge mit variablen Einzahlungen, die man auch ruhen lassen kann. Mit sehr geringen monatlichen Einzahlungen läuft man keine Gefahr, staatliche Leistungen nicht bewilligt zu bekommen.

Hinweis

Ein Bausparvertrag lohnt sich nur, wenn man später das Darlehen aufnehmen möchte.

Seit einigen Jahren gibt es Bausparverträge mit Riester-Förderung, d.h. Du erhältst die Riester-Förderung auf diesen Vertrag. Die Riester-Förderung gibt es nur auf ein Produkt, Du kannst also keine Förderung für Riester-Rente und Riester-Bausparvertrag erhalten.

Den Riester-Bausparvertrag kannst Du nur für den Erwerb / die Schuldentilgung einer selbstgenutzten Immobilie verwenden. Wird die Immobilie später vermietet, muss die Förderung zurückgezahlt werden, wobei man die Förderung auch in einen eigenen Riester-Vertrag »zurückzahlen« kann.

Rechtsschutzversicherung

Eine Rechtsschutzversicherung zahlt alle Kosten, die bei einem Rechtsstreit entstehen, d.h. man braucht sich keine Gedanken über die Bezahlung eines Anwalts oder der Gerichtskosten zu machen.

Bei einer Familienrechtsschutzversicherung bist Du meistens über Deine Eltern bis zum Studienabschluss oder spätestens bis zur Vollendung des 25. Lebensjahres mitversichert – am besten in den Vertragsbedingungen überprüfen.

Gerade für Studenten, bei denen es absehbar ist, dass es zu einem Rechtsstreit kommen kann, bietet sich die Rechtsschutzversicherung an: Wenn Deine Eltern geschieden sind und Du bereits ahnst, dass es Probleme wegen Unterhaltszahlungen geben wird oder die Einkommensverhältnisse für das BAföG von einem Elternteil nicht ohne Gerichtsverfahren offengelegt werden, dann ist für Dich eine Rechtsschutzversicherung geradezu ideal. Hierbei ist zu beachten, dass man i.d.R. nicht gleich nach Vertragsabschluss zum Anwalt gehen kann und die Rechtsschutzversicherung nicht auf vergangene oder laufende Ereignisse greift.

Einige Rechtsschutzversicherungen bieten günstigere Tarife an, falls man sich für eine Selbstbeteiligung entscheidet. Davon wird aber häufig abgeraten, gerade weil Rechtsstreits über geringe Summen häufig sind. Da überlegt man sich, ob man für einen Sachwert von 50,– € eine Selbstbeteiligung von 150,– € pro Versicherungsfall zahlt.

4.7.2 Berufstätige

Berufshaftpflicht- und Berufsrechtsschutzversicherung

Für sehr viele Berufsgruppen ist eine Berufshaftpflicht- und Berufsrechtsschutzversicherung mehr als sinnvoll. Beide Versicherungen, vor allem die Berufshaftpflichtversicherung, solltest Du unbedingt kurz vor Deinem Berufsstart haben!

Überprüfe, inwiefern Deine Berufshaftpflicht- und Berufsrechtsschutzversicherung den privaten Sektor abdecken (i.d.R. deutlich schlechter): Falls der Versicherungsschutz ausreicht, kannst Du die Privathaftpflicht und private Rechtsschutzversicherung kündigen.

Unfallversicherung

Wenn Du bei einem Unfall dauerhaft geschädigt wirst, erhältst Du einmalig viel Geld (z.B. Umbau des Hauses). Bei Tarifen mit Progression steigt die Versicherungsleistung mit Zunahme des Schadens. Wie viel Geld Du für welchen Schaden erhältst, erfährst Du in der »Gliedertaxe« Deiner Versicherung.

Die Unfallversicherung sollte mit keiner anderen Versicherung kombiniert werden, da dies praktisch immer ein Verlustgeschäft ist und zu unnötigen Doppelversicherungen führt. Wer keine Unfallversicherung erhält (Alter, Krankheiten, Risikosportarten), könnte alternativ eine Invaliditätsversicherung abschließen.

Hausratversicherung

Eine Hausratversicherung lohnt sich nur, wenn Du eine teure Einrichtung hast, sonst nicht. Übrigens sind viele Hausratversicherungen der Eltern auch für die in der Ausbildung befindlichen Kinder gültig – ein Blick in die Versicherungsunterlagen verschafft Klarheit.

Meistens ist in der Hausratversicherung auch eine Fahrraddiebstahlversicherung enthalten, die dann günstiger ist als eine separat abgeschlossene. Da in Studentenstädten oft Fahrräder geklaut werden, sollte man sich entweder ein altes Rad zulegen oder ein sehr gutes Schloss. Meine Empfehlung ist ein günstiges Fahrrad, weil auch sehr gute Schlösser nicht vor Vandalismus schützen.

4.7.3 Verheiratete

Lebensversicherung

Es gibt zwei Formen der Lebensversicherung: Die Risiko-Lebensversicherung und die Kapital-Lebensversicherung. Im Todesfall des Versicherten zahlen beide Arten den Hinterbliebenen die Versicherungssumme aus.

Bei der Kapital-Lebensversicherung wird zusätzlich Vermögen gebildet, das am Ende der Versicherungsdauer dem Versicherten bereit steht. Verbraucherzentralen raten jedoch von der Kapital-Lebensversicherung ab, da es viel bessere Möglichkeiten der Kapitalbildung gibt.

Lohnt sich für Studenten eine Lebensversicherung? Eine Lebensversicherung eignet sich eigentlich nur für Menschen, von denen andere finanziell abhängig sind (z.B. Kinder / Ehegatte) oder von denen finanzielle Sicherheiten verlangt werden (z.B. Aufnahme eines Bankkredits).

Bei der Lebensversicherung ist es wie bei der Berufsunfähigkeitsversicherung – der Beitrag hängt stark vom Gesundheitszustand und Alter beim Vertragsabschluss ab. Wer aufgrund von gehäuften Krankheiten in der Familie damit rechnet, selbst mal zu erkranken, sollte eine Lebensversicherung möglichst früh abschließen. Spätestens beim Berufseinstieg mit dem Gedanken, später mal eine Familie zu gründen oder einen höheren Kredit aufzunehmen (Immobilienkauf), solltest Du eine Risiko-Lebensversicherung abschließen.

5 EDV für Studierende

Dieses Kapitel ist recht umfangreich und unterstreicht die hohe Bedeutung von guten Computer-Kenntnissen für Studierende. Während Deines Studiums und auch in Deinem späteren Berufsleben spielt die EDV eine sehr große Rolle. Aus diesem Grund werden auch in den Rechenzentren aller Hochschulen regelmäßig, meist kostenlose, EDV-Kurse für Studierende angeboten. Ich empfehle Dir, möglichst viele Kurse zu besuchen und Dir umfangreiche Kenntnisse anzueignen. Insbesondere das Maschinenschreiben, sowie Microsoft Office Word, PowerPoint und Excel solltest Du als ein absolutes Minimum sicher beherrschen. Wenn Du Dich mit Deinem Wissen in der EDV später aus der Masse der Absolventen abheben möchtest, solltest Du Dich zusätzlich mit Joomla!, Bildbearbeitung, HTML, CSS, PHP, MySQL und etwas Systemadministration beschäftigen – Angebote gibt es in den Hochschulen genug. EDV-Kurse besuchst Du in der vorlesungsfreien Zeit oder parallel zum Studium.

Tipp

Viele Hochschulen bieten Dir kostenlosen Support bei Problemen mit Software an und helfen Dir bei der Planung von Abschlussarbeiten. Einige Hochschulen verschenken teure Software oder bieten sie zumindest günstiger als im Handel an.

5.1 Grundlagen

5.1.1 Shortcuts

Mit Shortcuts kannst Du schneller und bequemer Eingaben vornehmen als mit der Maus – verwende sie so oft wie möglich! Zwar kannst Du Dir unmöglich alle merken, die Dir die Programme und das Betriebssystem anbieten, aber das ist auch nicht der Sinn der Sache: Nutze lediglich die Shortcuts, die Du sonst häufig über bestimmte Buttons mit der Maus anklickst.

Im Internet oder Handbuch findest Du alle Shortcuts für jedes Programm, falls sie schon nicht in den Menüs angezeigt werden. Nichtsdestotrotz solltest Du mindestens die wichtigsten kennen und tagtäglich verwenden (☞ Tabelle 5.1 auf der nächsten Seite). Übrigens: Drücke bei jeder noch so kurzen Denkpause [Strg]+[S]. Vergiss auch nicht: Ein neues Dokument wird erst gespeichert(!) bevor Du überhaupt etwas schreibst. Bei der täglichen Arbeit mit Dateien in Ordnern nützt Dir das folgende Wissen: Du kannst Dateien selektiv markieren, wenn Du bei gedrückter [Strg]-Taste auf einzelne Dateien mit der Maus klickst. Markierte Dateien kannst Du auch umkehren, d.h. die Dateien, die Du nicht markiert haben möchtest, markierst Du erst, dann invertierst Du die Markierung ([⇧]+[Strg]+[I]) – lohnt sich besonders, wenn bis auf wenige Dateien alles andere markiert werden soll. Bei gedrückter [⇧]-Taste kannst Du alle Dateien zwischen der ersten Markierung bis zum zweiten Mausklick markieren. Das gleiche funktioniert auch, wenn Du die Pfeiltasten ([→][←][↑][↓]) statt der Maus nutzt. Mit [Strg]+[Y] kannst Du die letzte Aktion wiederholen. Das kannst Du auf alles Mögliche anwenden, beispielsweise kannst Du damit »rückgängig« rückgängig machen oder in Word eine neue Zeile einfügen, nachdem Du erst mit Hilfe der Maus in einer Tabelle eine neue Zeile eingefügt hast. Doppelklick auf ein Wort markiert es. Dreifachklick markiert häufig einen ganzen Textabsatz. Bei gedrückter [Strg]-Taste und den Pfeiltasten ([→][←]), springt der Cursor von Wort zu Wort, hältst Du dabei noch die [⇧]-Taste gedrückt, so werden dabei die ganzen Wörter markiert. Um ohne Maus, z.B. beim

Tabelle 5.1: Die wichtigsten Shortcuts.

Shortcuts	**Funktion**
Strg + C	markierte Objekte kopieren
Strg + V	einfügen kopierter / ausgeschnittener Objekte
Strg + X	markierte Objekte ausschneiden
Strg + A	alles markieren
Strg + F	suchen / finden
Strg + P	drucken
Strg + Z	rückgängig
Strg + Y	letzte Aktion wiederholen
Strg + S	Datei speichern
Strg + ⇧ + S	Datei speichern unter
Alt + ⇆	aktives Fenster wechseln
⊞ + D	Desktop anzeigen (alle Fenster werden minimiert)
⊞ + E	Windows Explorer öffnen

5

typischen Login mit Benutzernamen und Passwort, oder beim Ausfüllen von Formularen, von einem Formularfeld ins nächste zu kommen, drückst Du auf die ⇆-Taste. In das vorherige Feld springst Du bei gedrückter ⇧-Taste mit der ⇆-Taste. Viele Dateien lassen sich über das Kontextmenü mit Rechtsklick drucken, dazu könnte man auch mit Strg + A alle Dateien markieren, womit Du Dir das einzelne Öffnen von allen Dateien sparst. In Dateibrowsern wie Windows-Explorer, Nautilus oder Konquerer kannst Du Ordner als Favoriten / Lesezeichen aufnehmen, damit brauchst Du Dich dann nicht mehr jedes mal bis zum Ordner durchklicken.

Neben der Verwendung von Shortcuts steigerst Du Deine Geschwindigkeit, indem Du die Mausgeschwindigkeit auf Maximum einstellst, damit reichen selbst kleinste Bewegungen aus, den Mauszeiger weite Strecken zurücklegen zu lassen. Keine Sorge, es dauert weniger als 5 Minuten bis Du Dich an die hohe Geschwindigkeit gewöhnt hast, aber ab dann sparst Du Zeit für immer! Die Geschwindigkeit lässt sich entweder im Betriebssystem • Start • Systemsteuerung • Maus • Hardware und Sound • Geräte und Drucker • Maus • Zeigeroptionen oder direkt mit dem Treiberprogramm • Start • Programme einstellen.

Seit Windows Vista und seit Ubuntu 11.04 lassen sich Programme schnell und einfach starten: ⊞ und den Namen des Programms tippen, evtl. mit Pfeiltasten auf einen Vorschlag gehen und mit ↵ bestätigen.

5.1.2 Maschinenschreiben

Als Student wirst Du viel Zeit an einem Computer verbringen, egal ob Du an Hausarbeiten, Präsentationen oder an Deiner Abschlussarbeit werkelst, Du wirst immer viel tippen müssen. Wenn Du Dir jede Menge Zeit sparen möchtest, dann erlerne das Maschinenschreiben. Lediglich 10–20 Stunden musst Du dafür aufbringen – diese Investition zahlt sich innerhalb kürzester Zeit um ein Vielfaches aus, sowohl im Studium, als auch im Berufsleben. Maschinenschreiben ist ein absolutes Muss!

Viele gute und kostenlose Tipp-Trainer-Programme gibt es im Internet – ein Kauf lohnt sich nicht. Online-Tipp-Trainer eignen sich besonders gut, da sie direkt im Internetbrowser laufen und keiner Installation bedürfen.

Wenn Du die Grundlagen im Maschinenschreiben beherrschst, musst Du Dich auch konsequent daran halten. Also Augen weg von der Tastatur und immer alle Finger benutzen!

5.1.3 Suchmaschinen

Zum Thema Suchmaschinen fällt den meisten Google ein. Als Branchenprimus und (fast) Monopolist hat die Firma eine sehr große Bedeutung in der Gesellschaft erlangt, schließlich beeinflussen die angezeigten Suchergebnisse die Sichtweisen. Man muss nicht unbedingt mit Google suchen, obwohl es meiner Meinung nach noch immer die besten Ergebnisse liefert. Es gibt selbstverständlich auch Alternativen.

Google

Das Finden mit Google wird einfacher und effektiver, wenn Du die cleveren Funktionen der Suchmaschine nutzt. Eine kurze Bedienungsanleitung zu den hilfreichen Funktionen von Google findest Du auf der Google.de-Startseite ganz unten unter »Über Google« – leider liest sich kaum jemand die Tipps durch und sucht folglich immer suboptimal. Dort beschreibt Google viele Funktionen, die jedem Studierenden das Leben stark erleichtern.

Für Wissenschaftler gibt es Google Scholar[83], mit dem sich mühelos wissenschaftliche Publikationen finden lassen.

Hinweis

Viele Suchmaschinen orientieren sich in ihren Bedienung an Google: Setzt man Wörter im Suchfeld in Anführungszeichen ("Max Mustermann"), werden **nur** die Ergebnisse angezeigt, in denen die Wörter **exakt so** geschrieben vorkommen, d.h. unter Berücksichtigung der Groß- und Kleinschreibung sowie Leerzeichen. Die Internetsuche lässt sich auf nur eine einzige Internetseite beschränken: "Suchwort site:www.beispielseite.de". Hilfreich ist die Möglichkeit, nach ganz spezifischen Dateitypen, z.B. pdf, zu suchen, "LibreOffice Writer Einführung filetype:pdf" – Handbücher und Kursskripte werden oft als pdf im Internet veröffentlicht. Wer eine PowerPoint-Präsentation halten muss, sollte sich darüber informieren, was andere bereits über dasselbe Themengebiet gemacht haben, z.B. "Spanische Sprache filetype:ppt".

In die Google-Suchleiste kommst Du, wenn Du auf [Esc] klickst. Tippe einen Suchbegriff und bestätige mit [↵]. Mit einem Klick auf [⇥] gelangst Du in die Trefferliste, in der Dir mit [→] eine kleine Vorschau des Treffers angezeigt wird, die Du mit [←] ausblenden kannst. Mit [↑] und [↓] navigierst Du in den Treffern, bis Du am Ende auf »Weiter« kommst. Um auf die nächste Seite zu gelangen [↵] drücken.

83 http://scholar.google.de

YouTube

YouTube[84] wird von vielen als ein reines Unterhaltungsmedium genutzt, lässt sich aber für mehr gebrauchen: In unzähligen Tutorials (Anleitungen) werden Anfängern Computerprogramme anhand von Screencasts (Bildschirmvideos) gelehrt. Ebenfalls finden sich Videos zu Mathematik-, Anatomie-, Physikvorlesungen usw. Tipps fürs Private gibt es auch reichlich: Hochsteckfrisuren, Zwiebeln schneiden oder Fahrradreifen flicken wie Profis.

Tipp

Wenn Du Schwierigkeiten mit einem Programm hast, kannst Du Dir Tutorials auf YouTube ansehen und 1:1 umsetzen – das geht viel schneller als Lesen. Beispiele: Inhaltsverzeichnis in Word erstellen, Formeln in Excel eingeben oder Bilder mit Gimp bearbeiten – für (fast) alles gibt es Screencasts.

5.1.4 Sicherheit

Die Furcht von vielen, gehackt zu werden, ist unbegründet, schließlich hat man keine so wertvollen Daten auf dem Computer, dass sich der hohe Aufwand für einen gezielten Hack lohnt.

In nahezu allen Fällen von erfolgreichen Hacks war bereits vorher der Computer mit Schadsoftware (Viren, Trojaner) infiziert – hier kannst Du sehr gut durch Antivirenprogramme vorbeugen. Die Sicherheit und der Schutz des Computers ist eigentlich recht simpel, wenn Du nur einige wenige »Basics« beachtest.

- Untersuche Deinen Windows-PC mindestens ein Mal die Woche mit einem aktualisierten Antivirenprogramm.
- Hände weg von Tauschbörsenprogrammen: Sie stellen in den meisten Fällen die Virenschleuder Nummer 1 dar.
- Nimm von unbekannten Personen keine Programme über Chats oder E-Mails an und installiere sie nicht. Wenn Du von Deinen Kontakten plötzlich Internetlinks völlig aus

84 www.youtube.de

dem Kontext erhältst, so befindet sich mit hoher Wahrscheinlichkeit Schadsoftware auf deren Rechner – klicke nicht auf die vorgeschlagenen Links.

- Erstelle regelmäßig Backups von Deinen eigenen Dateien.
- Programme solltest Du ausschließlich von seriösen Seiten, wie der Herstellerseite oder bekannten Plattformen, herunterladen und installieren. Suche mit Google z.B. nach »firefox chip«. Der erste Treffer müsste eine Downloadseite für Firefox von der bekannten PC-Zeitschrift Chip sein.
- Für den Download kostenloser Programme sind niemals persönliche Daten erforderlich (Abofallen). Es gibt genug Downloadmöglichkeiten – wähle einfach eine andere.
- Speichere niemals Passwörter für wichtige Zugänge, wie für Online-Banking oder Online-Shops auf der Festplatte.
- Sichere Passwörter bestehen aus Sonderzeichen, Zahlen sowie Groß- und Kleinbuchstaben und finden sich in keinem Wörterbuch. Auch haben sie nichts mit einem selbst zu tun, d.h. keine Namen von sich oder aus dem persönlichen Umfeld, kein Geburtsdatum, Telefonnummer etc. verwenden. Sichere Passwörter lassen sich sehr einfach erzeugen, indem Du einen Satz veränderst: »Heute habe ich viel gearbeitet!« Daraus bildest Du einen Fragesatz, wobei Du an den Anfang das Fragezeichen setzt, danach z.B. ein Ausrufezeichen und am Schluss ein Komma: »?!Heute habe ich viel gearbeitet,« Um das sichere Passwort praktikabel zu machen wird immer nur der erste Buchstabe des Wortes verwendet und das kleine i durch eine 1 ersetzt: »?!Hh1vg,«. Du kannst auch Wörter kreativ verändern: Aus Hirsch wird z.B. !H1r5ch? Solche Passwörter lassen sich sehr einfach merken und bieten einen hohen Schutz. Je mehr Zeichen Du verwendest, desto sicherer wird Dein Passwort. Vorsicht mit Zeichen, die sich nur auf der deutschen Tastatur befinden – wenn Du ins Ausland gehst, könnte Dich das vor Probleme stellen (Copy & Paste von deutschen Internetseiten hilft).

- Nur weil Du etwas in den Papierkorb verschoben und anschließend geleert hast, heißt das noch lange nicht, dass diese Daten gelöscht wurden: Sie wurden lediglich als gelöscht markiert und befinden sich noch immer auf dem Datenträger. Sie werden zwar nicht mehr angezeigt, lassen sich jedoch von (kostenloser) Software mehr oder weniger gut wiederherstellen. Nur spezielle Löschprogramme (z.B. Eraser[85]) können Daten wirklich endgültig löschen. Vor dem Verkauf oder Umtausch Deiner Festplatte solltest Du das nicht vergessen.

Jeder muss für sich selbst entscheiden, wie viel Wert er auf Sicherheit legt: Mit Sicherheit geht jedoch Komfort und Performance des Rechners verloren.

Wenn Du als Einziger Deinen Computer nutzt und die obigen Tipps befolgst, spricht überhaupt nichts dagegen, dass Du Deine Passwörter für E-Mails, Communities und andere Zugänge im Internetbrowser speicherst. Auch ein automatisches Anmelden auf dem Computer ohne Passwortabfrage ist vollkommen okay.

Speichere niemals Passwörter für Online-Banking oder Online-Shops im Webbrowser ab!

5.2 Hardware

Den besten Preis für Hard- und Software (☞ Abschnitt 2.3.5 auf Seite 128) findest Du im Internet. Nur in seltenen Fällen lohnen sich die Angebote von großen Elektronikmärkten und kleineren Geschäften (z.B. bei einer 0 % Finanzierung).

Achte beim Kauf, dass der Hersteller / Händler im Garantiefall einen Pick-up & Return Service anbietet, bei dem das defekte Gerät vom Paket- / Servicedienst von Dir zu Hause abgeholt, zur Reparatur gebracht und anschließend wieder geliefert wird. Teure Anschaffungen solltest Du generell nur von Händlern aus der BRD machen, wo dann auch der Gerichtsstand ist und deutsches Recht

85 http://eraser.heidi.ie

geltend gemacht werden kann. Wenn Du zudem Wert darauf legst, dass Deine Hardware auch unter Linux läuft, überprüfst Du die Kompatibilität vor dem Kauf im Internet.

Im Grunde benötigst Du als Student nur wenige Geräte: Rechner, Monitor, Drucker, Scanner, USB-Festplatte für Backups, (ergonomische) Tastatur und eine (multi-Button) Maus. Bei allen oben genannten Geräten solltest Du nicht knausern (außer beim Scanner), denn diese werden Deine täglichen Arbeitsmittel sein!

Um auf dem Arbeitsplatz alles schön ordentlich zu halten und das Putzen zu erleichtern, wird jedes einzelne Gerätestromkabel mit einem Kabelbinder bzw. Draht nahe am Stromstecker zusammengebunden.

Da die oben genannten Geräte im Standby-Betrieb und zum Teil sogar ganz ausgeschaltet Strom verbrauchen, ist es umwelt- und geldbeutelfreundlich, alle Stecker an eine ausschaltbare Mehrfachsteckdose anzuschließen, dann reicht ein Schalter, um alle Geräte auf einmal vom Stromnetz zu trennen. Weil der Drucker nicht immer benötigt wird, empfiehlt es sich, das Gerät an eine einzelne Schaltsteckdose anzuschließen.

5.2.1 Computer

Viele Studierende stehen vor der Frage, ob sie sich einen Laptop, Netbook oder einen PC zulegen sollen. Das hängt jedoch hauptsächlich davon ab, ob man rechenintensive Programme (Spiele, Videobearbeitung, aufwendige Programmierungen) benutzt oder nicht.

PCs haben i.d.R. leistungsfähigere Hardware als Laptops, die sich auch leicht austauschen lässt. Hardwareteile in Laptops sind bis auf wenige Ausnahmen, wie z.B. Arbeitsspeicher oder Festplatte, nicht, bzw. nur schwer, austauschbar.

Für Studierende, die hauptsächlich Bürosoftware und Internetanwendungen benötigen, ist ein Laptop die bessere Wahl. Er ermöglicht ortsunabhängiges Arbeiten, d.h. egal ob Du in Deiner Studentenbude sitzt, mit der Bahn reist oder bei Deinen Eltern bist, Du kannst immer arbeiten. Wenn Du häufig unterwegs bist und überwiegend Büroarbeiten erledigst, bist Du mit einem Netbook oder einem Subnotebook sehr gut beraten.

Ich empfehle ein Subnotebook: Sehr hohe Performance bei leichtem Gewicht und langer Akkulaufzeit. Die Lebensdauer des Akkus wird übrigens erhöht, wenn er beim Netzstrombetrieb aus dem Gerät genommen wird und spätestens alle 6 Monate voll geladen wird, um eine schädliche Tiefenentladung zu verhindern.

Tipp

Ein Netbook / Subnotebook kannst Du zu Hause mit einem Monitor und einem aktiven USB-Hub verbinden, an dem alle USB-Geräte (Tastatur, Maus, Drucker, Scanner) angeschlossen sind. So kannst Du komfortabel wie an einem PC arbeiten, hast aber auch alle Vorteile eines mobilen Rechners.

5.2.2 Peripherie

Monitor

Das viele Arbeiten am Computer ist deutlich angenehmer und Filmabende machen richtig Spaß, wenn man vor einem großen Monitor sitzt.

Aktuelle Monitore sollten über einen höhenverstellbaren Standfuß und ein Breitbild verfügen. Auch sollte der Monitor die Auflösung von Full-HD (1920 × 1080) wiedergeben können, über interne Lautsprecher verfügen und neben dem analogen VGA-Anschluss auf jeden Fall digitale Anschlüsse (DVI, HDMI, Display-Port) bieten, wobei HDMI die beste Wahl ist, da diese Anschlussmöglichkeit bei neuen Unterhaltungsgeräten Standard ist. Das Tüpfelchen auf dem »i« wäre eine automatische Helligkeitsanpassung, die von der Umgebung abhängig ist. Die Bildschirmgröße sollte meiner Meinung nach am besten 24 Zoll betragen, auf keinen Fall weniger als 22 Zoll, wenn der Monitor auch zum Filme schauen verwendet wird.

Der Monitor lässt sich mittels einer TV-Box, an dem ein SAT-Receiver oder Antennenkabel angeschlossen ist, zu einem Fernseher aufrüsten, was auch ohne Einschalten des PCs fernsehen ermöglicht. Noch praktischer ist es, wenn ein TV-Tuner bereits im Monitor integriert ist.

Drucker

Während Deines Studiums wirst Du sehr viel drucken. Zwar kannst Du auch in der Hochschule drucken, doch einen Drucker zu Hause zu haben, ist bequem, spart Zeit und ist meist billiger.

Bei der Auswahl des Druckers solltest Du in erster Linie die Betriebskosten und die Druckqualität berücksichtigen. All-in-one Drucker, die drucken, scannen und kopieren, wären vom Platzbedarf gesehen optimal, sind aber leider aufgrund ihrer hohen Druckkosten nicht zu empfehlen.

Laserdrucker liefern Resultate von sehr hoher Qualität und können viele Seiten mit nur einem einzigen Toner drucken. Anders als bei Tintenpatronen trocknet ein Toner auch bei längerem Nichtgebrauch nicht ein (Semesterferien). Ist der Ausdruck selbst in geringerer Druckauflösung (z.B. Entwurfsdruck) noch gut, kannst Du diese Einstellung als Standard im Treiber für alle Ausdrucke festlegen. Eine Duplexeinheit, bei der Vorder- und Rückseite (ohne weiteres Zutun) bedruckt wird, trägt ebenfalls zur Kostenreduktion bei. Auch den Duplexdruck kannst Du als Standardeinstellung im Treiber festlegen. Falls Du mal nur einseitig und / oder in hoher Qualität drucken möchtest, kannst Du dies im Druckdialog vor dem Ausdruck einstellen.

Achte vor dem Kauf auf die Verfügbarkeit von kompatiblen Tonern, die deutlich günstiger als die Originale der Hersteller sind. Schwarz-Weiß-Laserdrucker kosten in der Anschaffung und im Betrieb am wenigsten. Zu empfehlen ist z.B. der Kyocera FS-1020D, den es auf eBay günstig zu kaufen gibt. Bei diesem Drucker mit Duplexeinheit reicht ein kompatibler Toner (ca. 20,– €) für 15.000 Seiten und dank einer Permanenttrommel erübrigt sich ein Trommelwechsel. Eine gedruckte Seite kostet dann unter 1 Cent.

Mit einem guten Schwarz-Weiß-Laserdrucker kannst Du auch Deine Abschlussarbeit ohne Probleme sehr günstig zu Hause drucken und dann in einer Druckerei binden lassen. Für das bloße Auge sind praktisch keine Unterschiede bei den Ausdrucken von Laserdruckern sichtbar.

Scanner

Ein günstiger und gebrauchter USB-powered (kein Netzteil erforderlich) Flachbettscanner ist für Studierende ausreichend und kann auf eBay ab 10,– € ersteigert werden. Hauptsächlich benötigst Du ihn zum gelegentlichen Kopieren oder zur Digitalisierung von Bildern und Dokumenten für Präsentationen und Bewerbungen. Zur Not hilft auch ein Smartphone, um mit einer App »Dokumente zu scannen« (fotografieren).

5.2.3 Sonstige Hardware

Wenn Du einen externen Monitor für das Notebook verwendest, ist auch eine externe Tastatur und Maus sinnvoll. Wenn Tastatur und Maus kabellos sind, lässt sich auf dem Schreibtisch bei Bedarf schnell Platz gewinnen.

Ich persönlich bevorzuge ergonomische Tastaturen, da hier die Ellenbogen vom Körper weiter abstehen können, was das Tippen komfortabler gestaltet. Die Maus sollte mehrere Buttons mit verschiedenen Funktionen haben (vor und zurück, Lautstärkeregelung usw.). Für Backups ist eine externe 2,5 Zoll Festplatte sehr praktisch, die benötigt kein extra Netzteil, ist klein und leicht zu transportieren. Ein »aktiver USB-Hub«, der eine eigene Stromversorgung hat, versorgt alle angeschlossenen Geräte mit dem erforderlichen Strom. Benötigst Du Deinen Laptop, so brauchst Du nur ein einziges USB-Kabel zu ziehen. Beim Auslandsstudium lohnt sich zum »Telefonieren übers Internet« (VoIP) noch ein (Bluetooth-)Headset, das Du auch mit dem Handy nutzen kannst.

5.3 Betriebssysteme

Das Betriebssystem an sich ist für den Endanwender eigentlich relativ unwichtig, solange alle benötigten Programme laufen. Das Betriebssystem soll im Grunde eine stabile Plattform darstellen, auf der der Nutzer mit seinen Anwendungen arbeiten kann. Wichtig für die tägliche Arbeit sind also die Anwendungen und weniger das Betriebssystem, auf dem sie laufen.

Viele kennen nur Windows als Betriebssystem und wissen nicht, dass es daneben auch andere Betriebssysteme wie z.B. Linux gibt. Alle Betriebssysteme haben Vor- und Nachteile, wie allzu oft hängt es von den persönlichen Bedürfnissen ab, was besser geeignet ist, wobei ich jedem zusätzlich zu Windows auch Ubuntu-Linux bedenkenlos empfehlen kann.

Mit Ubuntu sind die Hauptanwendungsgebiete vieler Studenten gedeckt: Internet (Firefox), E-Mail (Thunderbird), Videos (VLC-Player), Chat (Facebook, Skype, Windows Live Messenger, ICQ, googletalk) und Bürosoftware (LibreOffice[86] und LaTeX).

Beide Betriebssysteme auf dem Rechner zu haben, stellt überhaupt kein Problem dar: Bei der Installation von Ubuntu wird Windows erkannt und bleibt auf Wunsch unangetastet. Nach der Installation kannst Du bei jedem Start des Computers entscheiden, welches Betriebssystem gestartet wird. Als Standardbetriebssystem empfehle ich Dir Ubuntu, das nach einigen Sekunden automatisch bootet, wenn Du nicht explizit auf Windows klickst.

Auf keinen Fall kann ich Dir zur Deinstallation von Windows raten, weil der sichere Umgang mit diesem »Standardbetriebssystem« im Alltag eine wichtige Grundlage darstellt. Es ist absolut wichtig, dass Du das aktuelle Windows sicher beherrschst!

Kennst Du Dich mit Windows gut aus, rate ich Dir, es möglichst zu meiden und Alternativen (Linux, Mac) zu verwenden. Die Gründe für diese Empfehlung liegen in der verschwenderischen Nut-

86 LibreOffice ist aus OpenOffice hervorgegangen, nachdem OpenOffice von der Firma Oracle übernommen wurde und die Wünsche der Community vernachlässigte. LibreOffice wird höchstwahrscheinlich OpenOffice im Einsatz ablösen.

zung von Ressourcen (Arbeitsspeicher, CPU, Grafikkarte), der zeitintensiven Wartung (manuelle Installationen von Updates, manuelles Löschen von schlecht entfernter Software, Datenträgerbereinigungen, Defragmentierungen ...), sowie in den aufwendigen Optimierungen des Betriebssystems und der mangelhaften Sicherheit (viele Viren, Malware, Spionageprogramme).

Windows ist ein wahrer Zeitfresser für Studierende – am besten Du arbeitest soviel wie möglich unter einem alternativen Betriebssystem und veränderst an Windows nichts mehr, nachdem die wichtigsten Programme (z.B. MS Office) installiert wurden und laufen.

5.3.1 Windows

Windows ist das gängigste Betriebssystem und wird praktisch überall eingesetzt. Deshalb ist es ein Muss, den sicheren Umgang mit den aktuellsten Windowsbetriebssystemen zu beherrschen.

Windows bedarf regelmäßiger Wartung und gelegentlicher Neuinstallation, damit es schnell bleibt und stabil läuft. Auch ist es empfehlenswert, nach bestimmten Virusinfektionen das System komplett neu aufzusetzen. Viele Informatiker installieren auf ihren Rechnern ca. alle sechs Monate Windows neu, damit die anfängliche hohe Geschwindigkeit wieder erreicht wird und unerkannte Schadprogramme gelöscht werden.

Optimierungen

Im Internet findest Du sehr viele Tipps und Tricks, wie Du Windows optimieren kannst, was teilweise lange dauert und kompliziert ist. Hier bieten sich Optimierungsprogramme an, bei denen Du mit ein paar Klicks Windows sichtlich schneller und stabiler machen kannst. Insbesondere mit Tune-Up Utilities[87] habe ich sehr gute Erfahrungen gemacht – ein wirklich einfaches und sehr gutes Programm, das sein Geld allemal wert ist (kostenlose Demoversion mit allen Funktionen vorhanden).

87 www.tuneup.de

Regelmäßige Wartung

Je nachdem, wie viel Du unter Windows arbeitest, Programme installierst und deinstallierst, musst Du Windows warten. Täglich solltest Du ein Update des Antivirusprogramms durchführen. Wöchentlich stehen folgende Wartungen an:

- Datenträgerbereinigung
  • START • ALLE PROGRAMME • ZUBEHÖR • SYSTEMPROGRAMME • DATENTRÄGERBEREINIGUNG (Shortcut: Datenträgerbereinigung)
- Festplatte defragmentieren
  Shortcut: Defragmentierung
- Virensuche (evtl. mehrmals die Woche)
- Programme in Autostart kontrollieren
  Shortcut: Autostart

Tune-Up Utilities kann übrigens alles bis auf die Virensuche auf Knopfdruck durchführen (☞ Abschnitt 5.3.1 auf der nächsten Seite).

Empfohlene Software speziell für Windows

Gute Programme müssen nicht teuer sein. Es gibt viele hervorragende, kostenlose Open-Source[88]- oder Shareware[89]-Programme, die mindestens so gut sind wie käufliche. Wenn Du auf kostenpflichtige Programme angewiesen bist, erkundige Dich vorher im Internet nach Rabatten für Studenten (z.B. Studyhouse[90]). Einige Fakultäten verteilen sogar bestimmte Software oder Windows-Betriebssysteme kostenlos.

Ganz wichtig beim Thema Software unter Windows ist diese Tatsache: Je mehr Programme im Hintergrund laufen, installiert sind

---

88 Open-Source Software unter GPL ist für private und gewerbliche Nutzung kostenlos

89 Shareware ist proprietäre Software, die i.d.R. nur für die private Nutzung kostenlos ist

90 www.studyhouse.biz

oder deinstalliert wurden, desto langsamer und fehleranfälliger wird Windows.

Selbst wenn Programme deinstalliert werden, verbleiben mehr oder weniger große Dateien auf dem Rechner zurück und können Probleme verursachen. Installiere also am besten nichts, was Du nicht brauchst.

Zum Ausprobieren von Programmen sind portable Versionen sehr gut geeignet. Portable Programme werden in einem Ordner auf einem Datenträger (Festplatte, USB-Stick) installiert und verändern nichts auf dem Rechner, auf dem sie laufen. Wird der Ordner gelöscht, ist alles weg – es bleiben keine Reste übrig.

Weitere sehr gute Programme, die Dir Dein Studentenleben erleichtern, findest Du im ☞ Abschnitt 5.4 auf Seite 231. Alle dort beschriebenen Programme sind Open-Source und für alle gängigen Betriebssysteme vorhanden.

Avira. Das Antivirusprogramm Avira[91] (Shareware) ist sehr gut und kostenlos. Mindestens ein Mal pro Woche solltest Du Deinen Rechner auf Viren überprüfen und täglich ein Update durchführen: Rechtsklick auf das minimierte Avira Symbol in der Taskleiste (weißer Regenschirm im roten Quadrat) • UPDATE STARTEN. Die Suche nach Schadprogrammen kann verfeinert werden: Rechtsklick auf das Avira Symbol • AVIRA FREE ANTIVIRUS KONFIGURIEREN • SYSTEM SCANNER • ALLE DATEIEN wählen und bei • WEITERE EINSTELLUNGEN alle Kästchen aktivieren. Unter • SUCHE • ARCHIVE • ALLE ARCHIV-TYPEN wählen. Bei • ECHTZEIT-SCANNER • ALLE DATEIEN aktivieren und ebenfalls unter • ALLGEMEINES • GEFAHRENKATEGORIEN • ALLE DATEIEN aktivieren.

Tune-Up Utilities. Das Programm Tune-Up Utilities[92] ist ein hervorragendes Windows-Optimierungstool, das von der Konkurrenz unerreicht bleibt. Die Bedienung ist absolut selbsterklärend und sehr einfach. Es gibt aber auch einen Haken: Tune-Up Utilities ist kostenpflichtig. Ältere Vollversionen gibt es aber regelmäßig am

---

91 www.free-av.de

92 www.tuneup.de

Kiosk mit einer PC-Zeitschrift für wenige Euro günstig zu kaufen. Du kannst Dir auch die zeitlich begrenzte kostenlose Demoversion runterladen und installieren. Die Optimierungen bleiben natürlich auch nach der Deinstallation des Programms erhalten.

Firewall. Im Internet gibt es zahlreiche Diskussionen über Sinn und Unsinn einer Firewallinstallation auf dem eigenen Computer. Im Grunde kontrolliert eine Firewall lediglich den Zugriff von Programmen auf das Netzwerk / Internet. Da mit neueren Windows-Versionen auch eine Firewall automatisch vorhanden ist, kannst Du Dir die Installation einer weiteren Firewall (z.B. ZoneAlarm) sparen. Übrigens hat auch jeder Router, über den Du ins Internet gelangst, eine Firewall.

Erstellen von Backups

Grundsätzlich kann man entweder von nur wenigen Dateien oder von der ganzen Festplatte Backups erstellen. Ich empfehle ein Backup vom Betriebssystem **und** von den persönlichen Dateien.

Eigene Dateien. Das wichtigste sind in erster Linie die persönlichen Dateien. Um Dir die Arbeit zumindest mit Deinen persönlichen Daten so einfach wie möglich zu machen, speicherst Du alle in nur einen Ordner, z.B. in »Eigene Dateien«. Später brauchst Du nur diesen einen Ordner samt Inhalt auf einen externen Datenträger (DVD, USB-Festplatte) zu kopieren und schon hast Du das Wichtigste gesichert.

Fortgeschrittene legen eine Partition nur für Windows und installierte Programme an und eine für die persönlichen Dateien. Der Ordner »Eigene Dateien« liegt dann z.B. auf der Partition »D«, während alle Windowsdateien und Programme auf »C« sind. Bei einer Neuinstallation von Windows auf »C« bleiben folglich alle Dateien auf der Partition »D« erhalten. Geht jedoch die Festplatte kaputt, sind auch diese Daten verloren.

Hinweis

Den Ordner »Eigene Dateien« solltest Du **regelmäßig** auf einer USB-Festplatte z.B. im Ordner »Backup« sichern. Den Ordnernamen »Eigene Dateien« änderst Du dann auf das Datum des Backups (JJJJ-MM-DD) und beugst so Verwechslungen vor. Sicherheitshalber sollten immer mehrere Backups vorhanden sein, um bei Bedarf auf ältere Versionen zurückgreifen zu können.

Speziell für Backups von Firefox und Thunderbird mitsamt allen persönlichen Einstellungen, Add-ons und E-Mails kannst Du mit mozbackup[93] Sicherungskopien erstellen. Den Thunderbird-Ordner am besten vorher komprimieren (☞ Abschnitt 5.4.2 auf Seite 245). Die Backups kannst Du später mit dem Programm einfach wieder zurück spielen.

Images. Ein Image ist sozusagen ein »Schnappschuss« von dem Zustand des Computers, in dem er erstellt wurde. Nach dem Aufspielen eines Images befindet sich der Rechner in exakt diesem Zustand wieder. Images sind einfach zu erstellen und können von Windows 7 oder anderen Programmen erzeugt werden: Bild für Bild-Anleitungen sind auf vielen Internetseiten vorhanden, außerdem gibt es dazu auch Videos auf YouTube.

Images sind im Hinblick auf Vireninfektionen nützlich: Viren nisten sich in die Windowssystemdateien ein und machen oft eine Neuinstallation von Windows unumgänglich. Damit später nicht alle Treiber und Programme erneut installiert und persönliche Einstellungen (Mausgeschwindigkeit, Hintergrundbild ...) wieder durchgeführt werden müssen, bieten sich Images an. Images, die nach einer Virusinfektion erstellt wurden, sind folglich unbrauchbar.

Eine große Zeitersparnis stellt ein Image von einem frisch installierten Windows dar, auf dem nur das absolut Notwendigste installiert ist: Treiber für Rechner und Hardware – ohne Anwendungsprogramme. Dieses Image könnte man dann »basiswindows« nen-

93 www.mozbackup.de

nen. Durch den bewussten Verzicht auf Anwendungsprogramme sparst Du Dir das Deinstallieren veralteter Software nach dem Aufspielen des Images.

Selbstverständlich kannst Du auch ein Image von Windows mit allen Programmen erstellen, das bietet sich sogar an, wenn wichtige Projekte wie die Abschlussarbeit anstehen.

5.3.2 Ubuntu

Das kostenlose Ubuntu-Linux ist für jeden geeignet. Ubuntu ist sehr anwendungsfreundlich und für absolute PC-Anfänger deutlich leichter und intuitiver zu bedienen als Windows.

Nach der Installation des Betriebssystems sind alle wichtigen Programme verfügbar, die man für das tägliche Arbeiten benötigt: Internetbrowser (Firefox), Bürosoftware (LibreOffice), pdf-Betrachter (Evince), Empathy (Chatprogramm für verschiedene Netzwerke), E-Mail-, Brenn- und Scann-Software. Man kann also gleich nach der Installation produktiv arbeiten. Weitere Programme lassen sich problemlos nachinstallieren. Zudem sind sehr viele Treiber für Hardware bereits in Ubuntu enthalten, somit sind Geräte sofort nach Anschluss betriebsbereit.

Ubuntu ausprobieren

Einen ersten und völlig unverbindlichen Einblick von Ubuntu erhältst Du, wenn Du Deinen Computer mit Ubuntu startest. Während diesem Vorgang wird überhaupt nichts auf Deinem Computer verändert.

Zuerst lädst Du Dir Ubuntu von ubuntuusers.de[94] herunter und brennst es auf CD bzw. »installierst« es auf einem USB-Stick – eine Anleitung ist auf der Downloadseite vorhanden.

Von diesem Startmedium bootest Du Deinen Computer. Der Startvorgang von Ubuntu von CD / USB-Stick ist deutlich langsamer als ein Systemstart von der schnellen Festplatte. Dennoch

94 www.ubuntuusers.de

ermöglicht Dir die Live-CD bzw. der Boot-USB-Stick einen sehr guten Einblick in die Funktionen von Ubuntu.

Teste die Programme und überprüfe, ob Deine Hardware von Ubuntu richtig erkannt wird: Ist das Bild einwandfrei? Funktioniert der Sound? Gehen die Sondertasten des Laptops? Werden die angeschlossenen Geräte richtig erkannt? Normalerweise müsste (fast) alles funktionieren, falls nicht, gibt es vielleicht auf ubuntuusers.de Lösungsvorschläge. Hat man als Anfänger Probleme mit wichtigen Hardwarekomponenten, die nicht einfach zu lösen sind, so muss ich leider von Linux abraten.

Ubuntu installieren

Die Installation von Ubuntu läuft wirklich sehr einfach ab und ist im Grunde selbsterklärend. In zahlreichen Videos auf YouTube kannst Du Dir die Installation ansehen. Meiner Meinung nach sollte man bei »Festplattenspeicher zuweisen« • ETWAS ANDERES wählen, um manuell die Speichergröße selbst zu bestimmen. In diesem Fall empfehle ich 3 Partitionen für Ubuntu zu erstellen: Eine für \ (= root), eine für Swap (= Auslagerungsspeicher) und eine für \home (entspricht am ehesten dem Ordner »Eigene Dateien« unter Windows).

Root enthält alle Systemdateien. Dort werden alle Programme installiert, deshalb sind 10 GB sehr großzügig bemessen. Für Swap reichen 500 MB vollkommen aus. \home wird alle persönlichen Dateien enthalten **und** alle Konfigurationen der Programme.

Tipp

Bei der Installation von Linux erstellst Du am besten für \home, das Verzeichnis, in dem alle persönlichen Einstellungen und Dateien gespeichert sind, eine extra Partition. Bei einer späteren Neuinstallation bleiben dann alle Dateien und Ordner in \home erhalten.

Seit der Version 11.04 (Bedeutung: Jahr.Monat) hat sich das Aussehen von Ubuntu verändert (☞ Abbildung 5.1 auf Seite 228). Die Programmleiste, die sich bei Windows unten befindet, erstreckt sich über den linken Bildschirmrand, was den Vorteil hat, dass einem mehr vom vertikalen Bild zur Verfügung steht, was das Scrollen reduziert. Dazu trägt auch die Menüleiste bei, die nun ein Bestandteil des Fensterrahmens ist, genauso wie die Buttons Minimieren, Maximieren und Schließen, wie man es schon länger bei Mac kennt. Anwendungen lassen sich auf verschiedene Arten starten: Klick auf die Icons in der Programmleiste oder, falls dort keine sein sollten, klickt man dort auf das Icon »Anwendungen« (Shortcut: Super[95] + [A]). In den Anwendungen werden praktischerweise gleich die am häufigsten verwendeten Programme angezeigt. Rechts oben erscheinen nach Klick auf • ALLE ANWENDUNGEN Kategorien (Büro, Internet, Multimedia ...) mit den zugehörigen Programmen.

Tipp

Mit der Tastenkombination [⊞] + [A] gelangt man in das Suchfeld für Anwendungen, in das man den Namen des Programms schreibt. Während des Schreibens werden Vorschläge angezeigt.

5

Laufende Programme enthalten ihr Icon in der Programmleiste, die man mit Rechtsklick • IM STARTER BEHALTEN dort fixieren kann. Die Anordnung lässt sich verschieben, indem man ein Icon greift und woanders in der Leiste loslässt.

Wartungsarm

Ubuntu vereinfacht das IT-Leben von Studierenden deutlich, da es praktisch keinerlei Wartung bedarf. Ubuntu muss nie defragmentiert oder optimiert werden, es arbeitet einfach nach der Installation sehr zuverlässig.

Das Installieren von Updates / Upgrades geht bei Ubuntu mit nur einem Klick: • [⊞] • SOFTWARE & AKTUALISIERUNGEN. Ubuntu sucht dann nach Updates / Upgrades für das **komplette** System (alle installierten Programme und das Betriebssystem) und installiert sie mit einem einzigen Klick.

95 Die Windowstaste wird als Super-Taste bezeichnet

Abbildung 5.1: Ubuntu mit seiner Programmleiste auf der linken Seite.

Sicherheits-Updates für das **komplette** System können automatisch installiert werden • [⊞] • SOFTWARE & AKTUALISIERUNGEN • EINSTELLUNGEN ... im Register • AKTUALISIERUNGEN • WENN WICHTIGE SICHERHEITSAKTUALISIERUNGEN VERFÜGBAR SIND: • AUTOMATISCH HERUNTERLADEN UND INSTALLIEREN.

Sicherheit

Eine Firewall ist durch das Sicherheitskonzept von Linux nicht notwendig. Die Installation eines Antivirenprogramms entfällt, da es praktisch keine Viren für Linux gibt. Anti-Spionage Programme sind ebenso überflüssig.

Programme installieren / deinstallieren

Die Installation von Software läuft anders als unter Windows ab, und ist deshalb für Umsteiger ungewohnt. Unter Windows sucht man im Internet nach einem Programm, lädt es runter und installiert per Doppelklick die .exe-Datei. Unter Ubuntu gibt es mehrere Möglichkeiten Programme zu installieren, beispielsweise:

- • [⊞] • UBUNTU SOFTWARE-CENTER
  Die benötigte Anwendung in die Leiste eintippen oder ungezielt in verschiedenen Kategorien des Software-Centers nach geeigneter Software suchen. Mit Klick auf • INSTALLIEREN und Bestätigung mit Deinem root-Passwort (= Admin-Passwort) wird die Software installiert.
- »Installations-Buttons« im Internet
  Für Anfänger sind die Installationsschaltflächen auf den Wiki-Seiten von ubuntuusers[96] bestens geeignet. Auf der Seite jeder Programmbeschreibung befindet sich ein entsprechendes Installationsfeld (»Jetzt installieren«). Beim Klick darauf startet das Software-Center auf Deinem Computer und installiert das Programm nach Passworteingabe.

Die Deinstallation von Programmen läuft auch über das • UBUNTU SOFTWARE-CENTER: Name der Anwendung eingeben • ENTFERNEN und die Deinstallation mit Deinem root-Passwort bestätigen.

Gerade für PC-Anfänger dürfte dieses Wissen sehr hilfreich sein: Hast Du ein Programm so verkonfiguriert, dass Du nicht mehr weiter weißt, musst Du lediglich den verborgenen Ordner des Programms in \home löschen.

Alle Programme speichern ihre Einstellungen in ihrem verborgenen Ordner ab, der mit einem Punkt beginnt (z.B. .thunderbird). Verborgene Ordner und Dateien kannst Du im Dateibrowser »Nautilus« unter • ANSICHT • VERBORGENE DATEIEN ANZEIGEN (Shortcut: [Strg]+[H]) sichtbar machen.

Nach dem Löschen des Ordners und dem erneuten Start des Programms wird automatisch ein neuer Programmordner erstellt. Die Software startet, wie beim ersten Mal, in ihren Grundeinstellungen. Mit dieser Möglichkeit fällt die umständliche De- / Neuinstallation eines Programms weg, das sehr häufig unter Windows bei Softwareproblemen verwendet werden muss.

96 www.ubuntuusers.de

Erstellen von Backups

Regelmäßig Backups zu erstellen ist unter Ubuntu genauso essentiell wie unter Windows. Dort wie auch hier sind die eigenen Dateien das Wichtigste. Nur enthält \home, was den »Eigenen Dateien« in Windows entspricht, nicht nur alle Deine persönlichen Dateien, sondern auch alle Deine Programmeinstellungen, wie z.B. Firefox mit allen Anpassungen (Lesezeichen, Add-ons, gespeicherte Passwörter ...), E-Mailprogramm mit allen Daten und Benutzereinstellungen für die Konten usw.

Die Benutzereinstellungen jedes Programms sind in \home als versteckte Ordner oder Dateien angelegt, um sie vor versehentlichem Löschen zu schützen. Versteckte Ordner und Dateien beginnen mit einem Punkt, z.B. .mozilla. Im Dateibrowser lassen sich alle versteckten Dateien sichtbar machen • Ansicht • Verborgene Dateien anzeigen (Shortcut: [Strg]+[H]).

Eigene Dateien. Es ist sehr einfach, ein Backup von den eigenen Dateien unter Ubuntu zu erstellen: Du musst lediglich den Inhalt von \home auf einen externen Datenträger kopieren.

Möchtest Du auch Deine versteckten Dateien sichern, was sehr ratsam ist, so machst Du alle erst sichtbar und kopierst sie mit dem restlichen Inhalt von \home auf eine externe Festplatte. Nach einer Neuinstallation von Ubuntu musst Du nur noch die Inhalte von \home zurück spielen – danach sieht alles aus wie vorher.

Hilfen

Umfangreiche Hilfe rund um Ubuntu gibt es auf den Wiki-Seiten der Ubuntu-Community »ubuntuusers«[97]. Weitere Informationen sind im frei verfügbaren Buch »Ubuntu« auf der Homepage vom Galileo Computing Verlag[98] und im Ubuntu Handbuch[99] vorhanden.

97 www.ubuntuusers.de
98 http://openbook.galileocomputing.de/ubuntu
99 http://ubuntu-manual.org

5.4 Software

Sehr gute und nützliche Open-Source-Programme werden hier vorgestellt – denn beste Software muss nicht teuer sein. Open-Source-Software unter der GPL-Lizenz hat den Vorteil, dass sie auch kommerziell lizenzkostenfrei (gratis) genutzt werden darf.

Falls Du mit dem Gedanken spielst, Dich eines Tages selbstständig zu machen, ist das hier ein guter Einstieg in freie Software. Alle folgenden Programme sind für Windows, Linux und fast immer auch für Mac verfügbar und werden Dir Dein (Studenten-)Leben erleichtern – zumindest was die Software angeht.

5.4.1 Internetbrowser

Bis vor einigen Jahren war der Internet Explorer von Microsoft konkurrenzlos. Mittlerweile gibt es viele alternative Internetbrowser, von denen die bekanntesten Firefox, Opera und Chrome sind. Die große Fangemeinde von Firefox bleibt jedoch von allen anderen unerreicht.

5

Im folgenden Abschnitt wird Firefox speziell für die Bedürfnisse von Studenten beschrieben. Die Basisfunktionen von Firefox werden nur rudimentär erwähnt – der Schwerpunkt liegt in der optimierten täglichen Anwendung.

Firefox

Der freie, kostenlose Open-Source-Internetbrowser Firefox[100] ist für alle Betriebssysteme erhältlich. Firefox ist sicher, schnell und kann sehr leicht mit Add-ons an die eigenen Bedürfnisse angepasst werden.

Shortcuts. Eine schnellere Bedienung als mit der Maus ermöglichen Dir Shortcuts. Mit [Strg]+[L] kommst Du in die (Adress-)**L**eiste, in die Suchleiste springst Du mit [Strg]+[K], wenn Du **k**eine Ahnung hast. In der Suchleiste kannst Du bei gedrückter [Strg]-Taste

100 www.mozilla-europe.org/de/firefox

mit [↑] / [↓] die Suchmaschine ändern. Neue Suchmaschinen integrierst Du so: Befindet sich eine Suchmaschine auf der aktuellen Seite, klickst Du auf das Suchmaschinensymbol in der Suchleiste • SUCHMASCHINE HINZUFÜGEN. Mit [Strg]+[F] **f**indest Du sehr schnell Wörter auf einer Seite, [Strg]+[T] öffnet einen neuen **T**ab. [Strg]+[R] veranlasst die Seite neu zu laden (**R**eload) und [Strg]+[W] (**w**egmachen) schließt das aktuelle Tab bzw. Fenster.

Profis durchsuchen immer mit [Strg]+[F] Internetseiten (und alles andere auch) nach Wörtern, während Anfänger oft schnelles Lesen bevorzugen, was deutlich länger dauert. Das Suchfeld lässt sich mit der Esc-Taste ausblenden, wenn man sich noch darin befindet. Die Größe der angezeigten Seite lässt sich bei gedrückter [Strg]-Taste und Drehen des Mausrades einstellen – wie bei fast allen anderen Programmen auch. In den Vollbildmodus gelangst Du mit [F11] und verlässt ihn auch damit.

Navigations-Symbolleiste anpassen. Diese Leiste, die unter anderem die Pfeile für Vor / Zurück und den Button für die Startseite enthält, kannst Du sehr leicht anpassen: Rechtsklick darauf • ANPASSEN ... Nun lassen sich Symbole durch Drag & Drop entfernen oder neue, z.B. nach der Installation von Add-ons, hinzufügen. Die Reihenfolge und Größe von Symbolen lassen sich ebenso verändern wie die Anordnung der Tabs (oben oder unten).

Lesezeichen-Symbolleiste anpassen. In der Regel surft man nur auf wenigen Seiten (Hochschulseite, Communities, E-Mail-Anbieter ...) regelmäßig, deren URLs allerdings oft in die Adresszeile manuell eingegeben werden. Anstatt das jedes Mal tun zu müssen, kannst Du die Internetseiten einfach in der Lesezeichen-Symbolleiste in Ordner und Unterordner einsortieren. Falls die Lesezeichen-Symbolleiste nicht angezeigt wird, kannst Du sie unter • EINSTELLUNGEN • LESEZEICHEN-SYMBOLLEISTE einblenden lassen. Mit Rechtsklick auf die Leiste erstellst Du Ordner • NEUER ORDNER, in die Du bei Bedarf Unterordner einfügen kannst. Internetadressen ziehst Du mittels Drag & Drop über das Favicon (Symbol am linken Rand der Adressleiste) in Ordner. In der Menüleiste • LESEZEICHEN • ALLE LESEZEICHEN ANZEIGEN gibt es eine sehr gute

Verwaltung der Lesezeichen. Durch ein cleveres Management der Lesezeichen wird Dein Surfen im Internet besonders effektiv und das Eintippen häufig besuchter Seiten entfällt ganz.

RSS-Feeds. Eine Zeitung kostet Geld und informiert Dich nur über die Nachrichten vom Vortag. Um immer die aktuellsten Nachrichten zu erhalten, bieten sich RSS-Feeds an, die oft mehrmals pro Stunde aktualisiert werden. Alle großen Nachrichtenportale (Tagesschau, Spiegel, Stern, Focus ...) bieten RSS-Feeds zum (kostenlosen) Abonnement an. Um einen RSS-Feed zu abonnieren, klickst Du auf der Homepage des Nachrichtenportals in der Lesezeichen-Symbolleiste auf • Lesezeichen • Diese Seite abonnieren. Dann wird Dir ein Abo, manchmal sogar mehrere, für z.B. Unterkategorien wie Wirtschaft, Börse usw. angeboten. Anschließend bestätigst Du das Abo mit • Jetzt abonnieren und wirst gefragt, wo das Lesezeichen gespeichert werden soll. In meiner Lesezeichen-Symbolleiste habe ich einen Ordner »News« eingerichtet, in den ich alle RSS-Feeds abgelegt habe.

Add-ons. Einer der größten Vorteile von Firefox ist seine Erweiterbarkeit mit Add-ons. Add-ons sind kleine Programme, die in Firefox installiert werden können, um den Browser besser an seine persönlichen Bedürfnisse anzupassen. Auf Seiten wie Mozilla[101] werden mehrere hundert Add-ons bereitgestellt.

Die Installation ist denkbar einfach: Klicke auf »Zu Firefox hinzufügen« bzw. »Add to Firefox«. Es erscheint ein Fenster, das Dich vor den Gefahren »böswilliger« Software warnt, die installiert werden könnte. Mit • Jetzt Installieren läuft die Installation ab. Die Erweiterung wird nach einem Neustart von Firefox aktiv.

Das Verwalten (Einstellungen, Deaktivierung / Aktivierung, Aktualisierung, Deinstallation) der in Firefox befindlichen Add-ons erreichst Du unter • Add-ons • Erweiterungen, wobei nach neuen Updates bei jedem Firefox-Start automatisch gesucht wird (Grundeinstellung).

101 https://addons.mozilla.org

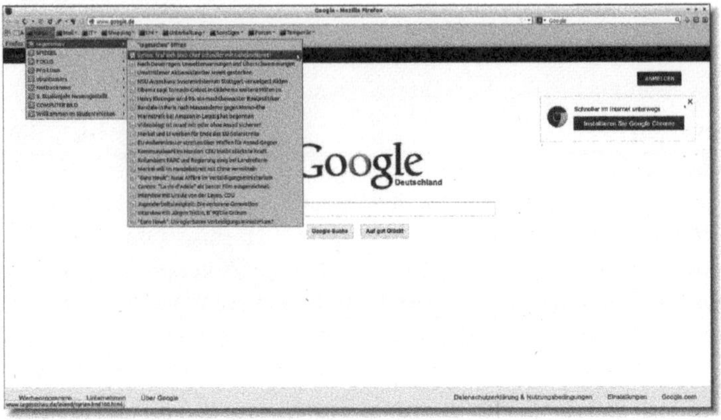

Abbildung 5.2: Firefox mit einer angepassten Lesezeichensymbolleiste.

Die Seiten, die zur Installation von Add-ons berechtigt sind, befinden sich unter Linux bei • BEARBEITEN • EINSTELLUNGEN und unter Windows bei • EINSTELLUNGEN • EINSTELLUNGEN, jeweils im Register SICHERHEIT.

- **All-in-One Gestures** ermöglicht Dir ein schnelles Surfen mit Mausgesten. Nach der Installation hältst Du die rechte Maustaste gedrückt und machst eine horizontale Bewegung nach links: Du siehst eine rote Linie und gelangst auf die vorherige Seite. Diese Geste ist identisch mit dem Zurück-Button. Die gleiche Geste nach rechts und Du gehst eine Seite vor (Vor-Button). Eine Bewegung über einen Link von unten nach oben öffnet den Link in einem neuen Tab. Die gleiche Bewegung über einen Link von oben nach unten öffnet den Link in einem neuen Fenster. Die Bewegung nach unten und dann nach rechts schließt den Tab bzw. das Fenster. Oben-Unten-Oben lädt die Seite neu. Es gibt noch viel mehr Gesten, die Du unter den Einstellungen dieser Erweiterung findest – Du kannst aber auch selbst welche erstellen. Im Grunde wirst Du später nur eine Handvoll benutzen (die bereits erwähnten), also keinen Grund zur Sorge über die hohe Anzahl der Gesten. Tipp: Unten-Rechts-Unten öffnet ein Tab, in dem alle Gesten aufgelistet sind.

- **Adblock Plus** blockt Werbung und Pop-Ups auf vielen Internetseiten automatisch. Selbstverständlich kannst Du auch selbst Werbeelemente auf Internetseiten per Rechtsklick im Kontextmenü blocken lassen. Mit **Adblock Plus Popup-Addon** werden zusätzlich Pop-Ups geblockt, die sich erst nach Mausklick öffnen.
- **Flashblock** blockt Flashobjekte. Jedem ist es schon mal beim Surfen passiert, dass plötzlich und erwartet Musik oder ein Clip abgespielt wird: Ein Flashvideo wurde wohl in einem Tab oder Fenster abgespielt. Das ist besonders unangenehm, wenn man in einer Bibliothek sitzt. Flashblock verhindert das automatische Laden und Abspielen von Flash und ersetzt das Flashobjekt durch eine Play-Taste. Erst nach dem Klick auf die Abspiel-Taste wird das Flashvideo geladen und abgespielt. Ausnahmen für Seiten, auf denen Flash sofort abgespielt wird, kannst Du für bestimmte Seiten (YouTube) problemlos anlegen. In den • EINSTELLUNGEN des Add-ons im Register AUSNAHMEN.
- Mit **DownThemAll!** kannst Du mit nur einem einzigen Klick alle Dateitypen (Bild-, Audio-, Videodateien) von Internetseiten herunterladen. Wenn Du von einer Seite viele pdf-Skripte herunterladen möchtest, müsstest Du normalerweise jede einzelne Datei anklicken und downloaden. Dank DownThemAll! startest Du mit nur einem einzigen Klick aus dem Kontextmenü den Download aller Dateien (z.B. pdf) von der Seite. Damit entfällt das Suchen nach den Dateien auf der Seite und das umständliche einzelne Speichern.
- **gTranslate** bietet Dir eine schnelle und einfache Übersetzung aus dem Kontextmenü[102] für verschiedene Sprachen an. Dazu markierst Du das Fremdwort per Doppelklick (auch ganze Sätze und Abschnitte lassen sich markieren) und siehst im Kontextmenü die Übersetzung. Es gibt jeweils

[102] Menü, das sich bei Rechtsklick öffnet

nur einen einzigen Übersetzungsvorschlag – dennoch ist dies meistens für den Alltagsgebrauch vollkommen ausreichend.

- Mit **Places' Full Titles** wird immer der volle Text des Lesezeichens angezeigt. Normalerweise wird bei zu langen Lesezeichen ein Teil angezeigt, der Rest durch Pünktchen ersetzt – besonders nützlich für RSS-Feeds, die gewöhnlich sehr lang sind.
- **Autofill Forms** merkt sich von Dir ausgefüllte Formularfelder und füllt sie automatisch aus. Es kann verschiedene Profile verwalten, z.B. für Dich selbst, FreundIn, Vater, Mutter ... für Online-Gewinnspiele ideal. Nachdem Du ein Formular manuell ausgefüllt hast, machst Du einen Rechtsklick in ein Formularfeld • Das komplette Formular als Profil übernehmen... und speicherst es als ein Profil ab. In Zukunft reicht es, wenn Du auf einer Internetseite mit Formular einfach Rechtsklick • Formulare automatisch ausfüllen und ein Profil wählst.
- **QuickNote** ist ein einfacher und nützlicher Notizblock, um schnell mal URLs zu speichern oder ein paar Ideen aufzuschreiben.
- **Zotero** ist ein Programm zur Literaturverwaltung (☞ Abschnitt 5.4.4 auf Seite 262) und kann mit Word, Writer und LaTeX verwendet werden.

Tipp

Add-ons machen einem das (Studenten-)Leben beim Surfen mit Firefox deutlich komfortabler. Die Installation ist sehr einfach und der Nutzen von den Erweiterungen sehr hoch.

Optimierungen. Firefox ist in seiner Grundeinstellung schon sehr sicher, die Sicherheit und Privatsphäre lassen sich jedoch mit ein paar kleineren Optimierungen noch steigern. Diese Anpassungen nimmst Du unter Linux bei • Bearbeiten • Einstellungen, unter Windows bei • Einstellungen • Einstellungen vor.

- Im Register • Allgemein veränderst Du die Startseite und legst außerdem den Speicherort für Downloads fest. Der Download-Manager (kleines Fenster, das sich bei Download öffnet) lässt sich automatisch schließen, nachdem der Download beendet ist (sehr praktisch).
- Im Register • Anwendungen stellst Du ein, mit welchem Programm welche Datei geöffnet wird. Besonders oft findet man in Internetforen viele Fragen zu diesem Themengebiet, z.B. wenn pdfs nicht mehr mit Adobe Reader geöffnet werden.
- Im Register • Datenschutz empfiehlt es sich, Firefox eine Chronik • nach benutzerdefinierten Einstellungen anlegen zu lassen. Die Häkchen bei • Immer den privaten Modus verwenden, • Besuchte Seiten speichern, • Download-Chronik speichern und • Eingegebene Suchbegriffe und Formulardaten speichern kann man deaktivieren. Aktiviert sollte • Cookies akzeptieren • Cookies von Drittanbietern akzeptieren • Behalten, bis: • Firefox geschlossen wird sein. Dies ist aber nicht für alle Internetseiten ratsam, da über Cookies eventuell Einstellungen für die Seite gespeichert werden, beispielsweise die für die Google-Suche. Diese Internetseiten kannst Du jedoch unter • Ausnahmen manuell eingeben.
- Im Register • Sicherheit lassen sich falsch gespeicherte Login-Daten und Passwörter in • Gespeicherte Passwörter... anzeigen und bearbeiten. Ein erneuter Aufruf der Seite und die korrekte Eingabe und Speichern der Login-Daten behebt das vorherige Löschen falsch geschriebener Daten (häufiges Ärgernis bei Firefox-Anfängern). Unter Ausnahmen finden sich die Seiten, auf denen keine Passwörter gespeichert werden.
- Im Register • Erweitert, Unterpunkt • Allgemein ist es sehr praktisch, folgende Felder zu aktivieren: • Suche bereits beim Eintippen starten, • Hardware-Beschleunigung verwenden, wenn verfügbar, • Rechtschreibprü-

5

FUNG WÄHREND DER EINGABE ÜBERPRÜFEN. Wenn schon Firefox Dein Standardbrowser ist, d.h. Internetlinks aus anderen Dokumenten werden in Firefox geöffnet, ist der Haken bei • BEIM STARTEN ÜBERPRÜFEN, OB FIREFOX DER STANDARDBROWSER IST überflüssig. Wer möchte kann • ABSTURZMELDUNGEN SENDEN aktivieren, dann erhält Firefox Informationen über die Absturzursache, ohne persönliche Daten mit zu übermitteln.

5.4.2 E-Mail-Programm

E-Mail-Programme gelten als die moderne und komfortable Art der E-Mail-Verwaltung: Sie melden sich selbstständig auf E-Mail-Konten (web, gmx, Google Mail ...) an und rufen in regelmäßigen Abständen neue E-Mails ab. Die Schritte Internetbrowser starten, auf den verschiedenen E-Mail-Konten einloggen und nach neuen E-Mails sehen entfallen komplett. Ein E-Mail-Programm macht alles mit nur einem Klick!

Da Du sicherlich nicht immer Dein E-Mail-Programm auf Deinem Computer nutzen wirst, um mit Deinen E-Mails zu arbeiten, erleichtert Dir eine durchdachte E-Mail-Organisation viel Arbeit. Deswegen wird die optimierte E-Mail-Organisation vor dem E-Mail-Programm Thunderbird beschrieben.

E-Mail-Organisation

Eine intelligente Organisation Deiner E-Mails erleichtert Dir die Arbeit an verschiedenen Computern, aber auch das Einrichten von Thunderbird geht dadurch einfacher. Die Organisation beginnt mit der Verwendung mehrerer E-Mail-Adressen – ich empfehle vier:

- 1 Haupt-E-Mail-Adresse für Freunde und Bekannte
- 3 Nebenkonten
  - Communities und Foren
  - (optional) relativ kurzfristige Verwendung (Monate)
  - Registrierungen im Internet mit sehr hoher Spamwahrscheinlichkeit

Im Grunde würde nur eine einzige E-Mail-Adresse genügen, gäbe es keinen Spam. Fast immer muss man bei einer Registrierung im Internet eine gültige E-Mail-Adresse angeben, damit eine Anmeldung überhaupt erfolgen kann. Die Seitenbetreiber informieren dann auch in unerwünschten Newslettern über neue Produkte und geben nicht selten E-Mail-Adressen an Dritte weiter, die dann ihre Werbung dorthin schicken. Innerhalb kürzester Zeit enthält dann das E-Mail-Konto mehr Spam als erwünschte Nachrichten.

Tipp

Am besten mehrere E-Mail-Adressen für verschiedene Zwecke verwenden. Um die Organisation zu vereinfachen, sollten alle E-Mails auf nur einem E-Mail-Konto landen, damit man sich nur ein Mal einloggen muss und schnell eine Übersicht über alle E-Mails aus allen Konten hat.

Das große Problem mit mehreren E-Mail-Adressen ist ihre Verwaltung: Es dauert einfach, bis man sich einzeln auf jedem Konto eingeloggt und nach neuen Nachrichten gesehen hat. Gerade wenn man nicht an seinem eigenen PC mit E-Mail-Programm sitzt, ist das zeit- und nervenraubend.

Die E-Mail-Organisation lässt sich vereinfachen, wenn alle E-Mails von allen E-Mail-Konten auf einem einzigen (Haupt-)E-Mail Konto landen. In diesem Fall musst Du Dich nur ein einziges Mal einloggen und hast Zugriff auf alle Nachrichten aus allen Konten. Dies könntest Du auf zwei unterschiedliche Arten erreichen:

- E-Mail-Weiterleitung von allen Nebenkonten zum Hauptkonto
- Hauptkonto ruft E-Mails von allen Nebenkonten ab

Aber was machst Du, wenn Du auf dem Haupt-E-Mail-Konto eine wichtige Nachricht von einem Nebenkonto liest und antworten möchtest? Du möchtest von Deinem Nebenkonto antworten, damit dem Empfänger Deine wichtige Haupt-E-Mail-Adresse verborgen bleibt. Das würde bedeuten, dass Du Dich nun aus dem Haupt-E-

Mail-Konto ausloggst und auf dem Neben-E-Mail-Konto einloggst, um eine Antwort zu schreiben – das ist umständlich.

Um solche Unannehmlichkeit zu umgehen, kannst Du Dir Deine Haupt-E-Mail-Adresse z.B. bei Google Mail einrichten. Google Mail kann nicht nur E-Mails aus Nebenkonten abrufen, sondern auch E-Mails über Nebenkonten verschicken und zwar ohne, dass Du Dich dort extra einloggen musst.

Google Mail stellt viele weitere Leistungen kostenlos bereit: 15 GB Speicherplatz, Senden und Empfangen von Dateianhängen bis 25 MB Größe, IMAP-Kontenabfrage (auf Seite 242), keine Werbung in verschickten E-Mails, eine clevere E-Mail-Sortierung, sowie das Öffnen und Bearbeiten von verschiedenen Dateitypen (MS-Office- und LibreOffice-Dateien, pdf) im Browser.

Die Umsetzung der Tipps zur E-Mail-Organisation dauert ca. fünf Minuten und läuft in drei Schritten ab: Nach der Registrierung bei Google Mail richtest Du Dir zuerst die E-Mail-Nebenkonten ein, deren E-Mails automatisch abgerufen werden. Anschließend richtest Du Dir die Postausgänge von E-Mail-Nebenkonten ein, über die Google Mail Nachrichten verschicken soll. Ein Assistent hilft bei der Einrichtung dieser Funktionen.

Nachrichten von anderen Konten abrufen. Nach dem Einloggen auf Deinem Google-Mail-Konto gelangst Du zum Assistenten, wenn Du rechts oben auf das • ZAHNRADSYMBOL • EINSTELLUNGEN • KONTEN • VORHANDENES POP3-E-MAIL-KONTO HINZUFÜGEN klickst. Das Konfigurieren geht sehr einfach: E-Mail-Adresse, dann Nutzername und Passwort eingeben – mehr wird nicht verlangt.

Mit »Kopie aller Nachrichten auf dem Server belassen« hast Du die E-Mails auch noch im Posteingang der abgerufenen E-Mail-Adresse.

Vergebe zur besseren Übersicht der E-Mails aus den Nebenkonten Labels (= Namen). Das Standard-Label besteht aus der E-Mail-Adresse, von der die Nachrichten abgerufen werden, lässt sich aber mit »Neues Label...« umbenennen und später mit einer Farbe versehen. Das Label für E-Mails aus den Foren und Communities könnte z.B. »Communities« heißen und grün sein, während das Label für die Nachrichten aus dem Konto für relativ kurzfristige Verwendungen (Monate–Jahre) »Sonstige« lauten könnte und ein gelbes Label hat. Nachrichten aus dem E-Mail-Konto mit hoher Spamwahrscheinlichkeit könnten »Unwichtig« heißen und rot sein.

Zur Zeit ruft Google Mail E-Mails von anderen Konten nur ein Mal pro Stunde ab, falls das mal zu lange sein sollte, kannst Du auch manuell Deine Konten prüfen • ZAHNRADSYMBOL • EINSTELLUNGEN • KONTEN • NACHRICHTEN ÜBER POP3 ABRUFEN. Neben Deinem E-Mail-Konto klicke auf • JETZT E-MAILS ABRUFEN.

Nachrichten über andere Konten verschicken. Wie lassen sich E-Mails über Nebenkonten verschicken, ohne dass man sich dort einloggen muss? Dazu legst Du in Google Mail zusätzliche Postausgänge für »Sonstige« und »Unwichtig« an. Für »Communities« benötigst Du i.d.R. keinen Postausgang, weil man gewöhnlich von diesem E-Mail-Konto nur Benachrichtigungen über neue E-Mails erhält.

Das Anlegen von Postausgängen ist einfach: • ZAHNRADSYMBOL • EINSTELLUNGEN • KONTEN • E-MAIL SENDEN ALS • WEITERE E-MAIL-ADRESSE HINZUFÜGEN. Bei der Frage nach dem Namen kannst Du die E-Mail-Adresse wiederholen, von der die E-Mails verschickt werden soll, so bleibt Dein richtiger Name dem Empfänger verborgen. Wähle • ÜBER XXX.XXX SMTP-SERVER SENDEN (z.B. web.de) und gebe Dein Passwort ein. Die sichere Verbindung »TLS« ist die Voreinstellung – falls Du später nichts verschicken kannst, wähle einfach »SSL« aus.

In Zukunft ist beim Erstellen von E-Mails ein Dropdown-Menü »Von« vorhanden. Hier wählst Du das E-Mail-Konto, über das Deine Nachricht verschickt werden soll.

Thunderbird

Thunderbird[103] ist ein kostenloses und mit Add-ons erweiterbares E-Mail-Programm und für alle Betriebssysteme verfügbar. Mit

[103] www.mozilla-europe.org/de/products/thunderbird

Thunderbird erhältst Du eine sehr gute Übersicht über Deine E-Mails aus allen Konten. Mit Hilfe zahlreicher Add-ons erleichterst Du Dir wie in Firefox das Studentenleben deutlich.

Viele Anwender minimieren Thunderbird beim Computerstart in die Fensterleiste / Taskleiste und schließen es nicht. Über neue Nachrichten wirst Du durch einen eingeblendeten Briefumschlag informiert. Die Intervalle, in denen es die Postfächer abruft, lassen sich frei bestimmen – falls es keine Vorgabe vom Provider gibt (z.B. bei web.de 12 min).

E-Mails abrufen. E-Mail-Programme können auf zwei verschiedene Arten E-Mails abrufen: Über POP3 (Post Office Protokoll Version 3) und IMAP (Internet Message Access Protocol). IMAP ist die modernere Art, E-Mails zu verwalten.

- POP3
  E-Mails, die Du über Dein E-Mail-Programm verschickst, findest Du nur in Deinem E-Mail-Programm unter »Gesendet«, nicht auf dem Server. Nachrichten, die über das Einloggen mit Internetbrowser auf dem Server verschickt werden, sind nur in dessen »Gesendet«.
  POP3 ist also problematisch, wenn Dir eine identische E-Mail-Verwaltung wichtig ist. POP3 wird standardmäßig von allen E-Mail-Anbietern kostenlos bereitgestellt.
- IMAP
  Wenn Du Deine E-Mails über IMAP abrufst, sind alle Nachrichten in Deinem E-Mail-Programm identisch zum Server: Der Posteingang ist gleich und auch die Nachrichten in »Gesendet« befinden sich auf dem Server. Du kannst zur besseren Übersicht Ordner anlegen, die dann ebenfalls auf dem Server bzw. im E-Mail-Programm erscheinen. IMAP ist häufig kostenpflichtig (in Google Mail kostenlos).

Konfiguration. Thunderbird hat einen hervorragenden Einrichtungsassistenten: Gewöhnlich reicht es beim ersten Start des Programms vollkommen aus, Name, E-Mail-Adresse und Passwort einzugeben.

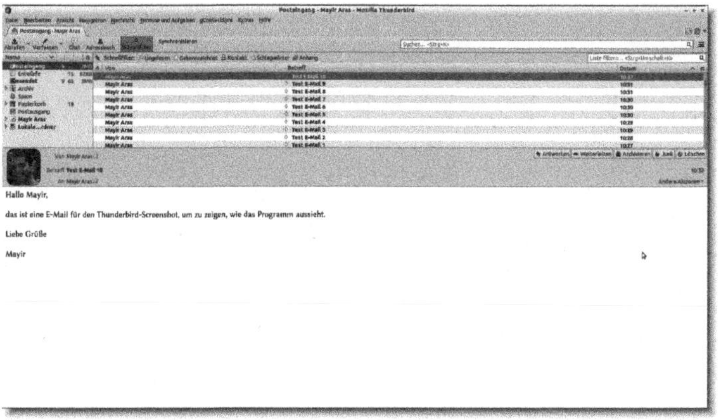

Abbildung 5.3: Thunderbird bietet eine sehr gute Übersicht über E-Mails.

Wenn es Probleme geben sollte, so findest Du auf der Seite Deines E-Mail-Providers eine Anleitung – es ist wirklich sehr leicht.

Je nachdem ob IMAP oder POP3 von Deinem E-Mail-Anbieter unterstützt wird, wähle das entsprechende Protokoll aus und klicke anschließend auf • Konto erstellen.

Bei POP3 sind einige Einstellungen nötig: Klicke unter Windows auf • Extras unter Linux auf • Bearbeiten dann • Konten-Einstellungen... • Server-Einstellungen und entferne den Haken bei • Lösche Nachrichten vom Server nach 14 Tagen und • Nachrichten vom Server löschen, wenn sie aus dem Posteingang gelöscht werden – das war schon alles Spezifische für POP3.

Nachrichten-Symbolleiste anpassen. In Thunderbird können, wie in Firefox, die unterschiedlichen Symbolleisten mit Rechtsklick auf die Symbolleiste angepasst werden • Anpassen... Das kannst Du für verschiedene Fenster machen, wie z.B. für das Fenster, das sich öffnet, wenn Du eine E-Mail verfasst oder für das Fenster, wenn Du eine E-Mail liest. Meistens stehen Dir neue Symbole nach der Installation von Add-ons zur Verfügung.

Optimierungen. Es gibt ein paar sehr nützliche Funktionen, die Thunderbird perfekt an Deine persönlichen Bedürfnisse anpassen.

- Unter • Ansicht • Fensterlayout lässt sich die Ansicht anpassen – einfach ausprobieren, was Dir gefällt.
- Die Spalten, in denen die E-Mails aufgelistet sind, lassen sich leicht individualisieren. Klicke auf das kleine Spalten-Symbol ganz rechts außen im Tabellenkopf. Damit lassen sich Spalten ein- und ausblenden. Auch kannst Du die Reihenfolge der Spalten über Drag & Drop verändern. Wie bei Tabellen üblich, wird mit Klick auf den Spaltenkopf die Sortierung verändert, z.B. die Nachrichten mit dem aktuellsten Datum ganz oben anzeigt.
- Unter • Bearbeiten (Linux) bzw. unter • Extras (Windows) • Konten-Einstellungen • Verfassen & Adressieren sollte das Kästchen bei Nachrichten im HTML-Format verfassen deaktiviert sein, da E-Mails im HTML-Format oft aus Sicherheitsgründen beim Empfänger blockiert werden. Viele finden es übersichtlicher, wenn die »Original-Nachricht beim Antworten automatisch zitiert wird« und dabei die »Antwort über dem zitierten Text beginnt«, wobei die »eigene Signatur unter dem Zitat platziert« ist.
- Eine Signatur enthält Deinen Briefkopf und lässt E-Mails professioneller wirken. Unter • Bearbeiten • Konten-Einstellungen könntest Du einen • Signaturtext eingeben, bei dem • HTML verwenden deaktiviert ist (Sicherheit). Besser sind mehrere Signaturen (siehe Signature Switch auf Seite 249) als nur eine einzige.
- Unter dem Punkt • Bearbeiten • Konten-Einstellungen • Server-Einstellungen ist es empfehlenswert, unter • Sicherheit und Authentifizierung • Sichere Authentifizierung verwenden zu aktivieren, sofern es der E-Mail-Anbieter ermöglicht. Praktisch: • Beim Starten auf neue Nachrichten prüfen. Hier kannst Du einstellen, in welchen Intervallen das Programm nach neuen E-Mails auf dem Server suchen soll. Ich habe auch ein Häkchen bei • Pa-

PIERKORB BEIM VERLASSEN LÖSCHEN aktiviert, sonst müsste man den Papierkorb immer manuell über Rechtsklick leeren. Auch • BEREINIGEN (EXPUNGE) DES POSTEINGANG BEIM VERLASSEN ist aktiviert, damit E-Mails nicht nur als gelöscht markiert werden, sondern auch gleich gelöscht werden.

- Unter • BEARBEITEN • KONTEN-EINSTELLUNGEN • KOPIEN & ORDNER kann man einstellen, was beim Senden mit den Nachrichten geschehen soll. Bei mir ist z.B. • EINE KOPIE SPEICHERN UNTER • ANDERER ORDNER • GESENDET eingestellt.
- • BEARBEITEN • KONTEN-EINSTELLUNGEN • SYNCHRONISATION & SPEICHERPLATZ • NACHRICHTEN-SYNCHRONISATION kann eingestellt werden, was ganz allgemein mit den Nachrichten passieren soll. Unter • ERWEITERT... sind die Ordner des Servers aufgelistet, die man mit seinem Computer synchronisieren kann. Alles was auf dem Server ist, ist beim Setzen des Häkchens auch auf dem Rechner. Ich bevorzuge, dass Nachrichten unabhängig vom Alter heruntergeladen und keine Nachrichten (auf Grund ihres Alters) gelöscht werden.
- Bei eingehenden Nachrichten lässt sich eine Audio-Datei abspielen: • EXTRAS (Windows) bzw. • BEARBEITEN (Linux) • EINSTELLUNGEN • ALLGEMEIN • WENN NEUE NACHRICHTEN EINTREFFEN • EINEN KLANG ABSPIELEN • BENUTZERDEFINIERTER KLANG • DURCHSUCHEN auf die Audio-Datei navigieren.
- Es lassen sich sehr leicht Filter anlegen, um gleich E-Mails nach bestimmten Kriterien (Absender, Betreff ...) in Ordner zu sortieren • EXTRAS • FILTER... • NEU... Damit erreichst Du z.B., dass alle E-Mails von der Bibliothek in Deinem Ordner »Bibliothek« landen und nicht im Posteingang.
- Auf Dauer wird der Thunderbird-Ordner immer größer. Das liegt daran, dass E-Mails nicht wirklich gelöscht werden, sondern nur als gelöscht markiert werden. Um Dateien endgültig zu löschen, muss komprimiert werden. Man könnte

5

immer manuell komprimieren • DATEI • ALLE ORDNER DES KONTOS KOMPRIMIEREN oder auch einzelne Ordner durch Rechtsklick • KOMPRIMIEREN. Eleganter ist es, dauerhaft unter • EXTRAS (Windows) bzw. • BEARBEITEN (Linux) • EINSTELLUNGEN • ERWEITERT • NETZWERK & SPEICHERPLATZ • SPEICHERPLATZ ein Häkchen zu setzen und z.B. auf 100 kB einzustellen.

Adressbuch pflegen. Dein Adressbuch mit den Kontaktdaten solltest Du auf jeden Fall pflegen und immer aktuell halten. Am besten trägst Du alles ein, was Du über die Person weißt: Telefon, Handy, Anschrift ...

Gruppen lassen sich ebenfalls sehr schnell einrichten, denen man einzelne Personen zuordnen kann. So brauchst Du später nur den Gruppennamen als Empfänger anzugeben und alle Mitglieder dieser Gruppe erhalten Deine Nachricht, ohne dass Du jemanden vergisst (z.B. Geburtstagseinladung).

Dein Adressbuch importierst Du am besten in das Online-Adressbuch Deines E-Mail-Anbieters, um von überall auf diese Daten zugreifen zu können. Hierfür musst Du jedoch erst Dein Adressbuch aus Thunderbird exportieren • EXTRAS • ADRESSBUCH • EXTRAS • EXPORTIEREN. Als Format für die Datei wählst Du am besten LDIF. Anschließend loggst Du Dich über den Internetbrowser auf Deinem E-Mail-Konto ein, gehst auf Dein Adressbuch und importierst die LDIF-Datei.

Die Adressbücher aus Google Mail, Thunderbird und Android synchronisierst Du am einfachsten mit dem Add-on gContactSync (siehe unten).

Add-ons. Thunderbird kann ebenso wie Firefox mit Add-ons nach Belieben erweitert werden, um es optimal an die eigenen Bedürfnisse anzupassen. Auf https://addons.mozilla.org findest Du viele nützliche Erweiterungen. Die Installation läuft etwas anders als in Firefox ab. Die einfachste Möglichkeit ist, wenn Du die Add-ons auf dem Rechner abspeicherst und dann in den geöffneten Add-ons-Manager ziehst • EXTRAS • ADD-ONS... Dort lassen sich auch die Add-ons unter • Einstellungen... konfigurieren. Ich persönlich empfehle folgende Add-ons:

- **Quicktext** ist ein absoluter Geheimtipp, der Dir viel Tippen erspart. Mit nur einem Klick kann man einen Empfänger aus dem Adressbuch mit Namen begrüßen (Hallo Max), positioniert unter der Leerzeile nach der Anrede den Cursor, um einen individuellen Text zu schreiben, während weiter unten bereits die Grußformel (Liebe Grüße Jan) geschrieben steht – super praktisch.
  Eine Vorlage erstellst Du so: • Vorlagen • Gruppe hinzufügen. Als Gruppe könntest Du z.B. »Anrede« nehmen, dann • Vorlagen hinzufügen: • Titel (z.B. Hallo). In den Textbereich schreibst Du »Hallo« dann • Variablen • An • Vorname, setzt ein Komma und eine Leerzeile. Nun folgt die Cursorposition für den individuellen Text: • Variablen • Andere • Cursorposition. Darunter eine Leerzeile, gefolgt von der Grußformel (z.B. Liebe Grüße) und darunter Deinen Namen und • Speichern. Geht sehr einfach, weil alles sehr schön optisch dargestellt wird.
- **Lightning** ist ein Kalender und macht damit Thunderbird zu einer vollständigen Kontakt- **und** Terminverwaltung. Zudem ist die Bedienung trotz der vielen Möglichkeiten sehr intuitiv.
  Fertige Kalender mit Feiertagen, Ferien und besonderen internationalen Ereignissen finden sich im Internet.
  Generell empfehle ich, mehrere Kalender zu verwenden, z.B. einen für Geburtstage, einen für Feiertage und einen für Schulferien. Zur besseren Übersicht kannst Du bestimmte Kalender ein- oder ausblenden.
  Es gibt die Möglichkeit, die Kalender in Lightning online mit den Kalendern in Google Mail zu synchronisieren, was sich ebenfalls auf die Kalender in Android auswirkt: Du hast also in Lightning, Google Mail und auf Deinem Handy Zugang zu Terminen, die Du auch mit anderen teilen kannst.

5

Für diesen Zweck gibt es bei Google die Möglichkeit, seine Kalenderdaten über WebDAV zu verwalten: Für Deinen Kalender erhältst Du eine Netzwerkadresse, die Du mit anderen Geräten oder Personen nutzen kannst.
Zuerst benötigst Du jedoch einen Kalender: Log Dich in Google Mail ein, geh auf • KALENDER, erstelle einen neuen Kalender, in den Du später auch bereits vorhandene Kalenderdaten importieren kannst: Klicke neben • MEINE KALENDER auf den kleinen Pfeil • NEUEN KALENDER ERSTELLEN und gib ihm einen Namen. Falls eine Kalenderdatei vorhanden ist, importierst Du diese am besten als iCal-Datei: • MEINE KALENDER auf den kleinen Pfeil • EINSTELLUNGEN unter der Auflistung der Kalender findet sich • KALENDER IMPORTIEREN. Wähle die Datei und ordne sie einem Kalender zu.
Deine Kalender kannst Du mit anderen teilen, indem Du sie freigibst: Unter • MEINE KALENDER erscheint neben jedem Kalender ein kleiner Pfeil • KALENDER-EINSTELLUNGEN oben auf • DIESEN KALENDER FREIGEBEN und bei • PERSON eine E-Mail-Adresse eintragen.
Im nächsten Schritt wird beschrieben, wie Du Deine Netzwerkadresse findest, die Du im letzten Schritt mit z.B. Lighning nutzen kannst.
Klicke rechts neben • MEINE KALENDER auf den kleinen Pfeil • EINSTELLUNGEN, dann auf einen Kalender und Du gelangst zu • KALENDERDETAILS. Unten siehst Du neben der • KALENDERADRESSE die *Kalender-ID*, die beim Hauptkalender aus der E-Mail-Adresse (max.muster@googlemail.com) und bei allen anderen aus Zeichen mit der Endung »@group.calendar.google.com« besteht.
Die Netzwerkadresse für Deine Online-Kalender lautet aktuell https://www.google.com/calendar/dav/*Kalender-ID*/events, wobei *Kalender-ID* durch Deine eigene ersetzt werden muss.
Erstelle in Lightning mit Rechtsklick • NEUER KALENDER..., wähle • IM NETZWERK, dann • CALDAV und gebe Deine Netz-

werkadresse an. Nun kannst Du dem Kalender einen Namen und eine Farbe geben.

- **Minimize On Start and Close** (Ubuntu) bzw. **MinimizeToTray** (Windows) verkleinert Thunderbird in die Taskleiste, damit sparst Du Platz in der Fensterleiste für andere Programme, während Thunderbird die ganze Zeit im Hintergrund läuft.
- Mit **Signature Switch** kannst Du mehr als eine Signatur verwenden, z.B. eine Standardsignatur, eine Signatur mit erweiterten persönlichen Kontaktmöglichkeiten (Skype, ICQ, MSN) und eine mit Wegbeschreibung zu Dir (braucht man häufiger).
  Erstelle jeweils eine einfache Textdatei (.txt) mit einem simplen Texteditor, wie Windows Editor oder gedit (Linux), und speichere sie unter dem passenden Namen »StandardMitWegbeschreibung« in Deinen Thunderbird-Ordner (unter Ubuntu: .thunderbird) ab, damit sie in Backups miteingebunden wird. Später wird automatisch dieser Text (nicht die Datei) in die E-Mail eingefügt.
  Unter den Einstellungen des Add-ons gehst Du dann auf • GRUNDLEGENDES • NEU, gibst eine • BESCHREIBUNG an (Signatur mit Wegbeschreibung) und navigiert zur Textdatei. So gehst Du auch bei den anderen Signaturen vor.
  Füge nun das Symbol für Signature Switch in die Symbolleiste des Fensters ein, das erscheint, wenn man auf • E-MAIL VERFASSEN klickt: Rechtsklick auf die Symbolleiste • ANPASSEN...
  Mit dem Signature-Switch-Button kannst Du dann sehr einfach zwischen den unterschiedlichen Signaturen hin- und herschalten oder sie auch ganz unterdrücken.

5.4.3 Büroanwendungen

Die beiden typischen Büroanwendungen für Studenten sind Microsoft Office und das kostenlose OpenOffice / LibreOffice[104].

Nicht zu vergessen wäre da noch das Textsatzprogramm LaTeX, das sich für alle Formen von wissenschaftlichen Arbeiten hervorragend eignet – ein absoluter Geheimtipp!

LibreOffice unterscheidet sich optisch nur gering von OpenOffice, weil es darauf basiert. Die Entwicklung von LibreOffice ist jedoch schneller und dadurch, dass das Projekt von keiner Firma abhängig ist, wird es immer offen bleiben. Im Folgenden wird LibreOffice statt OpenOffice beschrieben, weil es sich in Zukunft höchstwahrscheinlich durchsetzen wird.

Microsoft Office, als auch LibreOffice sind vom Funktionsumfang fast identisch und bieten u.a. Programme für Textverarbeitung, Tabellenkalkulation, Präsentation und Datenbankverwaltung. Einen größeren Unterschied gibt es nur zwischen den Tabellenkalkulationsprogrammen, bei denen Excel mehr Funktionen als LibreOffice Calculator bietet.

Microsoft bietet den Hochschulen Software, viele offizielle Schulungsmaterialien und zertifizierte Prüfungen vergünstigt an. Die Marketingstrategie ist eindeutig: Zukünftige Entscheider an Microsoft Produkte gewöhnen. Ungeachtet der Firmenpolitik sollte jeder Akademiker den sicheren Umgang mindestens mit den Anwendungen Word, PowerPoint und Excel beherrschen, da sie praktisch überall eingesetzt werden.

Wer plant, sich später selbstständig zu machen, der sollte das kostenlose LibreOffice nicht aus dem Auge verlieren. Eine Vorreiterrolle nehmen mittlerweile viele Regierungen und Behörden ein, die bereits OpenOffice offiziell einsetzen, um sich von Monopolisten mit undurchsichtiger Preis- und Lizenzpolitik unabhängiger zu machen. Die französische Gendarmerie sparte von 2004–2009 jährlich 10 Mio. € nur durch den Umstieg von MS Office auf OpenOffice

104 Nachdem die Firma Oracle OpenOffice übernommen hat und Wünsche der Community vernachlässigte, wurde von der Community LibreOffice geschaffen.

ein[105]. Der nächste geplante Schritt ist der Umstieg von Microsoft Windows auf Linux, was nochmals einige Millionen jährlich sparen würde.

Mein Tipp für Studierende ist der Einsatz von LibreOffice, da es kostenlos ist und auf allen Betriebssystemen läuft. Auch kann es Dateien in fremden Formaten öffnen und speichern. LibreOffice-Kurse werden nur selten an Hochschulen angeboten, aber dies ist auch nicht unbedingt nötig: MS Office und LibreOffice sind sich so ähnlich, dass MS Office-Kurse fast 1:1 auf LibreOffice anwendbar sind. Das bedeutet, dass MS-Office-Kurse nicht nur für die Bewerbungsunterlagen von Vorteil sind, sondern auch für die Anwendung von LibreOffice auf dem heimischen Rechner.

Microsoft Office

Microsoft Office ist **der** Standard für Büroanwendungen schlechthin. Als erste etablierte Office-Suite ist es nun nahezu überall anzutreffen. »MS Office Professional Academic 2010« gibt es speziell für Studenten und kostet immer mal wieder faire 69,– € im Internet oder sogar überhaupt nichts – einfach mal im Rechenzentrum nachfragen.

MS-Office-Kurse in den Rechenzentren der Hochschulen sind für Studierende meistens kostenlos und sollten auf jeden Fall besucht werden! Dort werden Dir viele Tipps und Tricks vorgestellt, die Dir das Leben sehr erleichtern und vor allem Stress und Zeit bei Hausarbeiten ersparen werden. Die Teilnahmebescheinigungen hinterlassen bei Deinen Bewerbungen einen guten Eindruck und belegen, dass Du diese Standardsoftware problemlos anwenden kannst.

Aufgrund der sehr hohen Ähnlichkeit zwischen MS Office und LibreOffice werden hier exemplarisch nur die wichtigsten Grundlagen von LibreOffice besprochen. Der größte Unterschied zwischen beiden Programmen liegt an der veränderten Oberfläche von MS Office seit der Version 2007, die moderner, übersichtlicher und für Einsteiger leichter zu bedienen ist. Unter der Oberfläche hat sich

105 www.pro-linux.de/news/2009/13904.html

aber seit über zehn Jahren kaum etwas geändert – noch immer sind Formatvorlagen die Grundlage jedes längeren Dokuments (☞ Abschnitt 1.5.2 auf Seite 54).

LibreOffice

LibreOffice[106] ist **das** Standard-Open-Source-Büroprogramm und bietet sich besonders für Studierende an: Es beinhaltet alles, was man für das Studium benötigt und ist zudem kostenlos! Es enthält das Schreibprogramm »Writer«, das Präsentationsprogramm »Impress«, die Tabellenkalkulation »Calculator«, die Bildbearbeitung »Draw« und auch ein Programm zum Arbeiten mit Datenbanken »Base«. Im Internet gibt es viele kostenlose Kursskripte, Anleitungen und Hilfe[107] rund um LibreOffice.

Ein weiterer großer Vorteil von LibreOffice ist der Dateiim- und -export aus / in Formate anderer Programme, wie z.B. MS Office. Somit lassen sich Dateien in vielen verschiedenen Formaten öffnen, bearbeiten und speichern. Diese Funktion läuft nicht perfekt und wird es wahrscheinlich auch nie, da Microsoft Office-Formate ein Firmengeheimnis sind.

Das Format von LibreOffice (open document file) ist seit einigen Jahren anerkannter internationaler Standard (ISO), der von vielen Regierungen und Behörden verwendet wird.

Von LibreOffice gibt es auch eine Portable Version: LibreOffice Portable[108]. Portable Versionen verändern nichts an Windows Systemdateien und eignen sich deswegen hervorragend zum Ausprobieren. Außerdem können portable Versionen auch auf einen USB-Stick »installiert« werden, womit man es von jedem Windows-PC starten und immer dabei haben kann.

Writer LibreOffice Writer ist das Pendant zu Microsoft Office Word (☞ Abbildung 5.4 auf Seite 256). Eine sehr gute Anleitung zur Erstellung von wissenschaftlichen und langen Textdokumen-

106 www.libreoffice.org
107 www.libreoffice-forum.de
108 http://portableapps.com/de/apps/office/libreoffice_portable

ten mit OpenOffice hat Werner Roth auf seiner Homepage[109] beschrieben. Studierende, die mit LibreOffice ihre Textdokumente für die Hochschule schreiben, finden auf dieser Seite **wirklich alle** wichtigen Informationen für eine hervorragende und stressfreie Arbeit.

Auch wenn die Verwendung von Formatvorlagen auf der oben genannten Homepage bereits sehr gut beschrieben ist, kann ich gar nicht genug betonen, wie wichtig ihre Nutzung ist: Formatvorlagen definieren u.a. Schriftgröße, Schriftart, Abstände und Silbentrennung für ein Element (z.B. Überschrift, Hervorhebungen). Änderst Du die Formatvorlage, so werden alle Textelemente im gesamten Dokument, denen diese Formatvorlage zugeordnet ist, automatisch geändert. Das spart Dir nicht nur sehr viel Zeit und Nerven, sondern lässt das gesamte Dokument wie aus einem Guss erscheinen (☞ Abschnitt 1.5 auf Seite 40). Durch die Verwendung von Formatvorlagen ist die automatische Erstellung eines Inhaltsverzeichnisses problemlos möglich. Also bitte niemals von Hand ein Verzeichnis tippen! Viele Anfänger erstellen ein Inhaltsverzeichnis manuell und verschwenden unnötig Zeit mit dem Überprüfen der Seitenangaben, nachdem irgendwo Text eingefügt oder gelöscht wurde. Die Software macht das mit einem Klick.

Hier möchte ich Dir einige Tipps geben, die so nicht im Internet zu finden sind:

- die Erweiterung LanguageTool[110] für Writer zeigt nicht nur Rechtschreibfehler, sondern berücksichtigt auch Grammatik und Typographie
- Systemstart beschleunigen: • Extras • Optionen • LibreOffice • Java • Eine Java-Laufzeitumgebung verwenden deaktivieren
- Die Menüleisten lassen sich sehr einfach anpassen • Extras • Anpassen • Menüs. Im Dropdown-Menü wählt man die Leiste, die man anpassen möchte, während über • Hinzufügen neue Buttons positioniert werden können.

5

109 http://wernerroth.de/staroffice/dokus/diplom.html

110 www.languagetool.org

Zum Beispiel kannst Du das Symbol für Formatvorlagen nach ganz rechts außen über Drag & Drop ablegen, wo sich auch meistens die Liste der Formatvorlagen befindet – hört sich trivial an, spart aber Zeit, wenn man das mehrere hundert Male macht. Das Anpassen der Menüleisten ist in MS Office deutlich leichter zu bedienen, da man hier die Symbole über Drag & Drop direkt in die Symbolleiste des Dokuments verschieben kann.

- Writer hat im Gegensatz zu Word eine automatische Wortergänzung, die einem beim Schreiben Worte vorschlägt, die mit der Eingabetaste übernommen werden können (vergleichbar zum SMS schreiben beim Handy) • EXTRAS • AUTOKORREKTUR-OPTIONEN... • WORTERGÄNZUNG. Wortergänzung sollte aktiviert sein, um Tipparbeit einzusparen. Aktiviert man • LEERZEICHEN ANHÄNGEN, wird dieses dem übernommenem Wort angehängt, wobei Satzzeichen automatisch beachtet werden. Zwischen verschiedenen Vorschlägen kann mit [Strg] + [Tab] gewählt werden. Bei • MIN. WORTLÄNGE wird bestimmt, ab welcher Wortlänge Wörter bereits ergänzt werden sollen. Schreibfaule stellen die Zahl so klein wie möglich ein, wobei sich manche dadurch auch belästigt fühlen und die Zahl höher einstellen.
- Blindtext gibt man mit den Buchstaben »bt« gefolgt von [F3] ein.
- Ist ein Textdokument fertig geschrieben, lohnt es sich, nach doppelten Leerzeichen zu suchen und sie durch einfache zu ersetzen: [Strg]+[F]
- Buchstabendreher, die zu Rechtschreibfehlern führen, werden automatisch korrigiert • EXTRAS • AUTOKORREKTUR-OPTIONEN • ERGÄNZUNG. Ferner wird auch »mfg« automatisch durch »Mit freundlichen Grüßen« ergänzt. Lass Deiner Kreativität freien Lauf, um Dir Tipparbeit zu sparen.
- Feldbefehle, sind sinnvoll verwendet, eine sehr große Erleichterung: • EINFÜGEN • FELDBEFEHL • ANDERE... Einfach

mal einen Blick auf die verschiedenen Möglichkeiten werfen!

- Die gesamte Briefkorrespondenz lässt sich mit LibreOffice Writer problemlos erledigen (☞ Abschnitt 3.4.2 auf Seite 171). Briefvorlagen und viele weitere Vorlagen für Privat und Business gibt es auf der Homepage von LibreOffice[111].

Impress. Präsentationen (☞ Abschnitt 1.5.3 auf Seite 65), wie man sie von PowerPoint kennt, lassen sich im Handumdrehen mit LibreOffice Impress erstellen.

Um Dir viel Arbeit zu ersparen, solltest Du unbedingt mit Mastern arbeiten. Eine Masterfolie lässt sich mit den Formatvorlagen aus Writer vergleichen. Einträge und Formatierungen in der Masterfolie bleiben auf allen folgenden Folien erhalten. Hier kannst Du die Schriftart und Standardgröße für Text, Überschriften und Aufzählungen einstellen. Einträge im oberen und unteren Rand, z.B. Name des Referenten, Thema, Seitennummer und Logo, erscheinen auf allen Folien.

Vordefinierte Layout-Vorlagen erleichtern Dir die Anordnung für Grafiken und Text. Die Bedienung gestaltet sich sehr intuitiv und ist meistens selbsterklärend. Bei Fragen und Problemen steht eine große Community[112] hilfreich zur Seite.

Möchtest Du später die Präsentation von einem anderen PC aus starten, so empfehle ich Dir, Deine Präsentation in pdf zu exportieren und eine Präsentation im Vollbildmodus des pdf-Betrachters zu halten. Pdf-Dateien können von jedem Betriebssystem geöffnet werden, wobei das Layout erhalten bleibt. Das hat den großen Vorteil, dass Du Dir über den Computer, mit dem Du die Präsentation halten musst, keine Gedanken machen musst: Installierte Software, Software-Version und Betriebssystem spielen für pdfs keine Rolle.

Verwendest Du bei Deiner Präsentation Audio- und visuelle Effekte, so ist es ratsam, Portable LibreOffice zu verwenden, da pdf-Dateien nur im begrenzten Maße Effekte wiedergeben können.

---

[111] http://templates.libreoffice.org/template-center

[112] www.libreoffice-forum.de

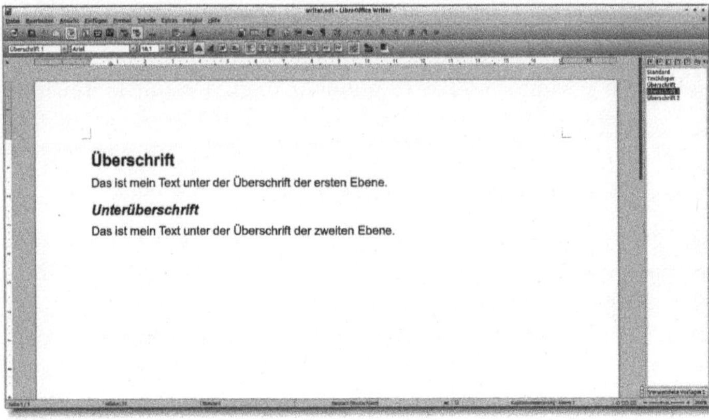

Abbildung 5.4: Writer ist ein sehr gutes und kostenloses Textbearbeitungsprogramm.

Calculator. Calculator ist das Tabellenkalkulationsprogramm in LibreOffice. Bei dem Wort »Tabellenkalkulationsprogramm« fällt den meisten ein: »Wow, damit kann man **echt** alles machen!« Aber gerade deshalb fühlen sich die meisten schon so überfordert, dass sie sich mit Tabellenkalkulation erst gar nicht beschäftigen. Beim täglichen Arbeiten verwendest Du jedoch nur wenige von den unzähligen Möglichkeiten.

- Zahlenreihen
  Sehr oft werden z.B. Nummerierungen gebraucht: In die erste Zeile einer Spalte schreibst Du »1«, in die zweite »2«, dann markierst Du beide Zeilen mit der Maus. Nun gehst Du mit dem Mauszeiger in der letzten Zeile (die mit der 2) rechts unten auf das schwarze Quadrat, und der Mauszeiger wandelt sich in ein Kreuz um. Die linke Maustaste drücken und gedrückt halten und nach unten ziehen. Dabei werden alle Zellen mit Folgenummern gefüllt.
- mit Formeln arbeiten
  Einfach ein »=« in eine Spalte eingeben und z.B. 5 + 3 eintippen, Entertaste drücken und das Ergebnis steht.

Statt Zahlen einzutippen, die sich ohnehin schon irgendwo im Dokument befinden, klickst Du nach dem »=« einfach auf das Feld, in dem sich die Zahl befindet, dann auf »+« und auf die andere Zahl in einer Zelle. Klickt man später doppelt in das Feld mit der Formel, so werden die Zellen farblich hervorgehoben, die berechnet werden sollen (lassen sich auch mit der Maus verschieben).

- Verknüpfungen
  Statt etwas innerhalb des Dokuments einfach zu kopieren (Strg + C) und einzufügen (Strg + V), kannst Du es verknüpfen: • BEARBEITEN • INHALTE EINFÜGEN... • OPTION • VERKNÜPFEN aktivieren. Änderst Du dann die erste Zelle, so wird auch der Inhalt der zweiten geändert – und das alles ohne Formeln.

Ich persönlich mache mir erst gar nicht die Mühe, komplizierte Formeln zu merken – ich suche einfach im Internet nach der Lösung für mein Problem. Beispiel: Zwei Spalten sollen miteinander verglichen werden, um die Unterschiede herauszufinden. Suche mit Google "Calculator 2 Spalten vergleichen unterschiede". Meistens gibt es eine Formel, die man einfach kopiert und einfügt und etwas für seine eigene Bedürfnisse anpasst. Soviel zu den absoluten Grundlagen. Also keine Angst vor Calculator oder Excel!

Für viele Berechnungen ist LibreOffice Calculator mehr als ausreichend. Bei meiner Diplomarbeit musste ich leider feststellen, dass das Einfügen von Fehlerbalken in Diagramme von Calculator nicht möglich war, was in Excel jedoch sehr einfach und zuverlässig funktioniert. Es gibt noch weitere Unterschiede, die aber gewöhnlich nicht vom Nutzer wahrgenommen werden, da diese Funktionen / Eigenschaften sehr selten verwendet werden.

LaTeX bzw. XeLaTeX

Installation. Wer LaTeX nutzen möchte, muss zuerst eine LaTeX-Distribution und dann einen LaTeX-Editor installieren. Editoren sind Programme mit einer benutzerfreundlichen grafischen Oberfläche, mit der Du auf Deine LaTeX-Distribution zugreifst. Sie stellen Dir alle Buttons bereit, die Du zum Schreiben brauchst und ermöglichen Dir ein Arbeiten, wie Du es von Word & Co. kennst. Bebilderte Schritt-für-Schritt-Anleitungen und Videos zur Installation einer LaTeX-Distribution und einem Editor machen die Installation sehr einfach und finden sich im Internet.

- Distributionen und Pakete
  Es gibt mehrere LaTeX-Distributionen (z.B. TeX Live, miktex, tetex), die den »LaTeX-Kern« mitsamt einer Sammlung verschiedener Pakete enthalten.
  Pakete ermöglichen Dir einfache Befehle, die sonst nur kompliziert mit LaTeX allein zu bewerkstelligen wären. Pakete lassen sich am ehesten mit Add-ons für Firefox vergleichen. Die Distribution TeX Live enthält alle wichtigen Pakete und wird ständig weiterentwickelt. Zudem ist sie für alle Betriebssysteme vorhanden. Für Windows verwenden viele die Distribution miktex. Mac-Fans sind mit mactex gut beraten.
- Editoren
  Texmaker ist ein sehr schneller und einfacher Editor und für alle Betriebssysteme vorhanden. Daneben gibt es noch Kile für Linux und TeXnicCenter für Windows.
  Für Windows empfehle ich TeXnicCenter, das sehr geläufig ist – bei Problemen können deshalb viele helfen.
  Kile lässt sich umfangreich konfigurieren und bietet viel mehr Möglichkeiten als Texmaker, wie z.B. Wortergänzung beim Schreiben und automatische Vervollständigung von Befehlen, ist jedoch langsamer als Texmaker.

Die Distribution TeX Live und der Editor Texmaker lassen sich mit dem Befehl `sudo apt-get install texlive-full texmaker` unter Ubuntu im Terminal installieren.

Prinzipiell lässt sich jede Distribution mit jedem Editor verwenden. Es bietet sich für Anfänger jedoch an, die geläufigste Kombination aus Distribution und Editor zu wählen, weil sich bei Problemen mehr Hilfen im Internet finden lassen. Für Windows empfehle ich

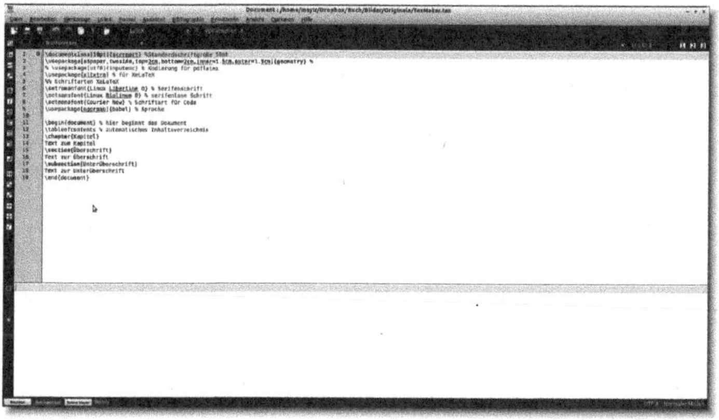

Abbildung 5.5: TexMaker ist ein sehr einfacher LaTeX-Editor mit vielen Buttons.

deshalb TeXnic-Center gemeinsam mit miktex oder TeX Live, für Mac Texmaker mit mactex.

5.4.4 Weitere Programme

Dropbox

Dropbox[113] ist ein nützliches Programm, das Daten auf einer 2 GB großen »Online-Festplatte« speichert und vielfältig nutzbar macht. Es ist für alle Betriebssysteme und sogar für Smartphones vorhanden.

Nach der kostenlosen Registrierung auf der Homepage und der Installation der Software wird auf Deinem Rechner der Ordner »Dropbox« erstellt, der immer mit der Online-Festplatte synchronisiert wird.

Nutzt Du mehrere Computer und ist Dropbox auf allen installiert, dann sind die Daten in der Dropbox auf allen Computern identisch. Arbeitest Du beispielsweise an verschiedenen Rechnern, wird früher oder später die Versionsverwaltung von Dokumenten zu einem Problem: Auf welchem Computer ist die aktuellste Version? Habe

113 www.dropbox.com

ich auf diesem Computer eine Datei, die ich auf dem anderen Computer nicht habe? Habe ich hier etwas verändert? Auf welchem Rechner ist das Bild abgespeichert? Dropbox umgeht sehr einfach und elegant all diese großen Probleme, indem es alle Dateien im Ordner »Dropbox« synchronisiert.

Besonders für die Abschlussarbeit ist diese Software absolut empfehlenswert, da man häufig an verschiedenen Rechnern arbeitet und so immer die gleiche Version hat. Dropbox erstellt automatisch mit jedem Speichervorgang ein Backup der gespeicherten Version, die 30 Tage lang gespeichert wird, d.h. man kann problemlos eine ältere Version wiederherstellen.

Zudem gibt es die Möglichkeit, Unterordner in Deiner Dropbox zu erstellen und mit anderen, die per E-Mail von Dir autorisiert wurden, zu teilen. Diese Personen können dann Daten hochladen / herunterladen und falls diese Personen ebenfalls Dropbox auf ihren Rechnern installiert haben, finden sie diesen Unterordner auch in ihrer eigenen Dropbox wieder und können damit wie mit gewöhnlichen Ordnern arbeiten. Diese Funktion ist insbesondere für Gruppenarbeiten sehr sinnvoll und stellt sicher, dass alle dieselben Dateien haben.

Viele Studierende verschicken bei Gruppenarbeiten eine Datei, die sie bearbeitet haben, per E-Mail an alle anderen Gruppenmitglieder. Die verändern dann ebenfalls etwas an der Datei und verschicken es wieder an alle anderen der Gruppe. Später sind mehrere Dateien im Umlauf, an denen jeder irgendwo etwas verändert hat. Dann muss sich jemand die Mühe machen und alle Versionen miteinander vergleichen – eine sehr zeitintensive, nervige und überflüssige Angelegenheit, die sich dank Dropbox vollständig vermeiden lässt.

Auch können auf einfachste Weise Dateien, die aufgrund ihrer Größe nicht per E-Mail verschickt werden können, Freunden zum Download angeboten werden: Bei Rechtsklick auf eine Datei im Ordner »Public«, der sich standardmäßig im Ordner »Dropbox« befindet, kann im Kontextmenü ein öffentlicher URL-Link kopiert und verschickt werden. Beim Klick auf den Link startet der Download. Eine tolle Sache, um z.B. alle Partybilder als zip-Datei den Gästen zum Download anbieten zu können.

Eine portable Version von Dropbox auf einem USB-Stick ermöglicht Dir außerdem, dass Du wirklich von jedem Windows-Rechner aus ganz bequem auf Deine Daten Zugriff hast. Auf Deine Dropbox-Daten kannst Du aber auch über den Internetbrowser zugreifen: Du loggst Dich auf Deinem Account ein und kannst Dateien hochladen oder zum Bearbeiten herunterladen. Egal von welchem Rechner Du auf Deine Dropbox zugreifst, es sind immer die identischen Daten.

Tipp

WGs, in denen nur ein Drucker vorhanden ist, können sich einen Dropbox-Ordner »Drucken« erstellen, auf den alle WG-Bewohner Zugriff haben. Damit entfällt das häufige Verschicken von Dateien per E-Mail und der Transport auf USB-Stick.

5

FreeMind

FreeMind[114] (☞ Abbildung 5.6 auf der nächsten Seite) ist ein sehr gutes und einfaches Programm zur Erstellung von Mindmaps und Brainstorms. Es beinhaltet nur relativ wenige Funktionen und lässt sich sehr intuitiv bedienen. Ich selbst verwende es bei der Planung jedes größeren Projekts und selbstverständlich auch für die Uni (Abschlussarbeit, Homepage, Umzugsplanung ...). Bevor ich z.B. eine Präsentation erstelle, sammle ich zuerst völlig unsortiert Einzelpunkte / Ideen in FreeMind und strukturiere sie anschließend zu einzelnen Folien mit Inhalten. Sind diese Schritte fertig, beginne ich erst dann mit Impress die eigentliche Präsentation zu erstellen. Um eine schönere Darstellung in FreeMind zu erhalten, nutze ich in der Menüleiste • FORMAT • KNOTENTYP BLASE und • FORMAT • AUTOMATISCHES LAYOUT.

---

114 http://freemind.sourceforge.net/wiki/index.php/Main_Page

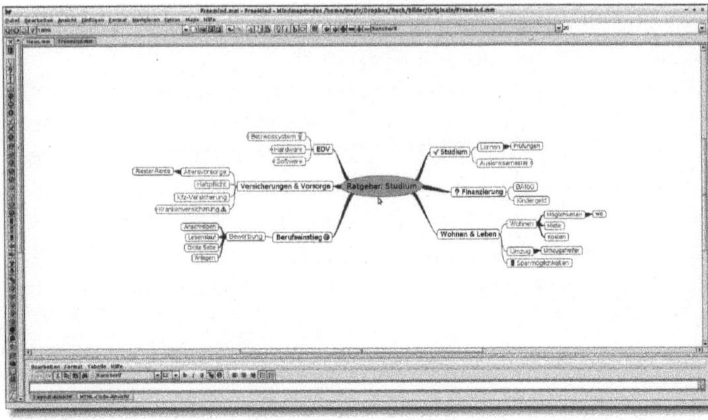

Abbildung 5.6: Mit FreeMind lassen sich auf einfache Art und Weise Gedanken strukturieren.

Literaturverwaltung

Jeder Studierende sollte für Haus- und Abschlussarbeiten ein Literaturverwaltungsprogramm nutzen! Anfänger unterschätzen die Bedeutung und den hohen Zeitaufwand für die Literaturverwaltung. Moderne Programme erledigen auf Knopfdruck, wofür Du mehrere Minuten benötigen würdest und auch später sparst Du viel Zeit, weil die Suche innerhalb Deiner Daten sehr schnell geht.

Für die Literaturverwaltung empfehle ich das Programm Zotero[115]. Zotero ist eine betriebssystemunabhängige, kostenlose Software zur Literaturverwaltung und ist für Writer, Word und LaTeX gleichermaßen geeignet.

Nicht verwirren lassen sollte man sich von der Tatsache, dass Zotero ein Add-on für Firefox ist. Mit Firefox werden Informationen im Internet gesucht und mit Zotero verwaltet. Diese Informationen können Daten wie Autor, Jahr und Verlag von einem Buch sein, oder auch Videos, Internetseiten, Bilder u.v.m. Praktisches Beispiel: Du möchtest Titel, Autor, Jahr und Verlag von Büchern nicht

115 www.zotero.org

jedes Mal von Hand eintippen. Suche einfach das Buch auf amazon.de und klicke auf das Zoterozeichen in der Adressleiste von Firefox und schon hast Du alle Angaben inklusive einem Screenshot in Deiner Literaturverwaltung. Genauso einfach können Bio-Wissenschaftler auf Pubmed nach Publikationen suchen und mit nur einem Klick alle Daten und sogar das komplette Abstract(!) ins Literaturverzeichnis übernehmen.

Falls auf der Internetseite Dateien (pdf, Bilder, Videos) enthalten sind, werden diese automatisch mitgespeichert. Lade bei Problemen die Datei manuell runter und klicke auf das Büroklammersymbol im Programm: Damit kannst Du jedem Literatureintrag Dateien anhängen. Alle Dateien befinden sich dann in Deinem Zotero-Ordner, d.h. Du kannst die heruntergeladene Datei im Anschluss löschen. Bei Doppelklick auf den Literatureintrag öffnet sich die Datei (pdf). Selbstverständlich kannst Du jedem Eintrag persönliche Notizen hinzufügen.

Damit Zotero mit Writer und Word problemlos läuft, ist ein entsprechendes Plugin nötig, das es auf der Zotero-Homepage gibt. Die Installation ist kinderleicht. Nach der Installation des Plugins erscheint im Schreibprogramm eine eigene Leiste von Zotero, die natürlich nur laufen kann, wenn Firefox geöffnet ist (Zotero ist ein Firefox Add-on). Um eine Quellenangabe zu machen, klickst Du auf • ZITAT EINFÜGEN. Beim ersten Gebrauch in einem leeren Dokument erscheint eine Liste, in der Du Dir einen Zitationsstil aussuchst. Im nächsten Fenster und später nach jedem Klick auf • ZITAT EINFÜGEN kommt Deine Liste mit all Deinen Literaturquellen zum Vorschein. Klicke auf den Literatureintrag, den Du haben möchtest; mit »OK« ist das Zitat fertig.

Das Literaturverzeichnis erstellst Du mit nur einem einzigen Klick auf das entsprechende Symbol in der Zoteroleiste.

Alle Einstellungen, die den Zitationsstil und das Literaturverzeichnis betreffen, kannst Du jederzeit ändern. Hierfür sind mehrere tausend verschiedene Zitationsstile vorhanden, die bei Klick alles nach Deinen Vorgaben formatieren. Die Zitatationsstile erhältst Du auf der Zotero-Homepage oder unter den Zotero-Einstellungen in Firefox • EXTRAS (Windows) bzw. BEARBITEN (Linux) • ADD-ONS • ZOTERO • EINSTELLUNGEN • CITE • STYLES »Weitere Stile hinzufügen...« Auf der erscheinenden Homepage klickst Du einfach auf »install« hinter dem entsprechenden Stil.

LaTeX-Nutzer müssen erst auf ihr Literaturverzeichnis in Zotero klicken und die Sammlung als eine Bibtex-Datei exportieren. Nach dem Kompilieren mit Bibtex werden Quellen so eingegeben: \cite{autor_titel _jjjj}. Die genaue Schreibweise ist in der Bibtex-Datei (Dateiname.bib) enthalten.

Auf der Zotero-Homepage und auf YouTube finden sich Video-Tutorials, die einem die Einarbeitung sehr vereinfachen. Mit einem Account auf Zotero lassen sich die Literaturangaben auf mehreren Rechnern synchronisieren und auch als Gruppe kann man auf dieselben Daten zugreifen. Leider ist dieser Speicher auf lediglich 100 MB beschränkt. Besser ist die Kombination aus Zotero und Dropbox (☞ auf Seite 259): In den Programmeinstellungen kannst Du unter • ERWEITERT einen beliebigen Speicherort angeben – hierfür wählst Du dann Deine Dropbox.

PDFCreator

PDFCreator[116] (Open-Source, GPL-Lizenz) ist ein pdf-Drucker, der einen virtuellen Drucker darstellt. Damit lassen sich aus jedem Programm, das einen Druckdialog besitzt (Word, PowerPoint, Firefox ...) und auch aus (ausgefüllten) pdf-Formularen pdf-Dokumente erzeugen.

Pdf-Formulare stellen ein Problem dar, weil eingetippte Inhalte nach dem Schließen des pdf-Betrachters gelöscht werden. Um die Formularinhalte dauerhaft zu speichern, wird das pdf-Formular im pdf-Drucker virtuell gedruckt. Dadurch wird eine ausgefüllte pdf-Datei erzeugt, die sich später ganz normal ausdrucken lässt.

Aber der PDFCreator kann noch sehr viel mehr: Er kann mehrere verschiedene Dateien (Word, jpeg, pdf usw.) sammeln und als **eine** pdf ausgeben: Hierzu klickst Du im Druckdialog auf • WARTEN-

116 www.pdfforge.org/products/pdfcreator/download

Sammeln. In das Fenster kannst Du nun über Drag & Drop u.a. Word-, jpg-Dateien ziehen. Pdf-Dateien und vielleicht auch andere Dateitypen lassen sich leider nicht hineinziehen. Die musst Du dann extra mit PDFCreator drucken, entweder indem Du die Datei im entsprechenden Programm (Adobe Reader) öffnest und dann über • Datei • Drucken... mit PDFCreator als Drucker druckst, oder über Rechtsklick auf mehrere markierte Dateien • Erzeuge PDF oder Bilddatei mit PDFCreator. Diese Dateien landen dann auch im Druckdialog von PDFCreator.

Im Druckdialog markierst Du alle Dateien, klickst dann auf das Icon • Alle zusammenfügen und schließlich auf das Icon • Drucken. Die Funktionen der Icons sind aufgrund der nicht aussagekräftigen Symbole schwer zu erkennen, aber die Tool-Tipps[117] helfen.

PDFCreator bettet auch Schriftarten in pdfs ein, was nur wenige gratis pdf-Programme können. Die Integration von Schriften ist besonders wichtig, wenn man an fremden Computern drucken möchte: Sind dort die verwendeten Schriftarten nicht installiert, so werden nur »Hieroglyphen« ausgegeben. Übrigens kannst Du in Windows mit PDFCreator auch aus dem Kontextmenü (Rechtsklick auf eine Datei) pdfs erstellen.

Einen Wermutstropfen gibt es bei PDFCreator doch: Löschst Du pdf-Seiten aus einer pdf, indem Du mit PDFCreator nur bestimmte Seiten druckst (z.B. Seite: 1–3, 5–10), so wird die Dateigröße der neuen pdf, obwohl sie weniger Seiten enthält, nicht kleiner, sondern größer. Abhilfe schafft hier für Windows PDFTK-Builder[118] bzw. pdftk für Linux.

JPDFBookmarks

JPDFBookmarks[119] ist ein simples Open-Source Programm, um nachträglich Lesezeichen in pdf-Dateien einzufügen. Es ist für alle

117 Hinweistext, der eingeblendet wird, wenn der Mausanzeiger länger über dem Button ruht.

118 www.angusj.com/pdftkb, portable Version: http://portableapps.com

119 http://sourceforge.net/projects/jpdfbookmarks

Betriebssysteme vorhanden und verlangt, da es in Java geschrieben ist, keine Installation.

Pdf-Lesezeichen sind hervorragend für Online- und E-Mail-Bewerbungen geeignet, bei denen die »Bewerbungsmappe« eine pdf-Datei darstellt. Wird die pdf geöffnet, hinterlassen die Lesezeichen auf der linken Seite sofort einen positiven Eindruck auf den Leser, weil der Aufbau des Dokuments auf den ersten Blick zu erkennen ist.

Die Bedienung ist sehr einfach. So, wie Du die Datei in JPDF-Bookmarks vor Dir hast, wird sie später beim Öffnen aussehen: Du kannst also u.a. einstellen, ob die Seite in ganzer Höhe oder ganzer Breite angezeigt werden soll, ob die Lesezeichen schon beim Öffnen sichtbar sind und wie breit die Lesezeichenleiste links sein soll. Die Buttons im Programm müssen lediglich angeklickt werden. Ihre Funktion erfährst Du anhand der Tool-Tipps, da die Icons schwer zu verstehen sind.

Audacity

Das kostenlose Audacity[120] ist für alle Betriebssysteme vorhanden. Besonders gut eignet sich Audacity zum Vokabeln lernen und zur Vorbereitung auf mündliche Prüfungen: Über Mikrofon nimmst Du Deine Vokabeln auf, bearbeitest anschließend die Audiodatei (Versprecher löschen) und speicherst die Rohdaten ab. Im Anschluss exportierst Du Deine Audiodatei in das mp3-Format. Mit Deinem Smartphone oder mp3-Player lernst Du im Bus, beim Geschirrspülen oder beim Sport Deine Vokabeln.

Die Bedienung ist sehr einfach: Ein Klick auf »Record« startet die Aufnahme, mit »Pause« wird sie angehalten, mit »Record« wieder gestartet und mit »Stop« beendet. Anschließend kannst Du die Aufnahme bearbeiten, z.B. indem Du die zu löschenden Abschnitte mit der Maus markierst und anschließend löschst.

Das Hintergrundrauschen lässt sich einfach reduzieren: Markiere einen Bereich in Deiner Aufnahme, der das Hintergrundrau-

120 http://audacity.sourceforge.net

schen darstellt • EFFEKT • RAUSCHENTFERNUNG... • RAUSCHPROFIL ERMITTELN, anschließend markierst Du die ganze Aufnahme (Strg+A) • EFFEKT • RAUSCHENTFERNUNG... und auf OK klicken.

Gimp

Das Open-Source-Bildbearbeitungsprogramm Gimp[121] ist das freie Pendant zum sehr teuren proprietären Adobe Photoshop. Es kommt natürlich nicht an die vielen Möglichkeiten von Photoshop heran, ist aber dennoch sehr gut für die semi-professionelle Bildbearbeitung geeignet.

Was kann man mit Gimp ganz konkret machen? Ich verwende es hauptsächlich, um Bilder auszuschneiden, Dateigröße oder Qualität zu reduzieren (eBay, Homepage) oder auch um Schlagschatten für Abbildungen zu erzeugen (Präsentationen, Hausarbeiten).

Bilder kannst Du mit dem Skalpell, das sich in der Werkzeugleiste befindet, ausschneiden. Die Dateigröße vieler Fotos lässt sich schon reduzieren, wenn die Bildgröße verkleinert wird: • BILD • BILD SKALIEREN. Aber auch über die Kompression lässt sich die Dateigröße verkleinern: Beim Speichern des Bildes unter einem anderen Dateinamen kannst Du im Fenster mit Hilfe eines Schiebereglers die Qualität einstellen. Diese Funktion ist gerade bei Online-Bewerbungen sehr nützlich und hilft Dir, die Dateigröße Deines Fotos zu ändern, damit die Bewerbungsmappe nicht zu groß wird.

Schlagschatten erzeugst Du recht einfach mit Gimp: • FILTER • LICHT UND SCHATTEN • SCHLAGSCHATTEN.

Eingescannte Dokumente, die als Bild abgespeichert sind, verbesserst Du, indem Du z.B. Flecken und Eselsohren entfernst oder den Hintergrund weiß färbst (Anleitungen auf YouTube). Mit Gimp lassen sich übrigens auch Bilder in verschiedene Formate exportieren.

---

[121] www.gimp.org

TeamViewer

TeamViewer[122] ist das perfekte Tool, um den PC eines Hilfesuchenden zu steuern oder selbst seinen PC von jemand Fachkundigem fernsteuern zu lassen. Es ist betriebssystemunabhängig, sehr schnell und sehr einfach in der Bedienung. Als portable Version für Windows bedarf es noch nicht einmal einer Installation.

Nach dem Start des Programms wird eine ID und ein Kennwort angezeigt, das dem Helfer gegeben wird, damit er eine Verbindung zum Computer herstellen kann.

Danach kann man live miterleben, was der Helfer am eigenen Computer macht: Der Mausanzeiger bewegt sich, Programme werden gestartet, Texte geschrieben ... als würde man neben dem Helfer sitzen und zuschauen.

122 www.teamviewer.de

6 Berufseinstieg

Dieses Kapitel hilft Dir auf dem Weg zu einem Job – egal ob es ein Nebenjob parallel zum Studium ist oder Dein Start ins Berufsleben nach Abschluss der Hochschule.

6.1 Stellenangebote

Wie findest Du einen Job? Prinzipiell kannst Du entweder aktiv nach freien Stellen suchen, Dich von potentiellen Arbeitgebern / Vermittlern finden lassen oder nutzt einfach beide Möglichkeiten, um Deine Erfolgschancen zu erhöhen.

Den perfekten Einstieg ins Berufsleben könnte Dir auch ein Praktikum (☞ Abschnitt 1.6.3 auf Seite 74) eröffnen. Hier hast Du den Vorteil, dass Du bereits weißt, wie Dein zukünftiger Arbeitsplatz sein wird und kennst sogar einige Kollegen.

Nicht selten helfen Beziehungen zu Freunden, Bekannten, Kommilitonen und Dozenten, die jemanden in der Arbeitswelt kennen und Dir einen Ansprechpartner nennen, bei dem Du Dich vorstellen kannst.

6.1.1 Finden

Aktuelle Stellenangebote findest Du in der Jobbörse der Bundesagentur für Arbeit[123]. Selbstverständlich gibt es auch in verschiedenen Zeitungen, in der (Fach-)Presse und auf den Homepages von praktisch allen großen Firmen Stellenausschreibungen. Ebenfalls werden regelmäßig Jobmessen speziell für Absolventen angeboten, bei denen Du Dich bei möglichen Arbeitgebern vorstellen kannst.

Für einen einfachen Nebenjob z.B. als Verkäufer kannst Du auch von Laden zu Laden gehen und fragen, ob gerade eine Stelle frei ist. Wenn Du bereits hier einen Bewerbungsflyer (☞ Abschnitt 6.2.3 auf Seite 281) aushändigst, hinterlässt Du einen guten Eindruck. Häufig genügt der Flyer und eine vollständige Bewerbung ist in den meisten Fällen gar nicht mehr nötig.

6.1.2 Gefunden werden

Insbesondere wer ein gefragtes Studienfach studiert (aktuell z.B. Mathematik, Physik, Maschinenbau), hat hohe Chancen, sich finden zu lassen. Ungeachtet dessen sollten auch Studenten aus anderen Fächern ihr Glück versuchen – viel Arbeit kostet das Gefundenwerden nicht.

Am leichtesten geht das über Xing[124]: Ein seriöses Profil mit möglichst vielen berufsbezogenen Angaben genügt, um kontaktiert zu werden. Den Kontakt stellen in vielen Fällen »Headhunter« her, aber auch Zeitarbeitsfirmen lassen nichts unversucht.

Nicht wenige wurden bereits während des Studiums von Headhuntern kontaktiert, die darauf warten, Dich in einem Unternehmen mit möglichst hohem Jahresgehalt unterzubringen – oft hängt ihre Provision von Deinem Jahresgehalt ab. Falls Du noch keinen Kontakt zu einem Vermittler hast, wird sich das sicherlich ändern, wenn Du ein Profil auf Xing anlegst.

---

123 www.arbeitsagentur.de

124 www.xing.de

6.2 Schriftliche Bewerbung

Nachdem Du eine potentielle Stelle gefunden hast, heißt es Bewerbung schreiben. Eine Bewerbung ist Werbung für die eigene Person. Zurückhaltung ist bei einer Bewerbung fehl am Platz, schließlich möchte man sich gegen die Konkurrenz durchsetzen, aber nicht übertreiben!

Dem Personalentscheider bleibt nichts anderes übrig, als allein aus Deiner Bewerbung auf Deine Person zu schließen: Bist Du ordentlich? Beherrschst Du die Sprache? Bist Du strukturiert? Legst Du wert auf Genauigkeit?

Deshalb dürfen Formfehler (☞ Abschnitt 1.5.1 auf Seite 45, ☞ Abschnitt 3.4.2 auf Seite 171), Rechtschreibfehler oder Ähnliches auf keinen Fall passieren! Die Bewerbung **muss** perfekt sein und aus einem Guss erscheinen (gleiche Schriftart, -größe, Farben). Weil Du Dich hier, wie auch im Vorstellungsgespräch, nur von Deiner besten Seite zeigst, dürfen Dir keine Fehler unterlaufen, denn im Umkehrschluss würde das bedeuten, dass Deine »normale Seite« noch fehlerbehafteter ist.

Prinzipiell gibt es 3 Formen der Bewerbung:

- postalische Bewerbung
- E-Mail-Bewerbung
- Online-Bewerbung

Viel Platz für Kreativität ist nicht gegeben, da der Inhalt recht konform ist. Die klassische Bewerbung besteht aus einem Anschreiben und einer Bewerbungsmappe.

Die Online-Bewerbung fällt aus dem Rahmen: Hier muss man sich meistens erst auf der Homepage des potentiellen Arbeitgebers anmelden und erhält einen Login. Ist man eingeloggt, so gilt es, erst einmal alle Formularfelder auszufüllen und lädt im Anschluss Dateien, wie Foto, Zeugnisse und andere Unterlagen hoch. Dennoch enthält auch die Online-Bewerbung alle Unterlagen der anderen Bewerbungsformen.

Alle Deine verschickten Bewerbungen solltest Du unbedingt aufbewahren und in einem Ordner speichern. Auch Absagen sind wichtige Dokumente, die archiviert werden sollten.

6.2.1 Anschreiben

Das Anschreiben sollte maximal eine Seite betragen und den Leser kurz und präzise über die eigene Motivation und Qualifikation informieren.

Aus dem Anschreiben muss ganz klar hervorgehen, dass Du das Stellenangebot gelesen und verstanden hast(!) – das zeigst Du, indem Du Schlagwörter aus dem Stellenangebot aufgreifst und verwendest. Zusätzlich musst Du Dich über das Unternehmen informieren und begründen können, warum Du Dich ausgerechnet dort bewirbst. Sehr gerne werden diese Punkte auch im Vorstellungsgespräch angesprochen.

Es gibt Personaler, die das Anschreiben, wenn überhaupt, erst nach einem Blick auf den Lebenslauf lesen, der das eigentliche Kernstück der Bewerbung darstellt.

Das Anschreiben enthält ganz oben Deinen individuellen Briefkopf, danach folgt das Adressfeld (☞ Abschnitt 3.4.2 auf Seite 172), über das Du auch Deine Anschrift platzieren kannst, was für Bewerbungen in Briefumschlägen mit Sichtfenster sehr praktisch ist. Es ist wichtig, einen Ansprechpartner evtl. mit Abteilung bereits hier zu nennen, damit Deine Bewerbung dort ohne Umwege ankommt. Hast Du keinen Namen, rufst Du am besten an, um ihn in Erfahrung zu bringen – achte auf die korrekte Schreibweise.

Mit etwas Abstand unter dem Adressfeld wird rechtsbündig Ort mit Datum angegeben (z.B. »Mannheim, 09.08.2012«). Nach dem Ort wird kein »den« geschrieben und das Datumsformat sollte stimmig und auf allen Dokumenten einheitlich sein (Geburtsdatum).

In die Betreffzeile, die linksbündig unter dem Datum steht, folgt in Fettdruck der Grund des Schreibens, z.B.: **Bewerbung um eine Stelle als Lagermitarbeiter auf 450-Euro Basis**, dann kommt die persönliche Anrede.

E-Mail-Bewerbungen beginnst Du direkt mit der Anrede, d.h. Du brauchst kein Adressfeld und Datum. Statt eines Briefkopfs wird in die E-Mail eine Signatur (☞ Abschnitt 5.4.2 auf Seite 249) ganz unten eingefügt, wie Du es sicherlich schon kennst. Die Betreffzeile der postalischen Bewerbung entspricht der gewöhnlichen Betreffzeile in E-Mails.

Nun folgt die Anrede mit Namen »Sehr geehrte Frau X,« oder »Sehr geehrter Herr Dr. Y,«. Nach einer Leerzeile folgt im klassischen Anschreiben die Information, wo / wie Du auf die Stelle aufmerksam geworden bist bzw. bedankst Du Dich für das »freundliche Telefongespräch«, das Dich in Deinem Entschluss für die Bewerbung bestätigt hat. Selbstverständlich reichst Du Deine Unterlagen »mit großem Interesse an einer positiven Antwort« bei.

Der nächste Absatz beschäftigt sich mit Deiner letzten und aktuellen (Arbeits-)Situation, z.B. »nach erfolgreichem Abschluss meines Abiturs studiere ich zurzeit an der Universität Mannheim Psychologie im 2. Fachsemester«. Hier erwähnst Du bereits erste Informationen, die der Bewerbung dienlich sind: Zusatzqualifikationen, BWL in der Schule oder bestimmte Computerkenntnisse.

Einen Absatz weiter schreibst Du über Deine Berufserfahrung und Motivation: »Bereits im Unternehmen X in Ludwigshafen konnte ich viel Erfahrung im Lager sammeln. Während meiner 1,5-jährigen Tätigkeit als Aushilfe umfassten meine Aufgaben das selbstständige Kommissionieren, Bestellen (Aufnahme und Abgabe) und den Erhalt der Aktualität des Lagerinventars. Auch war ich im Verkauf eingesetzt und stellte meinen professionellen Umgang als Berater unter Beweis«.

Der folgende Absatz beschäftigt sich mit Deinen charakterlichen Eigenschaften, insbesondere mit Deinen Stärken. Ebenfalls wird hier erwähnt, ab wann Du die Stelle antreten kannst und Du bietest Dich zudem für Rückfragen an. Typisch sind Sätze wie: »Meine persönlichen Stärken sind …« oder »Kennzeichnend für meine Person ist …« Mindestens drei Eigenschaften sollten erwähnt werden, die auch im Stellenangebot erwähnt sein sollten (schnelle Auffassungsgabe, hohes Verantwortungsbewusstsein, große Sorgfalt, Flexibilität usw.)

Standardmäßig kommt nun die Bitte um ein Vorstellungsgespräch, bspw. »Ich freue mich auf ein Gespräch mit Ihnen, bei dem wir uns kennen lernen.«. Selbstbewusst fängt der Satz mit einem »Ich« an und ist nicht im Konjunktiv formuliert, also kein »würde ich mich sehr freuen«, denn dies würde bedeuten, dass Du nicht weißt, ob Du Dich freuen würdest oder nicht.

Im letzten Absatz erscheint die Grußformel ohne Komma, auf die Deine Unterschrift folgt. Je nach Position und Unternehmen gehst Du auf Nummer sicher, wenn Du mit königsblauer Tinte unterschreibst.

In E-Mail-Bewerbungen schreibst Du lediglich Deinen Vor- und Nachnamen nach einer Leerzeile unter die Grußformel.

Nach etwas Abstand folgt nun der Hinweis auf die Anlage, was bei E-Mail-Bewerbungen nicht nötig ist.

Hinweis

Das Anschreiben muss sich direkt auf ein Stellenangebot beziehen und sollte auch die entsprechenden Schlagwörter des Anforderungsprofils enthalten.

Diese klassische Form der Bewerbung liest ein Personaler dutzende Male am Tag, weshalb ich das Anschreiben anders empfehle: Gleich nach der Anrede beschreibst Du, was Du bereits stellenbezogenes kannst. Im zweiten Absatz werden Deine weiteren Fähigkeiten aufgelistet, die immer noch für die Stelle von Vorteil sind. Im dritten Absatz schreibst Du über Deine Gründe für Deine Bewerbung im jeweiligen Unternehmen (gute Erreichbarkeit, Firmenphilosophie, Bezahlung). In den nächsten Absatz kommt Deine aktuelle Situation (Student, Nebenjob als XY) und / oder was Du bisher gemacht hast. Der folgende Absatz enthält Deine persönlichen Stärken und Charaktereigenschaften. Nun kommt evtl. der Zeitpunkt des Arbeitsbeginns (»Ich bin ab sofort verfügbar.«). Schließlich noch die

Freude auf das Vorstellungsgespräch signalisieren, dann die Grußformel.

6.2.2 Bewerbungsmappe

Die Bewerbungsmappe enthält: Deckblatt, eine Seite mit einer Zusammenfassung (sog. Dritte Seite), Lebenslauf (maximal zwei Seiten), Anlagenverzeichnis sowie die Anlagen in der entsprechenden Reihenfolge.

Deckblatt

Das Deckblatt enthält den typischen wie auch informativen Satz »Bewerbung um eine Stelle als ...« und Dein Bewerbungsfoto. Auch sollte es die wichtigsten Kontaktdaten enthalten: Name, Anschrift, Telefonnummern, E-Mail-Adresse, Homepage ...

Auch wenn Unternehmen laut dem Allgemeinen Gleichbehandlungsgesetz für Bewerbungen keine Fotos verlangen dürfen, umgehen Betriebe dieses Problem, indem sie einfach um die »üblichen Bewerbungsunterlagen« bitten. Auf jeden Fall solltest Du ein Bild von Dir mitschicken, denn ein persönliches Foto hinterlässt Eindruck.

Dein Foto muss aktuell und von einem professionellen Fotografen aufgenommen worden sein. Es ist egal, ob es ein Schwarz-Weiß- oder Farbfoto ist. Selbstverständlich solltest Du Dich für die Bewerbungsstelle passend gekleidet haben.

Bei der Gestaltung des Deckblattes bist Du ganz frei und kannst Dein Foto in einer geeigneten Größe nach Belieben platzieren. Einige gestalten das Deckblatt in den Firmenfarben, um einen Wiedererkennungswert beim Leser hervorzurufen.

Dritte Seite

Die Dritte Seite stellt eine Art Zusammenfassung / Teaser über den Bewerber dar, auf dem der Leser sofort erfährt, wer sich bewirbt, wieso er sich bewirbt, was er kann und wie er ist. Damit das schnell geht, ist es möglichst stichpunktartig.

Wie der Name schon sagt, erscheint die Dritte Seite klassisch hinter Deckblatt und einem einseitigen Lebenslauf als dritte Seite. Falls aber Dein Lebenslauf suboptimal ist, kannst Du die Dritte Seite gleich nach dem Deckblatt positionieren. So erfährt der Personaler gleich alle Deine Stärken, Charaktereigenschaften und Motivation und kann im Lebenslauf bei Ungereimtheiten eher ein Auge zudrücken. Ich empfehle, die Dritte Seite immer hinter das Deckblatt zu setzen, denn wenn das Anforderungsprofil bereits hier passt, wird der Leser den Lebenslauf intensiver durchgehen.

Als Überschrift wären möglich: Zusammenfassung, Resümee oder Was Sie interessieren könnte ...

Unterüberschriften könnten sein:

- Zur Person / Über mich / Wer ich bin
- Stärken / Fähigkeiten / Kenntnisse
- Meine Arbeitsweise / Meine Motivation / Mein Charakter

Lebenslauf

Der Lebenslauf ist das Wichtigste der Bewerbung und kann chronologisch (von der Vergangenheit bis zur Gegenwart) oder umgekehrt chronologisch sein – mit dem umgekehrt Chronologischen machst Du ganz sicher nichts falsch.

Das Gute ist: Es muss nur ein einziges Mal mit allen Informationen geschrieben werden – nimm Dir hierfür viel Zeit! Später muss der Lebenslauf nur noch etwas entsprechend des Stellenangebots angepasst werden: Lass einfach die Infos weg, die für die Stelle unerheblich sind, um den Leser nicht mit unwichtigen Details zu belasten.

Der Lebenslauf sollte so übersichtlich geschrieben sein, dass der Leser sofort die wichtigsten Fakten erfährt, die Du auch fett hervorheben kannst.

Bei der Zeitangabe reicht Monat / Jahr (05/2009) aus. Sehr gute Noten am besten in Klammern erwähnen, schlechte Noten auslassen.

Der Text beginnt mit der Überschrift »Lebenslauf« oder »Curriculum Vitae« worauf Unterüberschriften und evtl. Unterunterüberschriften folgen:

- Studium / Akademische Ausbildung
  - Ausland / Auslandsstudium
- Berufserfahrung / Beruflicher Werdegang / Ausbildung
- Weiterbildungen
- Zusatzqualifikationen
  - Fremdsprachen
  - EDV
- Praktika
- Zivildienst / Freiwilliges Soziales Jahr / andere Dienste
- Sonstiges
- Schule / Schulzeit / Schulischer Werdegang (optional möglich)
- Hobbys

Deine Kontaktdaten braucht der Lebenslauf nicht mehr zu enthalten, da sie auf dem Deckblatt bereits erwähnt sind.

Der Lebenslauf sollte optimalerweise am Ende unterschrieben sein, d.h. bei E-Mail- und Online-Bewerbungen fügst Du ein eingescanntes Bild Deiner Unterschrift ein. Am besten unterschreibst Du sehr groß in königsblauer Tinte auf dem einzuscannenden Blatt, später verkleinerst Du die Größe auf dem Dokument, was zu einem besseren Qualitätsergebnis führt.

6

Anlagen

Den Anlagen solltest Du ein Anlagenverzeichnis mit der Überschrift »Anlagenverzeichnis« vorsetzen, damit der Leser gleich informiert ist, was alles noch kommen wird. Die Reihenfolge geht von wichtig zu weniger wichtig.

Welche Anlagen verlangt werden, erfährst Du aus der Stellenausschreibung und alle **müssen** in Deiner Bewerbungsmappe sein.

Lässt sich aus der Ausschreibung nicht genau rauslesen, was alles verlangt wird, rufst Du am besten an. Im Zweifel legst Du die wichtigsten Nachweise und Zeugnisse bei.

Weitere Dokumente, die für die ausgeschriebene Stelle von Vorteil sind, auch beilegen. Aber Achtung: Ein Zuviel an unnötigen Informationen wirkt sich negativ aus.

Die Anlagen scannst Du als einzelne pdf-Dateien in zwei Auflösungen. Die Auflösung des Scannens wird in dpi (dots per inch) angegeben. Eine hohe Auflösung (300 dpi) hat eine sehr gute Qualität, aber die pdf-Datei ist auch sehr groß. Geringere Auflösungen haben eine recht kleine Dateigröße bei schlechterer Qualität.

Eine hohe Auflösung benötigst Du für postalische Bewerbungen, einfach um die Datei in guter Qualität ausdrucken zu können. Dokumente in geringer Auflösung brauchst Du für den E-Mail-Versand, bei dem Du einen Kompromiss eingehen musst: Möglichst kleine Dateigröße bei möglichst bester Lesbarkeit.

Das Problem liegt darin, dass die Bewerbungsmappe als E-Mail-Anhang 2 MB nicht übersteigen sollte, da einige Server Limits für Dateigrößen haben. Bei Überschreitung dieser Grenze kommt die E-Mail nicht an. Ebenfalls benötigt das pdf-Betrachtungsprogramm bei großen Dateien länger zum Öffnen und das Scrollen im Dokument könnte zur Geduldsprobe für den Leser werden. Bei 15 Anlagen mit jeweils 150 kB beträgt die Datei bereits 2,25 MB.

Um kleine Dateigrößen (100–200 kB) zu erhalten, bietet es sich an, Dokumente in schwarz-weiß einzuscannen, wobei Details, wie Logos, sehr plump aussehen können. Um ein optisch ansprechenderes Resultat zu erzielen, kannst Du solche Dokumente in Graustufen scannen, was automatisch die Datei etwas vergrößert. Da viele Dokumente sehr unterschiedlich aussehen, ist es meist unvermeidbar, jedes Dokument in unterschiedlichen Auflösungen probehalber zu scannen, bis das Ergebnis in Ordnung ist (erhöht leider den Arbeitsaufwand, muss aber nur einmalig gemacht werden).

6.2.3 Bewerbungsformen

E-Mail-Bewerbung

Deine E-Mail-Adresse von der Du die Bewerbung verschickst, sollte seriös sein und z.B. aus Vorname.Nachname@XY.de bestehen. Das Anschreiben erstellst Du am besten im Format »nur Text«, nicht im »HTML-Format« (☞ Abschnitt 5.4.2 auf Seite 241).

HTML-Inhalte werden von vielen Programmen häufig geblockt, weil Spam und Newsletter in diesem Format verschickt werden. Bei Copy & Paste aus dem Internet oder anderen Dokumenten kann Dein E-Mail-Programm einen Hinweis auf die Formatierung melden. In diesem Fall einfach den kopierten Text in z.B. Microsoft Editor oder gedit (Linux) einfügen, erneut kopieren und in die E-Mail einfügen – nun müssten alle Formatierungen gelöscht sein und Du hast reinen Text.

Der E-Mail-Betreff entspricht dem Betreff der klassischen Bewerbung. Der E-Mail-Text beginnt direkt mit der Anrede aus dem Anschreiben und endet nach der Grußformel mit Deinem ausgeschriebenen Vor- und Nachnamen. Ganz unten befindet sich Deine Signatur. Aufgrund dieser Vorgehensweise ist das Anschreiben sowohl als Text in der E-Mail, als auch in der Anlage enthalten (praktisch zum Ausdrucken).

Die Anlage besteht aus dem Anschreiben und der Bewerbungsmappe als **eine** Word- oder als pdf-Datei, wobei die Anlage 2 MB möglichst nicht übersteigen sollte.

Verschickst Du ein Word-Dokument, so wäre es das Beste, wenn Du die gesamte Bewerbung mit Formatvorlagen (☞ Abschnitt 1.5.2 auf Seite 54) erstellt hast – es könnte ja sein, dass der Personalentscheider im Dokument nachschaut, wie genau es mit Word erzeugt wurde, um gleich daraus auf Deine MS-Office-Kenntnisse zu schließen.

Besser ist die Einbindung der gesamten Bewerbungsmappe als **eine** pdf-Datei (☞ Abschnitt 5.4.4 auf Seite 264). Mit pdf-Dateien gehst Du auf Nummer sicher, da die Datei auf jedem Computer geöffnet werden kann und das Layout überall gleich aussieht. Das

Tüpfelchen auf dem »i« ist die Gliederung Deiner Bewerbungsmappe mit pdf-Lesezeichen (☞ Abschnitt 5.4.4 auf Seite 265), damit fällst Du sicherlich positiv aus dem Rahmen und zeigst, dass Du sehr strukturiert bist und selbst kleinste Details beachtest.

Hinweis

Belasse beim E-Mail-Versand die Priorität auf normal, um Dich nicht aufzudrängen.

Postalische Bewerbung

Wird die Bewerbung mit der Post verschickt, muss unbedingt darauf geachtet werden, dass auch die Anschrift im Brief korrekt ist. Am besten verwendest Du einen großen Briefumschlag mit Sichtfenster, wobei die Eigenschaften des Briefumschlags (Farbe, Kartonrücken) nicht relevant sind.

Bei Briefumschlägen ohne Sichtfenster druckst Du die Anschrift des Empfängers (☞ Abschnitt 3.4.2 auf Seite 172) auf ein Etikett (☞ Abschnitt 3.4.1 auf Seite 169). Deine Adresse platzierst Du entweder klein über der Anschrift des Empfängers oder klebst ein kleineres Etikett mit Deinen Daten links oben auf den Umschlag.

Als Bewerbungsmappe werden spezielle, dreiteilige, aufklappbare Bewerbungsmappen oder Klemmmappen angeboten, die sicherheitshalber in schlichten Farben gehalten werden sollten – oder auch nicht: Eine rote Mappe fällt unter all den schwarzen und blauen sicherlich auf.

Viele Personaler favorisieren die einfache Klemmmappe, da sich mit nur einem Handgriff alle Unterlagen entnehmen lassen, kopiert und zurückgesteckt werden können – sehr nutzerfreundlich.

Klarsichtfolien sollten nicht verwendet werden, die spiegeln im Bürolicht und zum Kopieren muss zeitaufwendig jedes einzelne Blatt herausgenommen und später wieder eingeschoben werden.

Online-Bewerbung

Zur Online-Bewerbung lässt sich leider nichts Konkretes sagen, da jede Firma ihr Bewerbungsportal anders gestaltet. In etlichen Formularfeldern gibt man alle seine Daten ein – manchmal muss man sogar seinen kompletten Lebenslauf manuell eingeben.

Allen Portalen gemein ist die Tatsache, dass auch sie alle Elemente der klassischen Bewerbung enthalten (Lebenslauf, Foto, Anlagen ...), die Du einzeln hochladen musst. Deshalb sollten Deine Dateien auch logische Namen tragen, wie Lebenslauf.pdf, Dritte Seite.pdf, Abiturzeugnis.pdf. Am Ende des Bewerbungsprozesses wird eine pdf-Datei mit der vollständigen Bewerbung angeboten, die Du speichern solltest.

Bewerbungsflyer

Der Bewerbungsflyer ist eine DIN-A4-Seite im Querformat, bei der Vorder- und Rückseite bedruckt sind. Meistens ist jede Seite in drei Spalten gegliedert, wobei jede Spalte die wichtigsten Informationen einer richtigen Bewerbung enthält: Deckblatt, Anschreiben, Zusammenfassung, Lebenslauf, Dritte Seite und Kontaktmöglichkeit.

Der Flyer lässt sich sehr schnell lesen, kostet extrem wenig und braucht nicht zurückgeschickt zu werden. Der Bewerbungsflyer stellt also eine Art »Teaser« auf den Bewerber dar, hinterlässt beim Leser einen bleibenden Eindruck und verschafft Dir einen zeitlichen Vorteil gegenüber anderen Bewerbern. Der große Nachteil ist, dass es nicht gezielt auf eine Stelle bezogen ist, d.h. das Anschreiben und der Inhalt sind allgemein gehalten.

Der Bewerbungsflyer ist für Initiativbewerbungen ideal: Er eignet sich perfekt, wenn man zu Fuß auf der Suche nach einem Nebenjob oder einer Doktorandenstelle ist. Du kannst einfach von Firma zu Firma oder von Abteilung zu Abteilung gehen und spontan nachfragen, ob eine Stelle frei ist. Falls es eine Stelle zu besetzen gibt, beeindruckst Du schon mal mit Deinem Flyer bevor Du Deine richtigen Bewerbungsunterlagen abgibst, was häufig noch nicht einmal mehr nötig ist. Auch für Arbeitsmessen ist der Bewerbungsflyer sehr passend.

6.3 Auswahlverfahren

Nach der erfolgreichen Bewerbung bist Du nun ein potentieller Kandidat, wie andere auch: Es folgen Auswahlverfahren. Je wichtiger und höher bezahlt ein Job ist, desto mehr Ebenen an Auswahlprozessen musst Du bewältigen.

Bei Nebenjobs folgt als nächstes direkt ein kurzes Vorstellungsgespräch (siehe unten). Für einen Arbeitsplatz nach dem Studium sind meist mehrere Hürden zu nehmen. Sehr häufig wird als erste Stufe das ökonomische Telefoninterview durchgeführt, danach folgt das Assessment-Center / der Einstellungstest und schließlich das Vorstellungsgespräch und evtl. weitere Gespräche.

6.3.1 Telefoninterview

Das Telefoninterview ist sowohl für Bewerber als auch für Arbeitgeber sehr praktisch, weil die Anfahrt zu einem Ort entfällt. Es dient hauptsächlich dazu, um Unklarheiten aus den Bewerbungsunterlagen zu beseitigen, wie z.B. fehlende Unterlagen, Lücken im Lebenslauf oder auch um sich bestimmte Fakten nochmals bestätigen zu lassen (Bereitschaft für Auslandsreisen, Existenz einer Kinderbetreuung). Zusätzlich klärt das Telefoninterview, ob die Anforderungen für die Stelle überhaupt erfüllt werden können.

Das Telefoninterview solltest Du nicht auf die leichte Schulter nehmen, weil es entscheiden wird, ob Du weiterkommst. Wenn Dir ein konkreter Zeitpunkt für den Anruf genannt wird (manchmal gibt es Überraschungsanrufe), solltest Du gründlich vorbereitet sein: Die wichtigsten Eckpunkte zum Unternehmen solltest Du parat haben und auch Dein Lebenslauf sollte in unmittelbarer Nähe liegen. Bleib immer freundlich, konzentriert und stell auch selbst Fragen. Gehe auf das Gesagte vom Gesprächspartner ein, indem Du es wiederholst (aktives Zuhören). Gerne kannst Du Dir nebenher Notizen machen. Es tauchen auch typische Fragen aus dem Vorstellungsgespräch auf (siehe unten).

6.3.2 Assessment-Center / Einstellungstest

Ein Assessment-Center dauert meistens 1–3 Tage und wird gemeinsam mit anderen Bewerbern durchgeführt. Hierbei musst Du Dich alleine und im Team beweisen; es können auch kurze Tests durchgeführt werden, um Deine Fähigkeiten zu überprüfen.

Während der gesamten Zeit wirst Du in Deinem Verhalten beobachtet. Es ist praktisch immer das Gleiche: Du musst sozial sein, Dich auch durchsetzen können und Vorgaben möglichst einhalten: In Gruppenaufgaben müssen Du und Dein Team Aufgaben lösen, die häufig gar nicht zu lösen sind. Es wird geschaut, ob Du die anderen ausreden lässt, Empathie zeigst, Dich an Diskussionen beteiligst, wie Du argumentierst, wie Du in Stresssituationen reagierst u.v.m.

Hinweis

Den erfahrenen Personalern fällt schnell auf, ob sich jemand im Assessment-Center verstellt oder nicht. Sei wie Du bist, denn mit einer gespielten Rolle wirst Du im Unternehmen auf Dauer nicht glücklich.

6.3.3 Vorstellungsgespräch

Beim Vorstellungsgespräch geht es selten um die fachlichen Eignung, sonst gäbe es gleich eine Absage. Vielmehr geht es um den persönlichen Gesamteindruck: Freundlich, nett, teamfähig usw.

Zum Vorstellungsgespräch musst Du pünktlich da sein und angemessen gekleidet sein. Das einfache Vorstellungsgespräch für Nebenjobs dient häufig lediglich der Bestätigung der Wahl des Bewerbers und geht relativ schnell. Das Vorstellungsgespräch für einen richtigen Job nach dem Studium ist von einer ganz anderen Qualität: Der Bewerber sitzt häufig mehreren gegenüber, von denen meistens einer der (potentielle) direkte Vorgesetzte ist, ein Personaler und ein Coach / Berater / Psychologe.

Als Einstieg wird oft etwas Smalltalk betrieben (Wetter, Anfahrt), um die Aufregung zu nehmen. Dann wird Bezug zum Anschreiben / zur Motivation hergestellt und dazu Fragen gestellt. Meistens erhält man daraufhin Fragen zum Unternehmen wie z.B. Aufgabenbereiche, Produkte, Dienstleistungen, Mitarbeiterzahl, Firmenstandorte usw. Auch wird stichpunktartig geprüft, ob die Angaben in der Bewerbung der Wahrheit entsprechen bspw. wenn nach der Arbeitserfahrung gefragt wird.

Häufig werden offene Fragen gestellt, auf die Du Dich zu Hause sehr gut vorbereiten kannst, wie: »Erzählen Sie etwas über sich.« oder »Wie stellen Sie sich Ihre Zukunft vor?« ... Bei diesen Fragen kannst Du durch eine gute Planung viele Pluspunkte sammeln. Natürlich sollte es möglichst nicht so klingen, als ob Du es auswendig gelernt hättest.

Nutze die Gelegenheit des Vorstellungsgesprächs um selbst Fragen zu stellen, insbesondere Fragen, die eine gute Vorbereitung unterstreichen, weil die Antworten nicht auf der Homepage stehen, z.B. Wochenenddienste, Gehalt, Gehaltszulagen, Kinderbetreuung usw. Wer Fragen stellt, fällt positiv auf.

Stichwortverzeichnis

Y

Z

Über den Autor

Mayir Aras wurde 1980 als Sohn einer türkischen Migrantenfamilie im Landkreis Esslingen geboren, wo er im Anschluss an die Realschule das berufliche Gymnasium besuchte. Nach dem Abitur leistete er seinen Zivildienst in einer Einrichtung für behinderte Kinder und Jugendliche ab und studierte danach an der Universität Tübingen Biologie im Diplomstudiengang.

Während seiner zwei Semester an der Mount Allison University in Kanada konnte er nicht nur bereichernde akademische Erfahrungen sammeln, sondern auch in anderen Bereichen abseits des Campus hinzulernen.

In Tübingen leitete er bis zu seinem Diplomabschluss Sportgruppen im Hochschulsport und gab Selbstbehauptungs- / Selbstverteidigungskurse für Kinder, sowie Antiaggressionstrainings für Jugendliche.

Zurzeit studiert er Humanmedizin an der Universität Heidelberg. Als Nebenjob ist er in der offenen Jugendarbeit tätig, in der er Jugendliche unterstützt einen Ausbildungsplatz zu finden und u.a. Bewerbungstrainings durchführt.